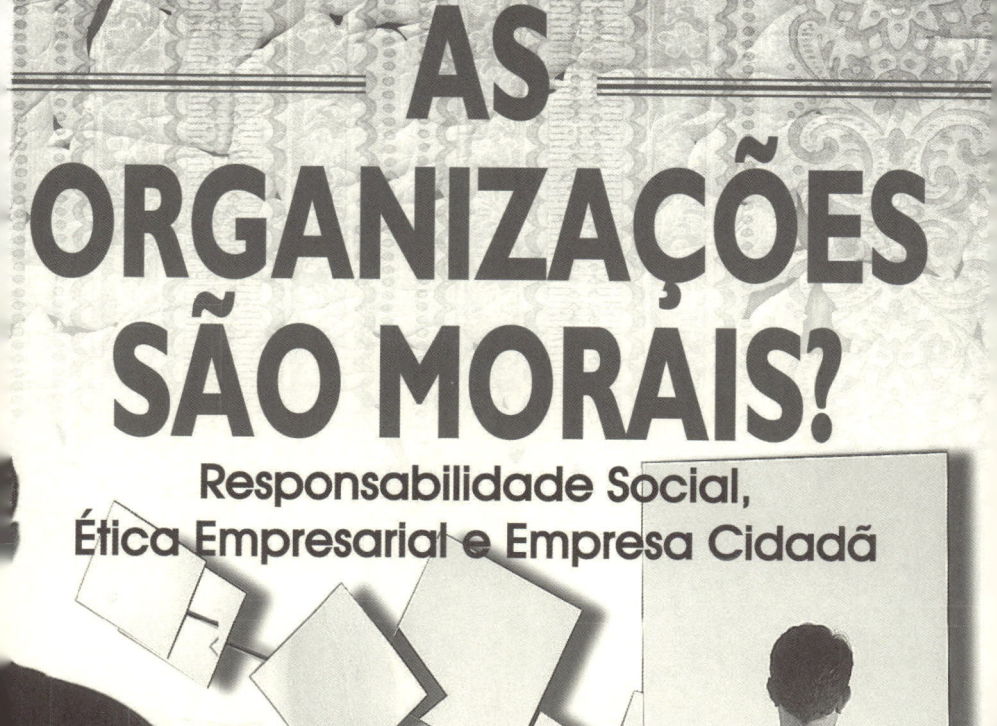

AS ORGANIZAÇÕES SÃO MORAIS?

Responsabilidade Social,
Ética Empresarial e Empresa Cidadã

Wagner Siqueira

AS ORGANIZAÇÕES SÃO MORAIS?

Responsabilidade Social, Ética Empresarial e Empresa Cidadã

QUALITYMARK

Copyright© 2014 by Wagner Siqueira

Todos os direitos desta edição reservados à Qualitymark Editora Ltda. É proibida a duplicação ou reprodução deste volume, ou parte do mesmo, sob qualquer meio, sem autorização expressa da Editora.

Direção Editorial	Produção Editorial
SAIDUL RAHMAN MAHOMED editor@qualitymark.com.br	**EQUIPE QUALITYMARK**

Capa	Editoração Eletrônica
EQUIPE QUALITYMARK	**AMIRON PRODUÇÕES**

CIP-Brasil. Catalogação-na-fonte
Sindicato Nacional dos Editores de Livros, RJ

S628o

    Siqueira, Wagner
        As organizações são morais? : responsabilidade social, ética empresarial e empresa cidadã / Wagner Siqueira. – 1. ed. – Rio de Janeiro : Qualitymark Editora, 2014.
        256 p. ; 21 cm.

    Inclui bibliografia
    ISBN 978-85-414-0163-0

        1. Ética empresarial. 2. Comportamento organizacional. 3. Ambiente de trabalho. I. Título.

14-11810   CDD: 174.4
                                                                               CDU: 174.4

2014
IMPRESSO NO BRASIL

Qualitymark Editora Ltda.
Rua Teixeira Júnior, 441 – São Cristóvão
20921-405 – Rio de Janeiro – RJ
Tel.: (21) 3295-9800

QualityPhone: 0800-0263311
www.qualitymark.com.br
E-mail: quality@qualitymark.com.br
Fax: (21) 3295-9824

Sumário

Capítulo 1 1

I. Respeito ao Cliente 3
II. Ética Empresarial 5
    1. Ética de Convicções ou Ética de Resultados? 8
    2. Como a Confiança e a Credibilidade São Percebidas na Nova Economia?...... 10
    3. A Ética Empresarial e a Nova Economia 13
    4. Ética Empresarial e Cidadania 15
    5. CÓDIGO DE ÉTICA: A Cortina de Fumaça das Organizações 17
III. Empresa Cidadã 19
    1. Dr. Jekyll e Mr Hyde no Mundo das Organizações: O Médico e o Monstro 24
    2. Voluntariado Solidário e Responsabilidade Social 26
    3. A Privatização da Sociedade Civil 30
    4. O Pensamento Único nas Organizações 33

Capítulo 2 37

I. A "Questão Moral" versus A "Questão Econômica" 39
II. A "Questão Moral" versus "A Questão Política" e também versus a "Questão Institucional-Legal" 41
III. Os Déspotas Administrativos na Gestão Pública 43
IV. O Problema dos Limites e da Distinção das Ordens 46
V. Por Que O Problema dos Limites e da Distinção das Ordens? 49
VI. A Distinção de Ordens 54
    1. A Ordem Tecnocientífica ou Econômica 54
    2. A Ordem Jurídico-Política ou Institucional-Legal 56
    3. A Ordem Moral 59
    4. A Ordem Ética 60

Capítulo 3 63

I. A Acumulação Perversa do Capital 65
    1. Destruição Criadora 71
II. A Economia do Consumo e do Crédito 75
III. A Participação Acionária dos Empregados 78
    1. A Governança Corporativa 81
IV. O Mito da Responsabilidade Social das Empresas 83
V. A Perspectiva de uma Nova Ordem 85

Capítulo 4 89

I. A Sociedade do Conhecimento Integrada no Âmbito Empresarial* 91
    1. A Educação na Sociedade de Mercado 91
    2. O Ensino de Administração Centrado no Mercado 100
    2. O Utilitarismo como Referência 105

  3. A Pedagogia da Planilha 106
  4. A Responsabilidade Social do Professor de Administração 111

Capítulo 5 .... **119**
I. O Cultismo Corporativo: a Devoção à Organização 121
II. A Dispersão de Valores 125
III. A Construção de um Novo Tempo 129
IV. O Avivamento Religioso no Trabalho 131
V. As Organizações Como Instituições Divinas 134
VI. O Supremo Pontificado 135
VII. Ser versus Fazer 136
  1. Uma Vez Mais: Ser Versus Fazer? 142
  2. A Tirania da Urgência 145
VIII. O Cultismo Corporativo Como Indicador das Relações de Trabalho 146

Capítulo 6 .... **149**
I. Características das Seitas 151
II. Devoção Desfocada 152
III. As Regras de Ferro das Organizações 154
IV. Como as Organizações Atraem os seus Quadros? 156
  1. Em Busca do Temperamento Conveniente 161
  2. Conversão e Nível Hierárquico 162
V. O Contrato Psicológico das Organizações 163
VI. Por Que As Pessoas Ficam nas Organizações? 166
VII. As Organizações como Famílias Desestruturadas 167

Capítulo 7 .... **171**
II. A Organização Paranoica 173
II. Trabalho em Equipe: Mito ou Falácia? 176
III. O Empregado Descartável 179
IV. Relações Humanas Fugazes 182

Capítulo 8 .... **185**
I. Como Conviver com o Cultismo das Organizações? 187
II. Características Comportamentais dos Convertidos 188
III. Você Será Sempre Você, Não Importa o Que Faça 190
IV. A Busca da Realização da Plenitude Humana 192
V. A Rebelião das Novas Elites 193
VI. A Contracultura às Organizações 195
VII. As Organizações e a Expansão do Fundamentalismo Religioso 197

Capítulo 9 .... **201**
I. O Elo Perdido das Organizações 203
II. Organizações: Coletividades Sociais de Trabalho? 207
III. É Preciso Adaptar o Trabalho ao Homem, e Não o Inverso 211
IV. TRABALHO: Pode Fazer Alguém Feliz? 213
V. O Suicídio nas Organizações 214
VI. Eu sou Você Amanhã 217
VII. A Síndrome de Burnout 219
VIII. Geração Y: a Geração Perdida 223
IX. Líderes: uma Espécie em Extinção? 226
X. Afinal, as Organizações não são Morais! 233

Notas Bibliográficas e Referências **239**

Capítulo 1

I. Respeito ao Cliente

II. Ética Empresarial
    1. Ética de Convicções ou Ética de Resultados?
    2. Como a Confiança e a Credibilidade São Percebidas na Nova Economia
    3. A Ética Empresarial e a Nova Economia
    4. Ética empresarial e Cidadania
    5. Código de Ética: A Cortina de Fumaça das Organizações

III. Empresa Cidadã
    1. Dr. Jekyll e Mr. Hyde no Mundo das Organizações: O Médico e o Monstro
    2. Voluntariado Solidário e Responsabilidade Social
    3. A Privatização da Sociedade Civil
    4. O Pensamento Único nas Organizações

I. Respeito ao Cliente

Há um tema que sempre vêm à tona nos congressos, simpósios, colóquios ou seminários de administração: o respeito ao cliente.
Estranhamente, as organizações tentam transformar o respeito ao cliente em um valor moral.
É evidente que o respeito ao cliente é, no máximo, um valor profissional, uma diretriz empresarial, ou mesmo uma linha estratégica a ser apoiada e estimulada no mundo das organizações e no universo da sociedade.
É um valor empresarial perfeitamente compreensível no código de ética de uma indústria ou de uma loja de comércio, como parte integrante do plano de negócios e da ação estratégica, tática e operacional de qualquer organização, seja pequena, média ou grande, pia ou lucrativa.
No entanto, daí a erigir o respeito ao cliente como um valor moral da organização, há uma enorme distância.
Isso é absolutamente bizarro, para não dizer esdrúxulo.
Eu não encontro correspondência do respeito ao cliente como um valor moral em nenhum lugar nos grandes textos religiosos, na Bíblia, no Alcorão, nos textos de Buda, na Torah, em quaisquer dos textos canônicos, muito menos ainda nos textos filosóficos de Espinosa, de Montaigne, de Rousseau, de Kant, ou nos enciclopedistas, nos iluministas, nos filósofos gregos, enfim, em quaisquer dos grandes pensadores da humanidade.
O que sempre vejo nesses textos não é o respeito ao cliente. É o respeito ao próximo.
Vocês dirão: mas o cliente não é o próximo? Claro que não. Pelo menos, não é um próximo qualquer. É um próximo que pode pagar,

solver as suas contas, aquele que tem um perfil de renda que "vale uma nota", que dispõe de poder de compra, que pode barganhar, que pode escolher o que e de quem comprar, que pode ou não ser fidelizado em suas compras e em suas preferências.

É evidente que não devemos – aí sim um valor moral – circunscrever moralmente o nosso grau de respeito ao próximo à sua capacidade de pagamento, ao seu perfil de comprador, ao seu nível de renda.

O respeito ao cliente é apenas e tão somente um valor empresarial legítimo, que pertence ao mundo do marketing ou à área de vendas, ao regulamento da empresa, ao seu plano de negócios, ao seu código de conduta. E é apenas isso, o que já é muito bom. Jamais é um valor moral, como muitas organizações empresariais, pretensiosa e equivocadamente, pretendem apresentá-lo.

Ora, se a ação empresarial busca, em essência, o lucro, por que inserir a moral no meio?

O respeito ao cliente é um valor empresarial, aliás, elogiável. Pode ser um valor profissional ou um valor deontológico. No entanto, de forma alguma é um valor moral para a organização.

O respeito ao próximo, este sim é um valor moral que pertence estrita e unicamente à consciência de cada um, na plenitude da realização do indivíduo e da pessoa como um ser moral.

O respeito ao próximo não pode ser um valor moral empresarial, porque é contaminado pelo interesse da empresa, o que por si só o desqualifica como valor moral, que deve se fundamentar no universalismo e no desinteresse.

A ação moral reside na atitude ao mesmo tempo desinteressada e orientada não para o interesse particular, mas para o bem comum e universal. Isto é, de forma mais direta, para o que não vale e é bom apenas para a empresa, mas também para todos os outros. São essas as duas pedras angulares da moral para Kant*– o desinteresse e a universalidade.

Imaginem se um empresário qualquer pode aceitar que um vendedor faça os interesses do cliente prevalecerem sobre os interesses da loja para a qual trabalha a ponto de indicar a loja do concorrente de forma que o cliente compre os produtos que deseja.

É preciso insistir no ideal do bem comum, na universalidade e no desinteresse das ações morais, assim entendidas como a superação dos exclusivos interesses particularistas de uma empresa em relação aos seus clientes.

II. Ética Empresarial

Não discuto que as ações empresariais possam se dar nos conformes da moral. No entanto, é válido destacar que as ações empresariais são realizadas na busca do interesse da empresa, que é essencialmente o lucro; assim, a busca desse objetivo específico não é nem pode ser um valor moral.

O valor moral é um valor universal. Não pode ser relativizado no interesse de uma ou outra organização.

Falar em moral empresarial ou ética empresarial só teria sentido se todas as empresas tivessem a mesma moral ou a mesma ética.

Deve-se dizer "moral" ou "ética". E que diferença existe entre os dois termos? Resposta simples e direta: a priori, nenhuma. Você pode utilizá-los indiferentemente.

A palavra "moral" vem da palavra latina que significa "costumes" e a palavra "ética", da palavra grega que também significa costumes. São, pois, sinônimos perfeitos que só diferem pela língua de origem.

Apesar disso, alguns filósofos aproveitaram o fato de que havia dois termos e lhes deram sentidos diferentes. Em Kant*, por exemplo, a moral designa o conjunto dos princípios gerais, e a ética, sua aplicação concreta.

Outros filósofos ainda concordarão em designar por "moral" a teoria dos deveres para com os outros e por "ética" a doutrina da salvação e da sabedoria. Por que não? Nada impede de se utilizar essas duas palavras dando-lhes sentidos diferentes. Nada obriga, porém, a fazê-lo. Salvo explicação contrária, esses dois termos podem ser utilizados como sinônimos perfeitos.

A ética empresarial só pode ser, por definição, uma moral particular, específica (tal moral para a empresa X e outra moral para a empresa Y). Como Kant* demonstra claramente, a moral, em seu princípio, é universal ou, pelo menos, tende a assim ser.

Como se trata de uma ética empresarial própria e específica para uma determinada empresa, outra para a empresa concorrente e, ainda, uma diferente para uma terceira empresa – e assim por diante –, isso significa que não estamos falando em moral em nenhum desses casos isoladamente, mas de especificidades e de particularidades para cada uma delas.

Cada uma tem a sua própria ética e julga que a sua é melhor do que as demais. Melhor para quem? Para si. É a ética do interesse particular.

O valor ético do desinteresse também se impõe com tal evidência que não nos damos mais ao trabalho de pensar nele. Ao descobrir, por exemplo, que alguém mostra-se simpático, acolhedor e receptivo comigo o faz na expectativa de obter uma vantagem qualquer, que essa pessoa dissimula e encobre (por exemplo, em ser beneficiário da minha herança), é evidente que a percepção do valor moral atribuído a seus atos desaparece imediata e completamente.

Essa é exatamente a situação da empresa em interação com os seus clientes. Ela se interessa pelos clientes como usuários de seus serviços, como compradores de seus produtos. Não tem, em relação a eles, qualquer atitude desinteressada.

As empresas, na busca pelos seus interesses, chegam ao ponto de selecionar, por intermédio de sistemas informatizados, a classificação de seus clientes de forma a proporcionar-lhes tratamento diferenciado todas as vezes em que entrarem em contato, seja por *call centers* ou não.

As organizações cada vez mais discriminam os clientes em função da sua capacidade de compra e de fidelização. Mais do que isso: objetivam a colonização dos clientes, ou seja, transformá-los em seus empregados, colocá-los a seu serviço. E os clientes ainda têm que pagar por isso.

Cada vez mais as organizações desenvolvem plataformas que permitem aos clientes servirem-se da maneira que preferirem, em seus próprios ritmos, de onde e quando quiserem, segundo seus próprios gostos e preferências.

Isso se dá em todos os campos da vida cotidiana: na compra de bilhetes de teatro ou de cinema, nas passagens aéreas, terrestres ou de navio, na compra de indistintos produtos e serviços, no sistema bancário, no comércio em geral. Enfim, no conjunto e no universo da vida econômica. Essa é a lógica do comércio eletrônico globalizado. As empresas fazem com que o consumidor ou cliente sinta que cada produto ou serviço é concebido para satisfazer às suas necessidades e desejos individuais, quando na verdade o que efetivamente fazem é lhe oferecer um buffet digital de opções. Inclusive, ao exercerem as suas preferências diretamente no site, os clientes terminam por substituir as atividades e atribuições antes destinadas aos empregados, assumindo as suas funções e extinguindo os seus empregos.

No entanto, os preços não caem, pelo contrário: ficam mais caros para que as organizações ampliem as suas margens de lucro. Dessa forma, os clientes não são apenas fidelizados, mas colonizados – passam a trabalhar e a pagar pelo que consomem.

Apesar do que fora exposto, você poderia contraditar que a moral também pode variar em função dos indivíduos e das sociedades, no tempo e no espaço. Sem dúvida, é isso que dá razão aos relativistas, inclusive contra o que Kant afirma. Mesmo assim, os indivíduos e as sociedades vivem essa relatividade moral ou ética, no tempo e no espaço, como um problema a ser resolvido ou superado, não como um slogan ou uma estratégia de marketing ou de formação de imagem empresarial.

A moral, à falta de ser sempre universal, precisa ser universalizável. Assim, acaba por não pertencer a ninguém, a nenhuma empresa, pois se dirige a todos. Não pode ser particularizada, ser exclusiva, sob pena de as organizações transformarem-se em repositórios da virtude na sociedade moderna.

<u>Como poderia então a moral se submeter às marcas registradas, às patentes ou aos logotipos de uma empresa qualquer?</u>

É de suma importância que uma empresa disponha de declaração, carta ou código de ética ou de conduta. Esses instrumentos são sempre um bom quadro de referências para as ações empresariais. Que todas os tenham, enfim. O mundo será bem melhor, se assim for.

No entanto, daí a julgar que a ética empresarial possa ser mais do que uma ferramenta ou instrumento de gestão, que possa até fazer as vezes de consciência moral da empresa, é um retumbante contrassenso, por ser inteiramente descabido. É pretender dotar uma simples ferramenta de gestão de um valor moral que ela não possui. É querer fazer da empresa a aristocracia da virtude.

As melhores empresas, aquelas em que a gestão é mais sensível, mais coerente, mais fraterna, poderão possivelmente contar com os melhores empregados ou colaboradores. Poderão dispor de um clima psicossociológico bem superior. Poderão ser, inclusive, empresas bem mais produtivas. *No entanto, não é a empresa que é moral: é a sua direção e seus dirigentes, seus empregados. Não é a empresa que é ética ou moral, são os indivíduos que a compõem.*

A empresa em si nada mais é do que uma ficção jurídica. Ela só existe em função das pessoas que a integram.

De tanto ver prosperar o modismo da ética empresarial, de tanto instrumentalizarmos a moral em toda a parte, ela termina por não estar em parte alguma. Transforma-se apenas em slogan ou em uma palavra de ordem publicitária.

Dessa forma, a ética empresarial passa a ser o vício da moda. E o vício da moda se transforma em virtude. Passa a ser uma deformação, porque não dizer uma perversão do real conceito de moral e de ética.

1. Ética de Convicções ou Ética de Resultados?

Há muitas maneiras de se mentir no mundo das organizações, como, de resto, na vida em geral. Você pode fazer afirmações que não são verdadeiras, superestimar ou subestimar circunstâncias e situações, reter informações que deveriam ser compartilhadas, distorcer fatos do seu interesse, contar meias verdades que redundam em mentiras dissimuladas com aparência de verdade.

No entanto, só há uma maneira de se dizer a verdade. A prática da ética nas organizações requer convicção, vontade política e competências adequadas para tornar as ações empresariais concretas e objetivas, minimizando as resistências e as incompreensões.

Frequentemente, o mundo dos negócios ressente-se das referidas convicções, de vontade política e das adequadas competências. A atividade empresarial reconhece, valoriza e recompensa os resultados, e não as convicções.

Suborno, espionagem industrial ou caixa 2 são práticas aéticas e ilegais, mas o que dizer da prática de embutir custos por fora nos preços anunciados ou das letras deliberadamente diminutas constantes nos contratos para induzir o incauto à desinformação? São essas práticas éticas? Se os concorrentes as utilizam, você também está plenamente justificado por fazer o mesmo? Ou, na verdade, são apenas desculpas esfarrapadas para as mesmas práticas aéticas?

É quase um lugar-comum a afirmativa de que se pode muito bem mentir com as estatísticas, pois, dependendo da forma como os números e gráficos são apresentados, causam percepções inteiramente diversas. Como você se comporta quando instado por sua gerência a fazer isso?

Você já vendeu um carro sem apresentar ao novo dono os defeitos que o fizeram vender? Ou o seu comportamento varia ao vendê-lo para um comprador particular ou para uma agência de automóveis? **A sua ética é relativizada em função do interlocutor?**

As organizações, assim como, individualmente, as pessoas que as integram, precisam estabelecer e seguir diretrizes e parâmetros de comportamentos e de atividades como referências para as suas ações. Abandonar a busca pela promoção do lucro a qualquer custo e o uso das justificativas trapaceiras de que os fins justificam os meios certamente balizarão desempenhos organizacionais e individuais bem mais éticos.

Em geral as pessoas, de forma inconsciente, convivem com duas éticas, simultaneamente – a ética individual, como pessoa física, e a ética coletiva ou empresarial - no desempenho de papéis e funções organizacionais.

As pessoas compartilham e seguem ideias quando há um clima de confiança mútua e de franqueza que as permite prosperar. No entanto, muitos dos mais caros fundamentos de confiança e de credibilidade têm sido desgastados pelo alucinante processo de mudanças econômica e social a que somos todos submetidos nestes turbulentos tempos de globalização.

Organizações sólidas e tradicionais, consagradas por décadas e décadas de sucesso e de credibilidade, também sofrem verdadeiros abalos sísmicos, quando não, profundas crises de confiança e de imagem junto à opinião pública.

O sistema político, então, nem se fala. É generalizadamente tratado com descrença e cinismo.

Tudo isso nos conduz, inelutavelmente, à necessidade imperiosa do desenvolvimento de uma verdadeira onda de transformação nas instituições públicas e privadas, com vistas a dotá-las de um maior nível de confiabilidade e de credibilidade no conjunto da sociedade.

Na medida em que o caráter da economia continuar a evoluir em direção a uma produção crescentemente globalizada e à valorização exponencial do comércio de bens e serviços, mais necessidades terão as organizações de ostentar confiabilidade e credibilidade junto aos seus mais diferentes interlocutores. Quanto mais a divisão internacional do trabalho expandir-se, mais dependeremos de bens e produtos que sequer compreendemos como são produzidos, cujas origens vêm de longínquas fábricas estrangeiras, localizadas em países que mal conseguimos identificar nos mapas.

O empreendedorismo, viés moderno e inovador da nova economia, somente floresce quando protegido por altas taxas de tolerância e compreensão para o fracasso não desejado, quando há confiança nas pessoas para que elas possam aprender com o erro, quando é capaz de incorporar aprendizagens por meio da experiência, quando as pessoas podem se sentir livres para começar de novo, tentar mais uma, duas ou mais vezes.

2. Como a Confiança e a Credibilidade São Percebidas na Nova Economia?

O discurso das organizações se baseia fundamentalmente na confiança e na credibilidade. O papel dos contratos parece ser exponencialmente ampliado. Não mais se restringem às cláusulas comerciais, mas abrangem inclusive as relações governamentais no intuito de fixar medidas recíprocas de comportamento aceitável entre as partes.

Para ganhar aceitação e confiança, de forma a ser possibilitada a adoção de ações inovadoras, é necessário o estabelecimento de sistemas de responsabilização e de prestação de contas entre as partes, operados de forma transparente e com garantia de publicidade a todos os interessados, em que mediadores e árbitros mutuamente aceitos decidam eventuais contendas e divergências.

Cada vez mais se apregoa ser necessário garantir, através da mediação e da arbitragem, melhores procedimentos para recompensar e reembolsar consumidores e clientes eventualmente prejudicados por práticas das organizações.

A democratização da informação é uma exigência da nova economia, tornando-se necessariamente aberta, ampla e acessível a todos. No entanto, esse discurso organizacional não é necessariamente verdadeiro. Pelo menos não é assim que se realiza na maioria do cotidiano da vida econômica.

As organizações são pródigas em dicotomizar os valores proclamados e os valores reais; em diferenciar a teoria esposada, aquilo que dizemos, e a teoria de uso, aquilo que fazemos. Entre uma e outra há uma grande distância: o dizer e o fazer, a palavra e o gesto, a intenção e a ação, o discurso e o comportamento efetivo.

As organizações são espaços sociais evidentes para constatar e examinar o porquê do *gap* entre teoria e prática. Tal *gap* leva ao farisaísmo e ao falso moralismo. Forma-se uma cultura de hipocrisia que, como o vício da moda, acaba virando virtude.

O discurso ético sem consequência concreta de comportamento igualmente ético dissimula apenas o farisaísmo, estabelece a falsa moral. Falar do diabo não o transforma em anjo apenas porque aquele fala mal do inferno. Como dizia Nelson Rodrigues*, esse é apenas um logro para iludir os pascácios, isto é, os tolos, servindo muito bem para conseguir prêmios e reconhecimento, para enganar e mistificar a opinião pública.

Aquele que fala de moral e ética, de renovação de valores, sem mudar a sua própria vida cotidiana, tem na boca um cadáver, é um lobisomem ético e moral, é um arrivista de valores, uma sanguessuga moral, um diarista de convicções.

O engano dos falsos moralistas, que a tudo e a todos julgam, é supor que estão isentos de julgamento. O engano dos oportunistas é supor que o seu farisaísmo é eterno. Não o é. Tudo passa. Com o tempo, eles serão desmascarados. A história só registra a passagem daqueles que permanecem de pé na defesa autêntica e sincera dos verdadeiros valores morais, dos que mostram, por seus exemplos no cotidiano, a coerência entre o discurso e a prática, entre o que dizem e o que fazem.

O homem é um gesto que se faz ou não se faz. Não é palavra. É ação. Não é um desejo, mas o compromisso e o cumprimento de uma vida de coerência entre o que diz e o que faz.

Devemos aprender a distinguir entre a aparência e a essência das coisas. Devemos aprender a separar Cristo do Anticristo, tanto no mundo das convicções religiosas como agora também no cotidiano dos ambientes de trabalho.

A austeridade não pode ser mímica. A deterioração ética do Estado e da sociedade é um espetáculo à vista de todos. Não apenas as linguagens de certos governantes e líderes empresariais refletem os sintomas evidentes dessa deterioração, mas também a corrupção de instituições inteiras, públicas e particulares. Tanto quanto o Estado, também a sociedade está doente. E, evidentemente, no mundo empresarial não poderia ser diferente.

Merece confiabilidade aquele que busca moralizar desmoralizando com a denúncia escandalosa e a acusação leviana?

Uma sociedade se revela tanto pelo que prega como sagrado quanto pelo que teme e despreza como pecado. Aquele que se deixa conduzir facilmente pelo preconceito e pelo estereótipo corre o risco de distinguir o que deve ser confundido e de confundir o que deve ser distinguido. Deixa, portanto, de perceber o verdadeiro parentesco das coisas, passando a se enganar sobre a sua natureza.

Ao ver o discurso da ética na boca de certas organizações, ao analisar os tipos de ações que respondem nos tribunais acionados por seus empregados, clientes ou fornecedores, constato com ativo ceticismo que desmoralizam a própria moralização, como diz Millôr Fernandes*. A pior das corrupções é a corrupção do melhor, ou seja, dos que se apresentam como os melhores, que fazem do farisaísmo e da hipocrisia elementos vitais de comportamento.

Aliás, quanto mais observo a realidade das organizações mais fico impregnado de um profundo ceticismo. Realmente a história não obedece aos imperativos da razão ou aos desígnios do homem de boa-fé.

O mais inexpugnável dos inimigos é o falso moralista, o oportunista de quaisquer matizes, o oportunista ideológico, partidário, intelectual, político, religioso, empresarial. Em todos os moralistas e oportunistas antevejo sempre a voracidade insaciável e destruidora de uma "aids social", de um "câncer dos costumes morais". Em verdade, o moralismo representa o último refúgio dos canalhas, exatamente porque é suficientemente abrangente para deixar todas as patifarias ao abrigo de um suposto interesse coletivo, falsamente a serviço do bem comum.

3. A Ética Empresarial e a Nova Economia

Precisamos simultaneamente instituir uma legítima democracia econômica e liberar o gênio do livre mercado, que pressupõe concorrência e competência de verdade e não tentar justificar os oligopólios e monopólios privados que vicejam sob a fachada dissimulada da sociedade de mercado.

A opinião pública crescentemente se volta contra o incontrastável poder das macrocorporações à medida que são expostas as doenças intrínsecas do atual sistema corporativo mundial.

Objetivar a busca do lucro no interesse exclusivo dos acionistas da organização, com a exclusão explícita ou dissimulada de todos os demais interesses das pessoas que participam do processo (empregados, clientes, público, concorrentes etc.) é uma forma de discriminação fundamentada na concentração da propriedade e da riqueza.

Tal discriminação, praticada em geral pelas instituições, é tão preconceituosa quanto à praticada contra os negros, mulheres, idosos, homossexuais, portadores de deficiência, ciganos, índios, africanos, asiáticos e imigrantes.

Por que se aceita sem qualquer discussão que os ganhos dos acionistas sejam as medidas adequadas de uma organização de sucesso? Por que não seriam os aumentos dos ganhos dos empregados uma medida razoável e adequada? Por que não seriam a redução dos preços dos bens e serviços?

Na verdade, parte substancial dos recursos supostamente constituintes dos fundos corporativos nas Bolsas de Valores de todo o mundo permanece no mercado especulativo. Não é, de fato, destinada ao desenvolvimento das organizações que os fundamentam.

É necessário que sejam desenvolvidas novas formas mais equitativas – novos direitos de propriedade, novas formas de exercício da cidadania na governança corporativa, novas maneiras de avaliar o desempenho organizacional – que construam simultaneamente uma verdadeira democracia econômica e um mercado livre fundamentados no interesse genuíno do ser humano como um todo, sem qualquer igualitarismo ingênuo, mas com o reconhecimento justo e equilibrado das diferenças.

As iniquidades de distribuição de renda no mundo, a poluição, os crimes ambientais, por exemplo, são apenas os sintomas, as febres e os calafrios da atual economia mundializada, que privilegia tão poucos em detrimento de tantos.

A enfermidade subjacente primordial é a primazia dos interesses dos acionistas: toda a energia da organização é canalizada para os lucros dos acionistas, não importando quem pague o preço.

Equivocadamente, consideramos a prevalência dos direitos dos acionistas uma lei tão natural do livre mercado quanto nossos antepassados percebiam os monarcas como uma determinação divina para governar os povos.

Na verdade, a aristocracia organizacional, constituída pelos acionistas, é um fato nada natural e, porque não dizer, absurdo *vis-à-vis* a uma sociedade efetivamente democrática.

O mundo precisa encetar uma revolução em suas instituições, algo tão profundo como foi a Revolução Francesa de 1789. É necessário questionar a legitimidade de um sistema que assegura um poder tão desproporcional a tão poucos. E, assim fazendo, completar o desenho institucional mundial, que não pode se restringir à aplicação dos princípios formais de democracia, mas principalmente fecundar, de forma positiva, as instituições econômicas, que têm que ser democratizadas através da ampla e solidária distribuição da riqueza.

As organizações mundiais – as macrocorporações – precisam transformar-se em comunidades humanas, que, obviamente, privilegiem os seres humanos – com integrantes internos e externos cujas contas devem ser prestadas igualmente, e que exercerão sobre as corporações o devido controle social.

4. Ética Empresarial e Cidadania

Se o Século XX ficou conhecido como a era da violência, da ciência e da tecnologia, o Século XXI desponta como a era da cidadania, do civismo e da ética, o século da democracia participativa.

Embora os primeiros movimentos desse novo século ainda arrastem os restos da cultura autoritária que marcou a era da violência, nunca o cidadão e a sociedade civil estiveram tão organizados e exigentes na cobrança de mais ética, respeito aos seus direitos e responsabilidade social. O crescimento do movimento ambientalista, a proliferação das entidades de defesa do consumidor, de denúncia da corrupção, as manifestações crescentes por maior equidade nas relações entre as nações – e entre as corporações e os cidadãos – começam a moldar uma nova ordem.

O tráfico de drogas, a corrupção e a lavagem de dinheiro ainda movimentam bilhões de dólares no sistema financeiro internacional, entretanto, o clamor da sociedade civil pela ética tem levado governos e organismos multilaterais a apertarem o cerco aos paraísos fiscais e os legislativos a tornarem cada vez mais rigoroso o arsenal de leis e dos órgãos reguladores.

Multiplicam-se, hoje, os fundos de investimento que só aplicam seus recursos em empresas socialmente responsáveis, que respeitem o meio ambiente e que sejam transparentes com seus acionistas, fornecedores e clientes. Organismos internacionais de financiamento e órgãos reguladores dos principais mercados financeiros estabelecem regras e exigências éticas cada vez mais rigorosas para a listagem de corporações que se habilitem aos seus recursos.

A responsabilidade social corporativa deixa de ser figura de retórica que emoldura as publicações institucionais das empresas para constar dos balanços e relatórios apresentados às assembleias de acionistas e ao mercado. Passa a ser parte do negócio. Não só porque os grandes fundos de investimentos não querem correr riscos de aplicar seus recursos em empresas sujeitas a multas ambientais, ações civis ou trabalhistas, mas também porque seus cotistas, mais que investidores são cidadãos que descobrem que podem cobrar não apenas lucro, mas também ética, compromisso ambiental, responsabilidade corporativa, desenvolvimento sustentável.

Observador atento que se demore na leitura de balanços e relatórios das grandes corporações e se preocupe em compará-los com publicações semelhantes de alguns poucos anos atrás perceberá, com facilidade, a mudança substancial na qualidade da informação, na transparência e, com certeza, no volume de recursos endereçados à área social e ambiental das companhias. Empresas que confessam em seus relatórios danos ambientais decorrentes de suas atividades, punições de empregados e executivos envolvidos em corrupção, mortes resultantes de falhas em seus sistemas de segurança constituem fenômeno bem recente no mundo dos negócios. A própria prática dos **recalls** é bastante recente no mundo corporativo, assim como o reconhecimento de casos generalizados de suicídios no trabalho.

Se a globalização dos mercados derruba barreiras comerciais e fronteiras políticas, a transnacionalização das empresas obriga seus executivos a negociarem cada vez mais com representantes do poder político local, com os legislativos, com órgãos reguladores mais severos e atentos. Se as comunidades abrem suas portas ao consumo e franqueiam seus mercados, cobram das empresas, por outro lado, retribuição social, ética no relacionamento, respeito às suas leis, ao meio ambiente, aos consumidores de seus produtos.

Foi-se o tempo em que a função social da empresa era produzir, dar emprego, pagar imposto e respeitar a lei. O cidadão do novo século exige mais. Quer, mais que agente econômico, que as empresas sejam parceiras em um projeto de bem-estar social. Cobra uma relação de troca de benefícios, transparência na ação, ética no relacionamento, investimento no desenvolvimento sustentável da comunidade.

A empresa que não se ajustar aos novos padrões de exigência será varrida do mercado no século da cidadania. Sucumbirá à avalanche de multas ambientais e fiscais, ações civis e trabalhistas, à restrição gradativa de crédito e ao cerco dos órgãos reguladores. Mais ainda: perderá os seus clientes.

E para que se ajuste, tem que mudar rapidamente de postura. Precisa criar nova cultura, estabelecer padrões éticos de conduta para todo o tecido funcional. Fazer com que seus executivos e empregados entendam que seu negócio é mais que vender produtos ou serviços. É necessário, além disso, transmitir credibilidade, transparência, estabelecer relação de respeito e confiança com seus acionistas, fornecedores e clientes.

O cidadão do novo século começa a entender que os governos não são os responsáveis por todos os males, nem são a solução para todos os problemas. Descobre, gradativamente, que há poucos inocentes nas sociedades contemporâneas. No entanto se recusa, também, a aceitar que a venalidade seja traço congênito dos homens. Acredita em uma nova ordem e cobra soluções. Sabe muito bem que já não existem mais cegos ou ingênuos diante da realidade: podem existir cúmplices!

5. CÓDIGO DE ÉTICA: A Cortina de Fumaça das Organizações

Elaborar códigos de ética se tornou o novo "must" das organizações. É necessária uma apreciação crítica sobre o que eles de fato representam e possibilitam nas relações com a comunidade. O que efetivamente está por trás desses códigos de ética? É preciso compreendê-los melhor para que possam se transformar em efetivos instrumentos de uma nova ética corporativa na sociedade moderna.

As organizações têm adotado prolificamente códigos de ética voluntários, cada vez mais sofisticados, a que pretensamente se autoimpõem no intuito de se precatarem contra quaisquer legislações adicionais que possam surgir no ambiente em que atuam.

Esses códigos não têm objetivamente qualquer efeito jurídico limitante ou restritivo, e servem, na maioria das vezes, para definir regras mínimas de conduta cujo respeito seja suficiente para liberar as organizações de eventuais responsabilidades ou minimizar a repercussão de práticas inadequadas.

Em geral, os códigos de ética fazem muito pouca alusão, como demonstram estudos realizados pela OIT desde 1998, à liberdade de associação dos empregados; à proibição explícita de jornadas de trabalho estafantes; à homogeneização dos níveis de remuneração; à proibição do trabalho infantil; à não discriminação à mulher e aos idosos, aos portadores de deficiência, às diferenças étnicas ou raciais; aos compromissos de proteção à saúde e à segurança no exercício das funções laborais.

Ademais, costumam ser bastante seletivos, para não dizer tímidos, na obediência e na incorporação das últimas conquistas e dos mais recentes avanços das normas internacionais de proteção do trabalho. Quando, por exemplo, condenam o trabalho infantil, não apoiam a liberdade de associação ou se mostram arredios à ação sindical. Normalmente, os textos desses códigos não configuram um corpo de políticas homogêneas que traduzam a verdadeira identidade da organização, algo que faça a distinção de sua marca doutrinária, que defina o seu DNA ideológico. Em verdade, os códigos de ética usualmente pecam por vícios fundamentais, como, por exemplo:

1. Não têm a capacidade de substituir ou de se sobrepor às legislações em vigor.
2. São iniciativas eminentemente privadas, portanto estranhas às competências legais do poder público.
3. Sua aplicação é aleatória, dependendo absolutamente da vontade dos dirigentes corporativos.
4. Não se submetem a um verdadeiro e legítimo controle externo, independente e imparcial, que judiciosamente acompanhe o seu efetivo cumprimento.
5. As suas recomendações e exigências se situam praticamente sempre abaixo das normas internacionais já existentes, às quais pressupostamente as organizações estariam obrigadas a obedecer, tendo ou não códigos de ética.
6. Sem reciprocidade ou transparência, os códigos de ética supostamente também são aplicados aos fornecedores, aos subcontratados e aos terceirizados, mas, em verdade, geralmente se constituem em construções teóricas, quando não academicistas ou publicitárias, de limitado valor prático.
7. São muito mal avaliados corporativamente por auditorias internas, sempre complacentes e ávidos pela obtenção da plena aprovação dos conselhos de administração, das assembleias dos acionistas e do aplauso não crítico da imprensa e da sociedade em que atuam. E claro: particularmente do silêncio obsequioso da comunidade acadêmica especializada.

Assim, os códigos de ética devem ser percebidos objetivamente como de fato o são: no máximo estratégias válidas de construção corporativa de imagem institucional, referências conceptuais de marketing ou de comunicação social, contratos psicológicos internos de compromissos, ou mesmo a definição de políticas de autoproteção para o enfrentamento de eventuais questões em que a organização possa vir a se envolver no desempenho de suas atividades. Eis aí a sua verdadeira faceta: apenas a explicitação da ética do interesse particular condensada em uma ferramenta de gestão corporativa em que, muitas vezes, a organização pretende se apresentar como a exemplificação da virtude na justificação e na sustentação das ações judiciais nos fóruns locais ou internacionais que possam envolvê-la devido a ações promovidas por integrantes das comunidades em que atuam.

III. Empresa Cidadã

Empresa cidadã seria aquela que poria o interesse da nação acima de seus próprios interesses? Então, por que as empresas demitem os seus empregados e transferem as suas atividades para o exterior? Por que relocalizam as suas sedes e unidades de produção ou de serviço?

Ou empresa cidadã é a que respeita as leis do país?

De qualquer forma, isso é uma exigência mínima de vida em sociedade, caracterizando-se como uma obrigação.

Nenhuma empresa tem interesse em trabalhar em um ambiente devastado, tampouco em um corpo social em decomposição. Preocupar-se com o ambiente e com a coesão social é também do interesse óbvio de qualquer organização empresarial. Pelo menos, em longo prazo. Caso contrário, a empresa transforma-se em uma mera máquina de ação econômica de exploração selvagem e predatória.

Toda empresa funciona em torno de seus interesses, assim, a expressão empresa cidadã tende a se tornar uma "cortina de fumaça", tão simpática em aparência quanto manipulativa na realidade.

A disseminação do conceito de empresa cidadã produz uma ideologia empresarial, que é seu discurso de autojustificação, de manipulação publicitária e de formação de imagem.

A implementação desse conceito termina por sequestrar o bem comum para utilizá-lo na realização dos interesses empresa-

riais específicos, no fundo apenas um eufemismo para dissimular a ganância.

Essa é a função, na maioria dos casos, da expressão empresa cidadã: o aparelhamento ideológico para a realização dos interesses particularistas da empresa, e não da cidadania, do bem comum, do interesse universal.

Essa conversa de empresa cidadã no mundo das grandes corporações empresariais não é nem mesmo uma "conversa mole". É uma conversa oca mesmo, vazia de conteúdo. É mais um logro que só serve para enganar os tolos, os ingênuos e os desavisados.

Constitui-se uma rematada mistificação todas as enfáticas declarações dos que tentam nos convencer de que a empresa está a serviço dos seus clientes e dos seus assalariados. Isso não é verdade: **ela está a serviço de seus acionistas.**

É preciso dar um basta a essas declarações "política e socialmente corretas", mas destituídas de realismo fático. É claro que a empresa também está a serviço dos seus clientes, mas por que razão? Porque, ao satisfazer ao cliente, engorda os seus resultados e, portanto, satisfaz ao acionista. É para satisfazer ao acionista que se quer satisfazer ao cliente, mesmo que seja preciso "empurrar" produtos e serviços que só lhe fazem mal, como cigarros, remédios desnecessários, bebidas alcoólicas e refrigerantes açucarados, programas imbecilizantes do tipo *reality shows*, *big brother´s* etc.

Claro que a empresa também está a serviço de seus assalariados, por um motivo evidente: o assalariado é aquele que encanta e fideliza o cliente, o que garante mais lucros para os acionistas.

O discurso da empresa cidadã, da responsabilidade social e da ética empresarial pretende erigir uma nova Santíssima Trindade em que, à semelhança do Pai, do Filho e do Espírito Santo, como no Mistério da Fé, todos em uma só pessoa, o acionista, o cliente e o empregado, estariam no mesmo plano de igualdade a serviço do bem comum.

Isso não é verdade: os assalariados estão a serviço dos clientes para a garantia dos lucros dos acionistas.

Não peçamos à empresa para fazer as vezes do Direito e da Política, da Ética e da Moral, do Amor e da Espiritualidade na

construção de uma sociedade mais justa e democrática, pois não é esse o seu papel social.

Não contem com o mercado para ser moral no lugar da sociedade. E não contem com a empresa para ser moral no lugar de vocês, no lugar dos cidadãos.

A empresa cidadã costuma afirmar que é preciso colocar o homem no coração da empresa. Então, por que as empresas despedem os homens nos momentos de crise ou quando desejam lucrar ainda mais?

É preciso colocar o homem no coração do homem, porque é o lucro que está no coração da empresa. E isso faz parte de sua própria natureza (André Comte-Sponville*).

E é correto que assim seja, pois esse é o seu papel social. Não o único e irrestrito, como se poderá ver a seguir.

O humanismo é uma opção moral, um juízo de valor, não é uma religião e muito menos um sistema econômico.

Não contem com ele para conquistar o mercado, aquietar os sindicatos ou apassivar as consciências pela utilização desmesurada, equivocada, negativa ou distorcida do lucro.

Uma empresa funciona com base no seu interesse, que essencialmente é o lucro. Pelo menos, essa é uma das suas principais finalidades.

Não digo que a ética, a moral ou a cidadania não tenham lugar na empresa. Elas têm sim: o lugar dos indivíduos ou das pessoas que a integram, tanto como pessoas quanto profissionais.

Todos nós temos dificuldade em realizar nosso dever, em seguir os mandamentos da moral, apesar de conhecermos sua legitimidade. Há, pois, mérito em agir bem, em preferir o interesse geral ao interesse particular, o bem comum ao egoísmo. Nisso a ética moderna é fundamentalmente uma ética meritocrática e de inspiração democrática. Ela se opõe em tudo às concepções aristocráticas da virtude, que equivocadamente se pretende localizar no mundo da vida empresarial.

Que um presidente conceda a si salários astronômicos, centenas de vezes o salário mínimo, enquanto impõe aos demais o arrocho salarial para conter custos é moralmente contraditório. No entanto, isso é uma responsabilidade individual do dirigente e dos acionistas que o deixam se comportar dessa forma.

Em suma: *a moral tem o seu lugar na empresa, assim como a cidadania, mas esse não é o papel da empresa – é o papel dos indivíduos que trabalham ou dirigem a empresa.*

Entre ser um bom empresário, competente e eficiente, ou ser um empresário bom, generoso, o ideal é ser os dois simultaneamente, o que nem sempre é possível.

Se tivesse que escolher, não teria dúvidas: preferiria o bom empresário assim como o bom médico em lugar do empresário apenas bom, ou do médico apenas bom.

Moralmente, tenho o maior apreço pelo empresário bom ou pelo médico bom, mas social, política e economicamente, é claro que estes envolvem mais riscos do que o bom empresário e o bom médico.

Mais do que o lucro, a finalidade da empresa é a finalidade do acionista. Essa é uma constatação que põe ainda mais luz à realidade empresarial, o que explica a diversidade das finalidades para diferentes empresas.

Por que todas as empresas teriam a mesma finalidade? Acionistas distintos podem ter, para uma mesma empresa, distintas finalidades. Pode ser a perenidade da empresa, a influência social ou política, pode ser a filantropia e até o bem da humanidade.

No entanto, cairemos mais uma vez no ponto de partida: independente da qualidade de cada empresa, ela não pode se eximir da busca do lucro para sobreviver, mesmo que esta não seja a sua primeira finalidade. Em qualquer sistema econômico, ela terá que buscar o lucro para garantir a perenidade, realizar o bem dos outros ou simplesmente enriquecer os seus acionistas.

O empresário não cria a empresa por amor à humanidade, para reduzir as taxas de desemprego, para gerar renda aos seus empregados, para beneficiar a comunidade ou para realizar o bem comum. De qualquer forma, se assim o for, de novo a gestão empresarial terá de focar o lucro para sustentar a realização dos objetivos nobilitantes em prol da humanidade.

Ele não é dirigente de uma agência de assistência social, de uma organização de prestação de serviços humanitários. É alguém que objetiva essencialmente o lucro, e é natural que assim seja.

A assistência social é para os pobres, os desvalidos e os excluídos. A empresa é para gerar riqueza. A sociedade necessita muito mais de empresas eficazes do que de associações assistenciais, por maior que seja o reconhecimento que se tenha por elas em função do relevante trabalho de benemerência que realizam. É claro que preferimos a riqueza em lugar da dependência. O humanismo das agências assistenciais é moralmente mais relevante, causa-nos enorme reconhecimento.

No entanto a empresa, do ponto de vista econômico e social, é muito mais importante, até porque é a que reduz a necessidade de existência do próprio assistencialismo de organizações de benemerência.

Quem não dá mais valor, por exemplo, à Madre Teresa de Calcutá ou ao Chico Xavier do que o mais bem-sucedido empresário? Em contrapartida, quem não prefere ganhar a vida como empregado em uma empresa em vez de depender de ações caritativas e de programas sociais?

O cheque-cidadão, a bolsa família, o vale gás, o sopão, o restaurante popular, a ação médico-social assistencialista, enfim, o dinheiro distribuído aos necessitados precisou antes ser produzido pelas atividades econômicas empresariais. São elas que geram os tributos que possibilitam a ação governamental de proteção social e de garantia dos direitos universais do homem.

Se a empresa oferece empregos apenas por razões morais, nunca mais vai poder parar de fazê-lo, até quando não mais for de seu interesse. E, é claro, tal situação jamais dura muito tempo, não subsiste *ad eternum*.

Uma empresa não é feita para criar empregos, mas para gerar lucro. Combater o desemprego não é a sua finalidade. Por isso, ela só contrata e demite em função de seu interesse de lucratividade. Pode parecer ser uma lógica amoral, cruel às vezes, mas que se mostra econômica e socialmente efetiva no contexto das sociedades.

Assim, como é utilizado pela maioria das macrocorporações empresariais, o conceito de empresa cidadã passa a ser apenas um slogan publicitário, uma estratégia de marketing, nada tendo a ver com a construção de uma verdadeira sociedade cidadã, mais equitativa, justa e fraterna.

1. Dr. Jekyll e Mr Hyde no Mundo das Organizações: O Médico e o Monstro.

O clássico da literatura mundial *O Médico e o Monstro*, de R.L.Stevenson*, ilustra, com rara pertinência, a fragmentação atitudinal das grandes organizações corporativas na cena mundial.

A ambivalência esquizofrênica do Dr. Jekyll e de Mr. Hyde se repete analogicamente com as macrocorporações na sociedade de mercado, ora no exercício de papéis de líderes mundiais na destruição do meio ambiente, ora como organizações premiadas como campeãs do desenvolvimento sustentável e da responsabilidade social.

Essa dicotomia reforça-se ainda mais, e a dissociação comportamental se realiza em plenitude, quando as organizações colocam o desenvolvimento sustentável e a responsabilidade social como os seus paradigmas máximos de desempenho, integrantes destacados de seus códigos de ética, itens indispensáveis de suas estratégias de negócios, da definição de suas missões e objetivos, de sua ética empresarial como empresas cidadãs.

Quanto mais o nível de consciência das pessoas aumenta no sentido de compreender que a situação ecológica mundial cada vez mais se degrada, amplia-se o discurso das organizações de que elas são as mais fervorosas militantes da construção de um mundo melhor.

Autoavaliam-se como se fossem a consciência cívica na transformação e na humanização do homem em suas relações historicamente inadequadas com o meio ambiente.

A constatação da realidade, no entanto, é acabrunhante: degradação crescente dos solos, devastação das florestas tropicais, aumento das áreas de desertificação, poluição química por metais pesados, agravamento das repercussões econômicas e sociais provocadas pelos desastres naturais, degradação dos ecossistemas, deterioração das condições de acessibilidade à água potável, erosão da diversidade biológica etc. Essa realidade degradante é objeto do cotidiano da imprensa mundial.

Diante de tal realidade, as grandes organizações se comportam como uma variante institucional do Dr. Jekyll e de Mr. Hyde: **as mesmas organizações que defendem arduamente o desenvolvimen-**

to sustentável e a responsabilidade social são, com frequência, as mesmas que, em surdina, exercem as maiores pressões para fazer fracassar quaisquer tentativas de governança corporativa mundial tanto quanto para não regulamentar os procedimentos necessários à contenção dos efeitos do gás estufa, ou para não cumprir o Protocolo de Kyoto, ou para não obter resultados positivos nas Conferências de Copenhagen ou de Cancun, por exemplo.

Não há dúvida de que as grandes corporações são percebidas como as maiores forças de resistência política ao efetivo controle dos lixos, dos resíduos e dos malefícios decorrentes da sociedade de mercado em um mundo globalizado. Reagem, o quanto podem, a desenvolver processos produtivos bem mais sustentáveis, já que querem sempre adiar custos e eternizar ganhos.

As indústrias extrativas do petróleo, do gás e dos minérios são as líderes dos abusos e das agressões ao meio ambiente. Talvez, por isso, sejam as mais generosas no financiamento das grandes ONG's internacionais.

São seguidas à distância pelas indústrias de alimentação e de bebidas. Logo a seguir surge o segmento do vestuário e dos calçados como os maiores destruidores do meio ambiente. Finalmente, para completar esse quadro de horror ambiental, aparecem as tecnologias da informação e da comunicação.

Para atenuar as repercussões das denúncias e sopesar a indignação do cidadão mundial contra as mazelas que a ação corporativa provoca nas diferentes dimensões do meio ambiente, as organizações valem-se de todos e de quaisquer meios: da corrupção à violação da liberdade de expressão e do direito de proteção à vida privada. Não se circunscrevem apenas à preponderância econômica, mas exercem todo tipo de influência sobre as instituições políticas e jurídicas. É o direito público que se privatiza no interesse das organizações. Tudo à custa de muito lobby, que se pretende legal e moral.

Tal protagonismo absolutamente indevido produz uma espécie de darwinismo institucional-legal, que evolui na construção de leis, normas e sistemas que sempre lhe são favoráveis.

À inexistência de mecanismos institucionais-legais adequados, nacionais e internacionais, para a aplicação de sanções, à quase certeza da inimputabilidade pelas faltas cometidas, **agrega-se à priva-**

tização da sociedade civil, cada vez mais tomada de assalto pelas influências subterrâneas das forças de mercado.

A chantagem da ameaça do desemprego pela paralisação ou deslocamento das atividades empresariais para outros países é o golpe de misericórdia em quaisquer tentativas cidadãs de resistência.

Assim, sob o manto protetor hipócrita das mais virtuosas profissões de fé no destino do homem e da celebração de pactos e de códigos de ética normalmente descumpridos, as grandes organizações enveredam por caminhos que ilustram muito bem as dificuldades do verdadeiro cidadão em transpor a cortina do medo para realizar estudos comprobatórios e denunciar os crimes financeiros, ambientais, políticos e econômicos que são cometidos cotidianamente por aqueles que se apresentam cinicamente como os apóstolos do bem comum.

2. Voluntariado Solidário e Responsabilidade Social

As grandes corporações crescentemente identificam e evoluem por um novo espaço de ação institucional que lhes tem granjeado enorme prestígio público e social. Atuam no vácuo produzido pelo claro propósito dos governos de deixar sob responsabilidade da iniciativa privada a minimização do problema de desigualdade e do destino dos excluídos da sociedade ou submetidos ao risco da vulnerabilidade social.

A difusão dos conceitos de responsabilidade social e empresa cidadã é uma clara resposta do mundo empresarial à supremacia hegemônica praticada pelos governos que conduzem ao Estado mínimo, com a radical redução das dimensões da ação do poder público para equacionar problemas relativos ao desemprego, à mendicância, à exclusão social, à gravidez precoce, à violência contra a infância e as mulheres, à violência em geral, que se dissemina em todos os centros urbanos.

O preponderante apoio oferecido pela comunidade acadêmica, consultores, entidades empresariais e a imprensa aos programas de responsabilidade social, de voluntariado e de empresa cidadã promovidos pelas organizações provavelmente mascara a constatação de que, no meio de muitos resultados positivos, intenções generosas e efetiva solidariedade, sobrepai-

ram investidas cruéis sobre os direitos trabalhistas, a liberdade de o livre pensar e a circulação espontânea do contraditório e da divergência no mundo do trabalho.

O aplauso acrítico de tantos fecunda a hegemonia do pensamento único. O florescimento de meias-verdades ou de meias-mentiras escondem muitas realidades praticadas na implementação desses conceitos no cotidiano das organizações.

As loas que grande parte da literatura especializada entoa para os balanços sociais das organizações e o silêncio diante da truculência do *downsizing* lembra os ritos que impeliram brilhantes intelectuais ao louvor do totalitarismo político e ideológico proveniente do stalinismo e do fascismo, que tão mal fizeram à humanidade em momentos recentes da história mundial.

O sacrifício da capacidade crítica, do direito de pensar a realidade e de questionar verdades é usualmente exigido pelas igrejas através dos dogmas da fé e pelo fanatismo dos partidos políticos radicais.

Tal postura também agora é requerida pelas organizações que fazem do voluntariado solidário, da responsabilidade social e do conceito aplicado de empresa cidadã opções de natureza moral, ética e até religiosa da ação empresarial. É claro que esse valor não é proclamado, mas rigorosamente praticado. Os que ousam discordar o fazem porque não "vestem a camisa", "não têm espírito de equipe", "não vibram pela organização", "não têm o perfil da empresa".

A exigência de abandonar ideias e convicções em função de empregos nas organizações é recente. Ela é coincidente com a mudança de paradigmas decorrente da globalização e da mundialização da economia e da sociedade pós-industrial. Dentro das empresas, concentra-se nos dirigentes o poder de exigir que dogmas sejam impostos e assumidos pelos subordinados. A regra de ouro para a seleção de quadros passa a ser então a submissão aos preceitos, valores e dogmas verticalmente impostos.

O resultado de todo esse movimento de apoio ao voluntariado das empresas é a indiscutível perda de substância das organizações voluntárias tradicionais, a decadência das organizações religiosas e da sociedade civil, verdadeiramente dedicadas à solidariedade ao próximo.

Em todo o mundo, é notória a crise pela qual passam as organizações historicamente vinculadas ao voluntariado solidário – Cruz Vermelha, Escoteiros, Bandeirantes, Lions, Rotary, ACM e assim por diante.

O fulcro da crise é a ausência de participação e a renovação de quadros. Esse processo de crise se aprofunda concomitantemente com o florescimento das ONG´s – organizações não governamentais nem sempre tão voluntárias e solidárias – e com a absorção do tempo disponível do empregado crescentemente dedicado à organização em que trabalha.

O empregado cada vez dispõe de menos tempo para dedicar às organizações comunitárias, quer sejam trabalho voluntário da igreja, de clubes de serviço ou de associações civis. As empresas as estão substituindo no conjunto da sociedade.

O prestígio decorrente da prestação do serviço de solidariedade voluntária não vai para o indivíduo que o realiza, mas para a organização que o patrocina.

Para a organização, não é suficiente dirigir e controlar o tempo de seu funcionário, empregado ou colaborador no ambiente de trabalho. É preciso fazer com que ele também contribua para o prestígio e a imagem da organização, colaborando igualmente em suas horas de folga, justamente aquelas em que ele antes se dedicava, voluntariamente, às organizações comunitárias de solidariedade.

O voluntariado forçado é uma combinação contraditória de palavras. Em verdade, o indivíduo não é voluntário em nenhuma atividade na empresa em que trabalha, ainda que pense e se sinta assim, e por mais seduzido que esteja pela relevância social do que faça em suas horas de folga em nome da organização.

De fato trabalha e agrega uma nova jornada, apenas não é remunerado para isso.

A dimensão voluntária, *soi-disant* espontânea, realizada pela organização sob o título de empresa cidadã, de responsabilidade social ou de balanço social, mascara e dissimula a natureza da contribuição daquele que a faz.

O funcionário abre mão de sua identidade individual como pessoa sob o título de trabalho voluntário, já que o realiza em nome e como membro da organização a que pertence.

O "funcionário-cidadão" já não mais dispõe de tempo adicional para dedicar às organizações comunitárias, como fazia anteriormente.

A sua necessidade de participação solidária passa a ser também preenchida por sua organização empregadora, diga-se de passagem, muitas vezes de forma bem mais vantajosa e competente, pois se realiza através de gestão estritamente profissionalizada. Ademais, a participação voluntária em atividades de solidariedade social através de associações comunitárias se esgota em si, diferentemente da participação semelhante promovida pela empresa, em que recompensas tangíveis e intangíveis são indissoluvelmente vinculadas à carreira de cada um.

Por mais que se declare que o voluntariado na empresa deva ser espontâneo e independente da vida funcional do empregado, a conexão se realiza naturalmente, sempre agrega valor à imagem do empregado, influencia em sua carreira e, muitas vezes, é fator decisivo para promoções. Se não for assim, pelo menos se imagina que seja.

São duas as razões principais do envolvimento crescente das organizações no voluntariado solidário: tempo e dinheiro. Primeiramente, porque comprometem o tempo disponível de seus quadros profissionais no exercício de atividades de alta relevância social. Em segundo lugar, porque essas atividades funcionam como excelentes estratégias de marketing institucional das empresas. Em contrapartida aos investimentos de tempo e dinheiro, obtém prestígio, reconhecimento e a admiração da sociedade, em geral pelas ações de responsabilidade social implementadas.

A empresa compromete o tempo de trabalho de seus empregados em troca da construção de uma imagem de empresa cidadã, realmente sensibilizada e participativa em relação às questões comunitárias que mais sensibilizam.

O empregado, ao compartilhar com os demais colegas de trabalho o voluntariado solidário capitaneado pela organização, pouco a pouco se afasta de atividades semelhantes conduzidas por associações comunitárias diversas, às quais originalmente se vinculava.

Restringe o seu universo existencial ainda mais à empresa, diminuindo a participação nas associações da comunidade, essencial à plenitude de sua vida integral como pessoa – na família e na sociedade. O trabalho passa a preencher de uma só vez esses papéis, o que empobrece o indivíduo como pessoa, ser humano.

3. A Privatização da Sociedade Civil

As grandes ONG´s internacionais sofrem crescente questionamento em todo o mundo. Ao mesmo tempo, entretanto, aumentam a sua importância e influência no conjunto da sociedade, no mundo das organizações, na vida política e comunitária, nos governos e na administração pública em geral.

Assumem-se como verdadeiras expressões da sociedade civil, e julgam legitimamente representá-la. Por demais atuantes, superativas, agem à revelia de uma enorme maioria silenciosa, que não necessariamente as aprova, mas que as permite exercer o papel de porta-voz da sociedade civil.

Em verdade, muitas desempenham atividades empresariais sob o biombo da dissimulação em simulacros de instituições filantrópicas e benemerentes; em contrapartida, muitas outras exercem essas funções com alta relevância e significância social. Muitas são sérias e contributivas, outras são verdadeiras máquinas de arrecadação, de enriquecimento de seus dirigentes, de fraude e de corrupção. Gozam de enorme prestígio na imprensa mundial, o que lhes possibilita obter financiamentos junto ao poder público e às organizações empresariais, em especial junto às macrocorporações multinacionais, para subsidiar e sustentar as suas atividades e programas.

O seu protagonismo e hiperatividade lhes garantem a condição de "queridinhas" da mídia na sociedade do espetáculo. Os seus "quinze minutos de fama" se sucedem em manchetes que se renovam – e se repetem – sistematicamente sempre sob a forma de denúncias e de escândalos. Alimentam-se e se fecundam no denuncismo e na extravagância de manifestações bizarras.

Todas essas circunstâncias são perfeitamente acompanhadas e compreendidas pelas macrocorporações empresariais. E não lhes são indiferentes. Pelo contrário, atuam deliberadamente para influir através das ONG´s nas maneiras de pensar, sentir e agir da sociedade civil.

Ou seja: **a ONG é o Cavalo de Troia da organização multinacional na influenciação, direcionamento e ocupação da sociedade civil com vistas a privatizá-la a serviços de seus próprios interesses. É a usurpação da cidadania pelo capital privado.**

A privatização da sociedade civil objetiva fazer com que o espírito crítico do cidadão se circunscreva a um pensamento dependente dos interesses das macrocorporações na sociedade de mercado.

Hoje, as ONG's mal conseguem livrar-se de seus maus usos, dos desvios de destino e de objetivos, das manipulações institucionais, e já são submetidas a um novo risco, que deve agravar ainda mais as suas vicissitudes e mazelas.

Há uma clara, deliberada e intencional estratégia global dos mais proeminentes atores macrocorporativos que objetiva neutralizar as ONG's por meio da privatização da sociedade civil.

Todo um contexto institucional-legal altamente favorável contribui para a implementação dessa estratégia sutil.

O poder público é cada vez mais fragmentado. Perde espaços de soberania *vis-à-vis* à influência dos grandes agentes econômicos. Das cem maiores economias mundiais, cinquenta e uma são hoje organizações corporativas privadas.

A enorme capacidade que o alto interesse privado tem para agir nas sombras lhe possibilita o desempenho de papel decisivo na condução da cena política e na gestão dos Estados.

Já a colonização pelo mercado da sociedade civil é bem mais recente, menos perceptível, e, portanto, muito mais difícil de condenar. E, assim, ela avança de forma sutil e dissimulada, reverberando manifestações e profissões de fé na necessidade de construção de um mundo melhor e da supremacia do bem comum, para o que o mundo empresarial se julga capaz de oferecer inequívoca contribuição, principalmente por meio de seus programas de responsabilidade social, de empresa cidadã, de ética empresarial e de desenvolvimento sustentável.

Assim, concomitantemente, **_os dirigentes das grandes corporações empresarias estabelecem cada vez mais relações consensuais com o poder público e dominam os conselhos de administração das grandes ONG's, principalmente as dedicadas à defesa dos direitos humanos e do meio ambiente. Concretiza-se na prática do cotidiano, de forma insidiosa, a corrupção moral e o tráfico de influência tanto na gestão dos Estados quanto na das grandes ONG's, e, portanto, nas fontes e origens de formação de opinião da sociedade civil mundial._**

É evidente que seria um contrassenso pretender desqualificar sistematicamente quaisquer relações de parceria, de negociação e de entendimento que se institucionalizem entre as grandes corporações, o poder público e as ONG´s. No entanto, as estratégias determinadas e sofisticadas das organizações empresariais não podem ser nem diabolizadas nem subestimadas. Elas estão claramente em processo, não deixam de ser altamente complexas, difíceis de perceber, e bastante perigosas para a construção futura de uma sociedade mundial efetivamente democrática e justa. Têm objetivo bem claro: valorizar as parcerias e exibir uma tendência forçada em direção a uma pretensa globalização humanizada em todo o mundo como resultante da contribuição da aristocracia empresarial da sociedade de mercado. Pensam assim neutralizar a crítica e a ação política dos cidadãos contra as atividades empresariais não sustentáveis em todo o mundo, e inibir o risco de ações judiciais reparadoras por parte das vítimas, humanas ou ambientais, que busquem ressarcimentos através dos canais institucionais do Estado.

O caráter incestuoso das relações nutridas entre as ONG´s e as organizações empresariais induzem a que muitos comportamentos não sustentáveis, muitas vezes verdadeiros crimes, fiquem impunes e que muitas vítimas se calem.

Os protagonistas da sociedade civil se tornam prisioneiros de um círculo de ferro do silêncio, da omissão e da cumplicidade.

Mais uma vez, a sociedade de mercado, agora em sua versão mais moderna e sedutora, consegue disseminar com muito talento e efetividade a ideia de que a regulação institucional-legal do mercado é o principal inimigo do lucro e, por consequência, do desenvolvimento e do bem comum.

As grandes ONG´s, e através delas a opinião pública, encantam-se com os compromissos éticos formulados pelas macro-organizações empresariais, por seus códigos de ética generosos. E, assim, paulatinamente abandonam a luta de levar às barras dos Tribunais de Justiça em todo o mundo a busca por reparação das vítimas dos males provocados pela ação empresarial danosa. Abandonam a estratégia de luta política e judicial na ilusão de promover a gestão responsável das organizações empresariais em matéria dos direitos humanos, da cidadania republicana e da preservação ambiental. Passam a acreditar na autorreforma e na automudança, na capacidade de autotransformação das organizações empresariais. Legitimam, participam e compartilham da crença e da esperança de que o capitalismo mundial tem a capacidade de se autorregenerar, de se autotransformar em direção à democracia política e econômica, em uma construção evolutiva e serena, em bases voluntárias e consensuais, em harmonia com os cidadãos consumidores, contribuintes e eleitores.

E, assim, baixam as armas, reduzem a sua capacidade de luta e de reivindicação, de protesto e de denúncia. Acabam também cooptadas e convertidas à ideologia da sociedade de mercado.

4. O Pensamento Único nas Organizações

A privatização da sociedade civil, umbilicalmente vinculada à profissionalização das grandes ONGs internacionais, traz em seu bojo o florescimento de um novo risco à democracia nos tempos modernos, ou seja, o ovo da serpente do totalitarismo: o espírito crítico da sociedade se circunscreve à hegemonia de um pensamento único, percebido equivocadamente como a quintessência do consenso na sociedade em que vivemos.

Há um paradoxo intrínseco nesse enorme equívoco, que precisa ser devidamente desvendado. Ele se particulariza em uma interação cada vez mais promíscua entre as próprias ONGs, os governos e as macro-organizações globalizadas. Vejamos como funciona, explicitamente, nos itens a, b, c, abaixo descritos:

1. As grandes ONGs internacionais mobilizam uma enorme gama de recursos humanos, financeiros e institucionais que efetivamente contribuem para fazer existir a globalização como um enredo político de forças controversas; mas, igualmente, se constitui em um generoso espaço de exposição em torno do qual os técnicos e especialistas dedicam-se com afinco. Quando participam de diferentes fóruns internacionais, os experts têm todo o interesse de não destruir esse novo espaço de exposição nos quais são importantes e badalados protagonistas. Vale dizer: passam a dispor de poder e de influência, de reconhecimento e de prestígio na cena mundial. Aparecem como os porta-vozes da sociedade civil organizada.

2. Concomitantemente, forja-se uma capilaridade crescente e permanente entre a sociedade civil e o aparelho de Estado: os melhores especialistas de defesa dos direitos dos cidadãos, por exemplo, que combatem ferozmente as empresas privadas por suas práticas indevidas de desrespeito à cidadania, podem alguns anos mais tarde, sem o menor constrangimento, colocar-se a serviço das mesmas empresas que antes combatiam com tanto denodo. Essa circunstância objetiva alimenta as razões de justificativas, os networks e os lobbies, e está na origem e no limite do poderoso desenvolvimento e da espetacularização dos formadores de opinião pública no mundo empresarial, sustentados por organizações partícipes líderes da sociedade de mercado.
3. c) Para legitimar o desejo de universalização e de homogeneização de pensamento e ação, tanto as organizações empresariais quanto as ONGs, os governos e as grandes fundações globais recrutam quadros entre os melhores cérebros universitários e os intelectuais também dos países emergentes e do terceiro mundo.

O paradoxo é que a enormidade de meios e de recursos utilizados para questionar os efeitos nocivos da globalização contribua para plasmar a universalização e a hegemonia do pensamento único no mundo organizacional.

Os mesmos que trabalham hoje no núcleo central do aparelho do Estado e nas funções periféricas de governo podem ser encontrados amanhã também trabalhando nas grandes fundações internacionais, as quais, aliás, fomentam e financiam os movimentos sociais e propugnam pela responsabilidade social das organizações, pela ética empresarial, pelas empresas cidadãs e pelo desenvolvimento sustentável. São os mesmos que exercem papéis e funções paradoxais, por serem contraditórios e incompatíveis, em diferentes situações organizacionais – ora nos governos, ora nas ONGs e ora nas fundações.

Assim, a ideologia que irriga e fecunda os formadores de opinião no universo das relações empresariais e na sociedade

civil se desenvolve de forma sutil e clandestina no mundo acadêmico e nas práticas organizacionais, na formulação de teorias de gestão e na sua implementação.

Essa interação paradoxal contribui efetivamente para a uniformização ou a estandardização das oportunidades no campo mundial de formação dos dirigentes públicos, dos quadros gerenciais privados, e dos líderes das organizações constitutivas da sociedade civil em suas diferentes nuances.

O discurso edulcorado dessas elites oriundas de tal interação promíscua exala um perfume de modernidade e de espontaneidade capaz de seduzir parcelas substantivas da opinião pública. E assim propaga-se o equivoco de que o sistema cede e se humaniza. Ledo engano!

Temo que esteja em marcha sorrateira a universalização de um pensamento único apenas capaz de promover respostas puramente cosméticas aos dramas do desenvolvimento sustentável e da preservação ambiental.

Sob o influxo da ação de numerosas ONGs em todo o mundo, cada vez mais contidas e cooptadas, normalmente financiadas por grandes instituições fundacionais globais, como, por exemplo, as fundações Soros, Rockefeller, Ford ou Gates, que são os braços operacionais de proteção social ou de benemerência da sociedade de mercado, a sociedade civil perde voz e vez, arrefece a sua capacidade de luta e obscurece a consciência de sua verdadeira realidade. A sociedade civil se torna, assim, simplesmente instrumental ou funcional para o domínio e o controle dos grandes acionistas majoritários da economia globalizada.

Frequentemente são os mesmos participantes das ONGs que denunciam, sob grande repercussão na imprensa, as violações aos direitos humanos ou os crimes ambientais e que, paralelamente, como protagonistas do debate mundial, participam bem mais contidos e circunspectos dos fóruns internacionais, legitimando a construção de uma versão mais condescendente do liberalismo da sociedade de mercado. Ora, é justamente a economia de mercado a fonte e a origem, a razão de ser dos excessos praticados pelas organizações empresariais em todo o mundo.

Os laboratórios intelectuais e as pesquisas acadêmicas da sociedade do conhecimento a serviço do mercado buscam moldar a globalização de uma feição mais humanizada. Em verdade, com os resultados que obtêm, legitimando os processos e as práticas existentes, terminam por se constituir em cortinas de fumaça e álibis que contribuem para deslegitimar as reais críticas e os questionamentos ao mercado como o inimputável *condottieri* da vida humana moderna. Cada vez mais privam o homem de sua condição humana, reduzindo-o a uma mera dimensão de variável econômica.

Ao fim e ao cabo os formadores de opinião, "queridinhos" da mídia na sociedade do espetáculo, tendem a pasteurizar as ideias progressistas de transformação da realidade, contribuindo com suas ações e omissões para a manutenção do *establishment* e do status quo.

Passam a ideia e fazem crer que o capitalismo possui a capacidade de se autorreformar suavemente, sob base voluntária e consensual. E mais ainda: em perfeita harmonia, sob consenso pactual, com os consumidores e o desenvolvimento sustentável, os conselheiros da ética empresarial, que normalmente se apresentam como consultores, mentores ou professores de administração, os ativistas dos movimentos sociais globalizados, os políticos tradicionais e os governos. No mais das vezes, querem incorporar a tal consenso pactual as próprias vítimas das ilicitudes empresariais, sempre através de modestas indenizações financeiras ou das chantagens de ameaça das perdas de emprego pela relocalização das plantas industriais e dos centros de serviço.

Tudo isso, obviamente, contribui para a contenção e o abaixamento do tom dos protestos nas ruas e para a praticidade objetiva das denúncias e das ações judiciais contra as ilicitudes produzidas pela ação empresarial danosa. Pior ainda: amiúde os formadores de opinião são inteiramente cooptados com a cumplicidade do silêncio conveniente.

Essa astúcia estratégica da sociedade de mercado se estende, por certo, à interminável novela da falsa e da verdadeira luta contra a corrupção e contra os circuitos escabrosos dos dinheiros sujos das multinacionais. Mas aí vai outra dimensão da mesma problemática da má contribuição dos formadores de opinião para a homogeneização de um pensamento único, portanto totalitário, na cena mundial imposta ao universo da sociedade e, particularmente, ao mundo das organizações. Lados opostos da mesma moeda, facetas distintas de uma mesma realidade, uma situação reforça a outra. E, assim inexoravelmente, a disseminação do pensamento único se consolida como verdade.

Capítulo 2

I. A "Questão Moral" versus A "Questão Econômica"

II. A "Questão Moral" versus A "Questão Política" e versus a "Questão Institucional-Legal"

III. Os Déspotas Administrativos na Gestão Pública

IV. O Problema dos Limites e da Distinção das Ordens

V. Por que o Problema da Distinção das Ordens?

VI. Por Que o Problema dos Limites?

VII. A Distinção das Ordens

    1. A Ordem Econômico ou Tecnocientífica
    2. A Ordem Jurídico-Política ou Institucional-Legal
    3. A Ordem Moral
    4. A Ordem Ética
    5. A Ordem Espiritual

I. A "Questão Moral" versus A "Questão Econômica"

Essas duas questões configuram expressivamente a perplexidade do homem moderno no mundo do trabalho e na vida em sociedade.
A questão moral expressa a resposta objetiva de comportamentos e atitudes em relação "ao que devo fazer", às minhas opções éticas e idiossincrasias pessoais, ou seja, às maneiras de pensar, ver e reagir próprias de cada pessoa.
É a dimensão normativa, relacionada aos valores, às crenças, à mentalidade e ao caráter. Trata do que "eu sou", indivíduo como pessoa.
Já a questão econômica se relaciona "ao que posso possuir", ao que tenho para desfrutar, poupar e consumir. Trata do que "eu tenho" e do que "eu faço"
Ninguém escapa desse círculo de circunstâncias da moral e do mercado. Participamos dele cotidianamente. Não cessamos de nos indagar sobre sua legitimidade e moralidade, sobre o justo e o injusto, sobre o ético e o aético, sobre o peso de suas humanidades e desumanidades.
A moral é o conjunto – historicamente dado e determinado – das regras que a natureza torna possíveis, que a sociedade torna universalizáveis, que o amor ao amor torna desejáveis.
Quando se condena moralmente um ato, o importante não é ter ou não razão. A moral não é uma ciência, nem mesmo um conhecimento. Não é o verdadeiro e o falso que nela se opõem, mas o que julgamos ser o bem e o mal. Não se coloca a hipótese de obtenção de consenso no campo da dimensão moral.
Aquele que julga que seus juízos morais são verdades vive na ilusão de pretender ter razão em um domínio em que a razão não

tem qualquer sentido. O ilusório é crer que a moral é verdadeira, objetiva, absoluta. No entanto, os valores morais também não são falsos porque fazem parte de nosso mundo real, integram e compõem a nossa realidade, são partes essenciais de nossas vidas.

O mundo das organizações é cada vez mais sensível a essa dicotomia – moral versus econômico. O bem, no sentido moral, nem sempre se coaduna aos bens, no sentido econômico.

O que fazer para compatibilizá-los? Que ações objetivas devem ser empreendidas pelas organizações na busca desse propósito?

A resposta tem sido o foco crescente na responsabilidade social, no desenvolvimento sustentável, na ética empresarial, na empresa cidadã, no respeito ao cliente, na humanização das organizações.

Não há dúvidas de que a questão moral está na "crista das ondas".

É tema de preocupação de quaisquer fóruns de discussão, de crescente atualidade na imprensa em geral, no mundo acadêmico, nas lides políticas e classistas, na realidade empresarial, no cotidiano de todos nós.

Será que os jovens de hoje, da geração 1980-2000, constituem uma nova geração – a geração moral – diferente de 1960-1970, eminentemente mobilizada pela utopia política?

Para a geração dos "Anos Dourados", a geração do movimento estudantil de 68, a utopia política fazia as vezes da moral.

Para a geração atual, que ingressa e já se destaca no mercado de trabalho, a moral substitui a política.

Enfim, a questão moral se instalou no cerne dos debates.

Tornou-se o tema da moda, que tanto se valoriza até se transformar em virtude. No entanto, no mais das vezes, a virtude da moda costuma resvalar para a hipocrisia e para o farisaísmo.

Será mesmo que as empresas, entes essencialmente econômicos, transformam-se, pouco a pouco, em organizações morais? Será que, efetivamente, exercitam a aristocracia da virtude quando propugnam pelo desempenho de programas de responsabilidade social, de ética empresarial, de desenvolvimento sustentável e de empresa cidadã?

Estamos no limiar de um novo tempo de respeito ao próximo ou vivenciamos a hipocrisia e o farisaísmo do superficialismo humanista?

II. A "Questão Moral" versus "A Questão Política" e também versus a "Questão Institucional-Legal"

O Carnaval do ano de 2008 ensejou uma oportunidade especial de vislumbrar os riscos das trevas do totalitarismo que se abatem sobre uma sociedade quando o Estado envereda pelo caminho da apreciação moral das regras políticas e jurídicas.

Refiro-me aos episódios da violação da liberdade de expressão em que a Justiça proibiu, no Rio de Janeiro, a Escola de Samba Unidos do Viradouro de desfilar com um carro alegórico sobre o holocausto da II Guerra Mundial, e de a Prefeitura de Recife ter sido acusada de haver desrespeitado a lei do aborto ao distribuir a chamada "pílula do dia seguinte" durante o tríduo momesco.

Ao Estado não é dado o poder legítimo da apreciação moral na aplicação da política e do direito. Foi a moral nazista que viabilizou a barbárie na aplicação das normas e regras políticas e jurídicas alemães.

A interpretação moral da legislação também permitiu o apartheid sul-africano, a discriminação racial nos Estados Unidos e o apedrejamento das mulheres iranianas até a morte por pretensos crimes de adultério.

A fundamentação institucional-legal do nosso País não dava qualquer sustentação objetiva nem à condenação da "pílula do dia seguinte" nem à proibição do carro alegórico da Viradouro.

Em ambos os episódios, a subjetividade essencialmente moral – não seria moralista? – dos juízes condenou a pílula e proibiu o carro no desfile, em claro desrespeito aos direitos fundamentais do cidadão em um estado laico como o brasileiro.

Há que se fazer a distinção entre ordem institucional-legal (jurídica e política) e a ordem moral. E, assim, nem a moral pode fazer as vezes da política e do jurídico nem a política e o jurídico podem substituir a moral. Nem mesmo quando a moral é modernamente batizada de direitos humanos ou de humanitarismo, o que lhe reveste distorcidamente, ainda mais, de conotações políticas e jurisdicistas.

É a ordem jurídico-política, ou seja, a lei e o Estado, a organização institucional-legal, que asseguram aos indivíduos os seus direitos e se lhes atribuem responsabilidades e obrigações.

É o legislador quem nos diz se devemos ou temos o direito ou não de fazer a clonagem reprodutiva, as manipulações genéticas, o uso das células-tronco e, no caso citado, distribuir a "pílula do dia seguinte" e garantir a liberdade de expressão em um carro alegórico de escola de samba.

É o legislador que fixa essas prerrogativas, que dá concretude à vontade do povo soberano em uma democracia, através da mediação da representação política no parlamento.

A ordem institucional é estruturada pela oposição entre o legal e o ilegal. Há o que a lei autoriza – legal – e o que a lei proíbe – ilegal.

Politicamente, há os que têm competência para fazer a lei, isto é, detêm a maioria da representação, e os que não têm essa competência, ou seja, a oposição. É assim a ordem democrática e republicana.

Uma lei não existe para dizer o bem e o mal, mas apenas o permitido e o proibido. Nas sociedades democráticas não é mais o sagrado que reina; é a livre escolha do povo no exercício de suas liberdades. A base do Direito não é a religião. São as leis e as instituições democráticas de um país. Só os regimes teocráticos fazem dos seus credos a determinante das leis e da construção de suas instituições.

A realidade democrática constrói dois reinos distintos, duas ordens diferentes: o verdadeiro e o bem não se votam, já que a democracia não faz as vezes da moral nem a moral faz as vezes da democracia.

A um juiz não é dado o direito de sobrepor o seu foro íntimo, os seus gostos e preferências religiosas, as suas acepções morais como indivíduo à interpretação objetiva da lei produzida pelo coletivo da representação política reunida no parlamento, que consagra o modelo institucional-legal prevalecente na sociedade.

Se assim o fizer, mais do que a disfuncionalidade da politização do Poder Judiciário, ele estará suprimindo a laicidade do Estado brasileiro, estará contaminando pela subjetividade de suas opções morais o caráter da interpretação e da aplicação objetiva da lei.

A moral é o conjunto dos nossos deveres, das obrigações ou das proibições que impomos a nós mesmos, independentemente de qualquer recompensa ou sanção esperada, e até de qualquer esperança. É o conjunto do que vale ou se impõe, incondicionalmente, para uma consciência.

Ser moral é cuidar do seu dever. Ser moralista ou moralizador é querer cuidar do dever dos outros. A moral nunca é para o outro, para o vizinho, para o próximo. É para si.

E, portanto, a um juiz não é deferido o poder de impor a sua moral sobre quem quer que seja ao fazer a interpretação da legislação aplicada.

Hoje, o elo mais fraco na sociedade brasileira não é a crise dos valores morais produzida pela corrupção desenfreada, como muitos acreditam, mas a crise das instituições políticas que também se contaminam pela interpretação moralista dos agentes públicos, que se arvoram em aristocratas da virtude, em donatários do que julgam ser o bem comum.

A nossa sociedade vai mal quando o moralismo que fundamenta as decisões judiciais desconhece os limites interpostos a cada juiz pelas regras objetivas do estado democrático de direito. Esse é o ovo da serpente do totalitarismo, o que nos causa arrepio de medo, como, aliás, tão propriamente propugnava o enredo carnavalesco violado pela decisão judicial pretensamente moralizadora.

III. Os Déspotas Administrativos na Gestão Pública.

A indiferença ao bem comum é o vício da política e da gestão pública praticadas pelos déspotas da burocracia insensível.

Em entrevista ao jornal *O Globo*, no dia 22 de janeiro de 2009, o então Ministro Mangabeira Unger, de Assuntos Estratégicos, afirma que "a legislação de licenciamento ambiental concentra poder demais nas mãos do IBAMA, que o direito ambiental brasileiro é uma caixa preta de discricionariedade, pois a lei delega poder a um pequeno elenco de déspotas administrativos que agem sem critério". E continua: "cada licenciamento de rodovia ou usina é um sufoco, um jogo de pressões e negociações. Isso não é conveniente nem sábio. É uma imprudência".

Em resposta, o então Ministro do Meio Ambiente Carlos Minc evita polemizar, mas alfineta: "a legislação ambiental brasileira é muito criticada por quem não quer restrição ambiental nenhuma".

A divergência ministerial é profunda. E o pior: ambos têm razão. O que está errado é a lógica que sustenta as suas percepções e afirmativas à imprensa. O conceito de interesse público precisa deixar de ser compreendido no Brasil como um dado a ser definido e equacionado a partir da lógica e da percepção singular da autoridade pública, circunstancialmente ocupante de função de poder e de mando. Precisa ser construído, implementado e resolvido a partir das avaliações e das considerações decorrentes e emanadas do Legislativo e da Justiça.

A vontade do Estado não é sinônimo de interesse público. Muito menos o é a interpretação casuística de qualquer um de seus agentes.

Esse é um pressuposto equivocado, pois não é compatível com o regime da Constituição intitulada Cidadã. O respeito aos direitos individuais e coletivos – de pessoas físicas e de pessoas jurídicas – tem de ser o compromisso primacial do próprio Estado. No estado democrático de direito, vivido e perseguido pelo Brasil, não há mais espaço para a defesa de prevalência de difuso e incerto interesse público, visto sob a angulação exclusiva do ente estatal, diante da constitucionalização dos interesses individuais e coletivos muitas vezes bem mais relevantes.

Afinal, o que é interesse público? Serão públicos os interesses representados por eventuais ocupantes do poder em dado momento? O desafio que se coloca para o País é justamente aprender a identificar qual dos interesses é o público, livre do aleijão intelectual e conceptual de vê-los sempre confundidos com os estatais preconizados por seus agentes episódicos.

A descrição romântica, porém totalmente falsa, do fenômeno administrativo consagra a tese, até como lugar comum, de que o agente privado pode fazer tudo, desde que a lei não o proíba, enquanto ao gestor público só compete fazer o que está estritamente previsto em lei.

Nada mais irreal *vis-à-vis* às circunstâncias da ação administrativa em nosso País. Em verdade, no Brasil, o Estado legisla para si próprio. A Administração Pública dispõe de um direito especial que resulta não da vontade do povo expressa pelo Legislativo, mas de decisões e ações discricionárias formuladas e operadas pelo próprio Executivo.

Não há como se falar em garantias dos direitos individuais na Constituição Cidadã quando a Administração Pública edita as suas próprias normas jurídicas – *soi-disant* administrativas – e julga autonomamente os seus litígios com os administrados.

O propalado princípio da separação dos poderes nada mais é do que a cortina de fumaça que tem permitido ao Executivo ampliar cada vez mais a sua liberdade de ação discricionária, infensa a qualquer controle legislativo e judiciário, vale dizer, controle dos cidadãos. A ação administrativa não se circunscreve à mera aplicação mecanicista da lei. Pelo contrário, em muito a ultrapassa.

Por certo, o agente público não prescinde de lei para agir, mas o faz sempre em um campo de ação muito mais amplo do que o previsto na legislação, avançando além de suas competências, sob a alegação reiterada de prática de ato discricionário de gestão em contraposição aos atos vinculados.

Atos vinculados são aqueles para os quais a lei estabelece os requisitos e condições de sua realização, enquanto os atos discricionários são os que a Administração pode praticar com liberdade de escolha, a critério do decisor.

Ora, o ato discricionário de gestão não pode continuar a ser um espaço de decisão subjetivo, de livre arbítrio, do agente público. Tem que se subordinar à fundamentação de políticas públicas claramente definidas e aprovadas pela sociedade, dentro de regramentos estabelecidos pela Constituição e pela Lei.

A prática do ato discricionário não é um espaço que possibilita ao agente publico dar vazão, circunstancialmente, aos seus desejos pessoais, valores e preferências políticas, percepções e julgamentos particularistas ou ideológicos.

Somente a submissão do agente público ao império da Constituição e da Lei, reconceptualizando o que o País equivocadamente crê e pratica como ato discricionário de gestão, poderá fazer avançar no Brasil o estado democrático de direito, subordinando efetivamente a Administração Pública à vontade do povo, constituído por seus cidadãos.

É preciso conter, assim, os déspotas administrativos, velha praga colonialista e patrimonialista de nossa história, entulho e escombro da resistente cultura estatal autoritária brasileira. Não há dúvidas de que o operador da política, o burocrata do poder, no Brasil, termina por se tornar antagonista do cidadão.

Essa cultura despótica perpassa também o mundo das organizações empresariais privadas e a contamina fortemente em suas estruturas de pensar, sentir e agir.

IV. O Problema dos Limites e da Distinção das Ordens

Como se formam as doutrinas e as ideologias organizacionais, as teorias e as práticas que vicejam no mundo corporativo, nas relações de trabalhos, nas circunstâncias da vida empresarial?

No cotidiano de nossas vidas perpassamos indistintamente por ordens de conduta convenientes que nos levam a atitudes e a comportamentos característicos de nossas identidades como pessoas. É evidente que essas ordens se fecundam reciprocamente, uma influencia a outra, e as distinções delas entre si só são possíveis para efeito didático ou pedagógico, não se distinguindo facilmente na realidade vivencial. São elas:

1. Ordem Tecnocientífica ou Econômica.
2. Ordem Jurídico-Política ou Institucional-Legal
3. Ordem Moral
4. Ordem Ética
5. Ordem Espiritual

As quatro primeiras ordens são necessárias para todos. A quinta ordem, ou seja, a Ordem Espiritual, só o será para aqueles que têm claramente alguma crença religiosa ou perspectiva espiritual como referência em suas vidas.

No entanto, nenhuma delas é, por si só, suficiente. Não basta a si própria. Uma não funciona sem a outra; interagem, relacionam-se e influenciam-se reciprocamente. No entanto, cada uma delas tem a sua própria lógica, que subsiste sempre em interação com as demais.

No cotidiano, em verdade, todos nós estamos, sempre, simultaneamente, transitando por essas cinco ordens.

Por exemplo, imagine-se que você esteja em um supermercado, fazendo as compras do mês. Ao escolher os diferentes produtos oferecidos nas prateleiras, você se encontra exposto à prevalência da Ordem Econômica ou Tecnocientífica.

O roubo de produtos é legalmente proibido pela Ordem Jurídico-Política ou Institucional-Legal, que criminaliza os *shopliftters*.

É claro que você nem se dá conta disso: não se permitiria a desonestidade de levar qualquer produto sem pagar em função dos limites que lhe são impostos pela Ordem Moral.

E é bem possível que muitas de suas escolhas sejam influenciadas não só por sua consciência moral, mas também em função da sua preocupação ética com o meio ambiente, por sua opção preferencial por produtos com selo verde, por sua recusa em comprar produtos de organizações que não tenham programas de responsabilidade social e de sustentabilidade. Todas essas circunstâncias condicionam o seu comportamento e atitudes pelos limites que lhe são impostos pela Ordem Ética.

A Ordem Espiritual, por sua vez, também influencia as suas decisões de compra devido aos fundamentos de sua crença religiosa ou por sua espiritualidade, o que para os demais clientes do supermercado pode não ter a menor importância, caso não compartilhem com você das mesmas opções religiosas ou espiritualistas.

Assim, ambas, a sua consciência moral e ética, e as suas opções religiosas ou espiritualistas, assim como o arcabouço institucional-legal da sociedade em que você vive não revogam a lei econômica da oferta e da procura, mas intervêm poderosamente na realidade do mercado, que necessariamente precisa se ajustar a todas essas circunstancialidades se quiser existir, crescer e se desenvolver.

O problema para o supermercado, sob o ponto de vista estritamente econômico, ou seja, referente à Ordem Econômica ou Tecnocientifica, não é saber se você tem ou não tem moralmente razão de escolher um determinado produto com selo verde, ou um determinado produzido obedecendo às regras de sua crença religiosa ou espiritualista. O que importa ao supermercado é saber se você vai comprar o produto que lhe é oferecido, se o custo/benefício desse produto hipotético comercialmente é justificável, se compensa para ele oferecer-lhe tal produto atendendo às suas opções morais, éticas e religiosas ou espiritualistas, constituintes das ordens moral, ética e espiritual. É claro, cumprido o requisito da legitimidade interposta pela Ordem Jurídico-Politica ou Institucional-Legal, ou seja, o pleno atendimento aos requisitos de legalidade e de licitude do ato que autoriza a produção e venda desse produto hipotético.

Na explicitação desse exemplo do supermercado, as representações legais, morais, éticas e religiosas ou espirituais intervêm na Ordem Econômica ou Tecnocientífica, tanto na decisão, na pesquisa e na forma de produção quanto na venda dos produtos oferecidos.

A descriminalização do aborto talvez seja outro caso bem ilustrativo do problema da distinção e dos limites das ordens.

Para a Ordem Tecnocientífica, há muito a ciência controla os processos médicos adequados à sua realização sem riscos à paciente.

A autorização do aborto, no entanto, depende da Ordem Jurídico-Política ou Institucional-Legal, que estabelece as condições em que se deva realizar, de forma ampla ou restrita, ou mesmo que não se deva realizar, sob nenhuma circunstância.

A Ordem Institucional-Legal é limitada pela Ordem Moral, que, predominante na sociedade, possibilitará o grau de amplitude dos casos de aborto legalmente possíveis. Nesse caso, a Ordem Moral é intrinsecamente conectada na prática de decisão à Ordem Ética.

Subsiste, então, a Ordem Espiritual ou Religiosa, que atua poderosamente sobre as Ordens Ética, Moral e Institucional-Legal no sentido de proibir ou liberar a prática do aborto em uma determinada sociedade.

O mesmo exemplo se aplica à liberação do jogo, à descriminalização do uso da maconha, à severidade das penalidades aplicadas aos réus condenados, ao uso das pesquisas de células-tronco, aos fetos anencefálicos etc.

Por isso, necessitamos dessas cinco ordens ao mesmo tempo, em sua independência pelo menos relativa (cada uma tem sua lógica própria) e sua interação. Uma não pode funcionar sem as outras. Cada uma delas é independente, mas todas se mantêm em permanente interação, interinfluenciação e interdependência.

As cinco ordens são intrinsecamente necessárias. Nenhuma é autossuficiente. Nenhuma se basta por si mesma.

Estamos sempre sendo confrontados em nossos cotidianos por essas cinco ordens:

1. **A Ordem Econômica ou Tecnocientífica, estruturada internamente pela oposição entre o possível e o impos-**

sível de ser realizado, mas, por isso mesmo, incapaz de se autolimitar;
2. Limitada do exterior por uma segunda ordem, a Ordem Jurídico-Política, que também pode ser chamada de Ordem Institucional-Legal, estruturada internamente pela oposição entre o legal e o ilegal, mas também, igualmente como as demais, incapaz de se autolimitar por si só.
3. Essa Ordem Econômica ou Tecnocientífica é também limitada, exteriormente, por sua vez, pela Ordem Moral, que se efetiva pela oposição entre o dever fazer e o não dever fazer, tomada pela perspectiva do foro íntimo, da escolha individual;
4. Finalmente, essas três primeiras ordens são complementadas e abertas por cima pela quarta ordem, a Ordem Ética, ou seja, a ordem do amor, do respeito ao próximo, do amor à humanidade, daquilo que julgo ou não adequado para os outros, para o conjunto da sociedade.
5. Claro, para aqueles que creem em Deus ou em divindades transcendentes superiores ao homem, haveria uma quinta ordem, ou seja, a Ordem Espiritual, que, por sua vez, constrange e limita sobremaneira todas as demais ordens já que se fundamenta nos postulados da fé e das crenças professadas por cada um.

O universo da sociedade, e particularmente o mundo das organizações, objeto direto de nosso interesse neste texto, são decididamente condicionados pela busca de satisfação das determinações da hierarquia das ordens, que, ao fim e ao cabo, são a fonte e o limite das atitudes e dos comportamentos organizacionais, das doutrinas e das ideologias, das teorias e das práticas.

V. Por Que O Problema dos Limites e da Distinção das Ordens?

A distinção de ordens não é mais do que um quadro de referências ou de análise, jamais uma estrutura rígida de enquadramento da realidade cotidiana.

As ordens estão sempre em interação, são indissociáveis, misturam-se todo o tempo, interinfluenciam-se mutuamente.

A distinção de ordens não significa a separação entre elas. Como já enfatizado, cada uma tem a sua lógica própria, mas nem por isso deixam de agir umas sobre as outras em permanente processo de interinfluenciação recíproca.

Estamos sempre nessas cinco ordens ao mesmo tempo. No entanto, é necessário distingui-las racionalmente para que possamos melhor pensar, sentir e agir em relação aos fatos que nos envolvem.

É a pessoa como indivíduo que tem de enfrentar essas cinco ordens simultaneamente. É preciso sempre considerá-las em conjunto, o que não significa confundi-las.

Duas atividades simultâneas não são, apenas por isso, idênticas. Por exemplo: escrever e ouvir música. Assim também duas atividades indissociáveis não são também, apenas por isso, idênticas: a necessidade de respirar forte para correr não confunde a respiração e a corrida como uma só atividade, se bem que indissociáveis.

Não se trata, assim, de separar as ordens como se não houvesse permanente interação entre elas, mas distingui-las para racionalmente melhor compreender como e por que interagem. A sua adequada compreensão e aplicação contribuem efetivamente para aumentar a objetividade de nossas ações pessoais individualmente e em sociedade.

Quando se renuncia ao "tudo é permitido", por exemplo, ponto essencial das atitudes e dos comportamentos da "Geração 68" ou da "Geração Anos Dourados", coloca-se a questão de saber o que não é permitido.

Sim, "tudo é permitido, mas nem tudo me convém".

Perguntar o que não é permitido é colocar o problema dos limites das ordens.

O apóstolo Paulo* escreve duas vezes sobre o que ele chama de "coisas lícitas". Na Primeira Carta, Coríntios, capítulo 6, versículos 12 e 13 (parte) ele afirma: "Todas as coisas me são lícitas, mas eu não me deixarei dominar por nenhuma". E continua: "os manjares são para o ventre e o ventre para os manjares". Ainda na Primeira Carta, Coríntios, capítulo 10, versículos 23, 24 e 25 ele retorna à assertiva e diz: "Todas as coisas me são lícitas, mas nem todas as coisas me convêm; todas as coisas me são lícitas, mas nem todas as coisas edificam. Ninguém busque o proveito próprio; antes cada um o que é de outrem. Comei de tudo quanto se vende no açougue, sem perguntar nada, por causa da sua consciência".

As afirmativas de Paulo colocam claramente os problemas dos limites das ordens. Por mais que alguém se dedique a um estudo profundo da moral e da ética, duvido que chegue a uma formulação tão precisa. É dessas frases-síntese que decorre a compreensão que distingue a civilização da barbárie. A essência da formulação Kantiana também está aí implícita: só posso praticar atos que, se generalizados, concorreriam para o bem.

Ao constatar o comportamento radical dos crentes da Igreja de Coríntios, que a tudo condenavam como ilícito, ou seja, acusavam como apóstatas ou sacrílegos aos que bebiam vinho; ou comiam da carne vendida nos açougues após os sacrifícios; ou usavam vestimentas que não lhes pareciam adequadas; ou portavam penteados e cortes de cabelo a seus veres indecentes, Paulo restabelece as referências pertinentes do verdadeiro crente, que se devem apoiar exatamente nos limites interpostos simultaneamente pelas diferentes ordens que condicionam o comportamento humano: tudo me é permitido, mas nem tudo me convém. Compete a cada um, individualmente, proceder à operacionalização desses limites naquilo que lhe convenha ou não.

O apóstolo Paulo* apela, assim, à consciência de cada um, lembrando aos crentes que o Criador assegurou o livre arbítrio à criatura por ele criada à sua imagem e semelhança.

O exercício do livre arbítrio se concretiza através da aplicação simultânea à vida de cada um da distinção e dos limites das ordens.

Para muitos teólogos, a palavra pecado, do grego "amarthano", quer dizer errar o alvo, cujo significado remete à violação da própria consciência. Assim, pecar seria violar a própria consciência. Modernamente, Freud se socorre da importância do "superego" para tratar exatamente da mesma questão. É a censura das pulsões que a sociedade e a cultura impõem ao id, impedindo-o de satisfazer plenamente os seus instintos e desejos. É a repressão que se manifesta junto à consciência, sob a forma da moral, como um conjunto de interdições e de deveres da pessoa moral, digna, decente e virtuosa.

Santo Agostinho* também envereda pela apreciação do problema da distinção e dos limites das ordens.

Antes de se converter ao cristianismo, Agostinho era maniqueísta e amigos das farras. Ele nos diz: "Vim para Cartago e logo fui cercado pelo ruidoso fervilhar dos amores ilícitos. Ainda não amava, e já gostava de ser amado. Desejando amar, procurava um objeto para esse amor, e detestava a segurança, as situações isentas de risco. Tinha dentro de mim uma fome de alimento interior.... fome de ti, ó meu Deus".

Após a sua conversão, Santo Agostinho nos diz: "A finalidade de todas as nossas obras é o Amor. Este é o fim, e para alcançá-lo que corremos. É para ele que corremos, e, uma vez chegados, é nele que repousamos. Deus, nosso mestre, ensinou-nos dois mandamentos principais: o amor a Deus e o amor ao próximo. Neles o homem encontrou três objetos para amar: Deus, ele próprio e o próximo. Ama e faze o que quiseres". Ele nos diz: "eu procurei Deus e não encontrei; eu procurei a mim próprio e não encontrei; eu procurei o próximo e encontrei os três".

Gandhi* também envereda pela análise da força da consciência na distinção das ordens e na interposição de seus limites. Diz ele: "O único tirano que aceito neste mundo é a voz silenciosa dentro de mim, a minha consciência". Tem toda a razão: nada mais difícil de superar para um homem de bem do que a sua própria consciência, que se limita fundamentalmente pela Ordem Moral interinfluenciada pelas demais ordens.

Não há dúvidas de que os sofrimentos humanos mais comuns nos dias de hoje tendem justamente, e contrário senso, a se desenvolver a partir de um excesso de possibilidades e de permissividades, e não de uma pletora ou profusão de proibições, como ocorria no passado. A oposição entre o possível e o impossível superou a antinomia entre o permitido e o não permitido como estrutura cognitiva e o critério valorativo essencial de avaliação e de escolha da definição da estratégia de vida, de construção da trajetória existencial.

O que se constata é que a depressão indiscriminada, que atinge a muitos todos os dias nascida do terror da inadequação, venha substituir a neurose provocada pelo sentimento de culpa proveniente da acusação de inconformidade que, muitas vezes, se segue ao descumprimento das regras e das normas.

A aflição psicológica, assim como as síndromes de pânico, passam a ser características generalizadas das pessoas transformadas em máquinas consumistas na sociedade de consumo e de crédito.

A síndrome de esgotamento profissional, conhecida como *burnout*, atinge dolorosamente a todos os que se submetem nas organizações à tirania da urgência, aos contextos organizacionais cada vez mais estressantes.

O *burnout* se torna crescentemente uma verdadeira epidemia nos mundo das organizações e no seio da sociedade em geral. A síndrome de pânico, tão comum nos centros urbanos muito violentos, é apenas uma de suas variantes globalizadas mais conhecidas.

Nunca se propalou tanto a essencialidade do homem no trabalho, a nova concepção de gestão de pessoas, os empregados como colaboradores, mas, na realidade, as pessoas não estão mais tanto em consideração, o mundo e a natureza do trabalho se transformam e se desumanizam sob a égide da "profissionalização" e da necessidade obsessiva do "cumprimento de metas".

É o *neo-taylorismo* organizacional que agora dá todas as cartas. Jornadas de trabalho cada vez mais sobrecarregadas, em que o empobrecimento das funções decorre de definições cada vez mais estreitas sobre como executá-las.

A falta de autorrealização na execução de tarefas, cujos desempenhos são cada vez mais regulados pelos procedimentos e processos de trabalho; o individualismo exacerbado; a ausência de suporte ou de apoio social entre colegas, com a desconstrução deliberada e intencional dos grupos informais como elementos essenciais da vida nas relações de trabalho; a inexistência de coesão do trabalho em equipe pela exacerbação do individualismo de resultados; o sentimento de injustiça e de equitatividade entre os distintos níveis de remuneração; a falta de recursos com a imposição insana da redução de custos e, à amiúde, até a baixa formação profissional e pessoal de muitos em detrimento da sobrecarga de trabalho para os demais são apenas alguns agravantes para o florescimento e a generalização da *síndrome de burnout*.

Todas as pessoas são susceptíveis de sofrer de esgotamento físico e psicológico. É evidente que algumas com mais facilidades do que outras. No entanto, são os executivos ou líderes os que geralmente mais se recusam a admitir que eles também têm limites, e que, muitas vezes, ao resistirem, são os que mais aprofundam as sequelas e a gravidade dessa nova doença que devasta e transforma os seres humanos modernos. E aí todos sofrem: a família, os amigos, os colegas, igualmente vítimas da contaminação do *burnout*.

VI. A Distinção de Ordens

1. A Ordem Tecnocientífica ou Econômica

As teorias das organizações se forjam nas possibilidades e nas realidades objetivas da Ordem Tecnocientífica ou Econômica. Legitimá-las ou rejeitá-las são circunstâncias que podem conduzir ao sucesso corporativo no universo da sociedade.

Que limites devem ser interpostos aos avanços da ciência? E quais os limites para a manipulação genética, o uso de células-tronco, a clonagem reprodutiva, a interferência na constituição dos fetos e de suas características, as escolhas de sexo, dos níveis de inteligência, da eliminação das propensões a determinadas doenças etc.?

Essas questões não são respondidas pelas ciências, principalmente pela ciência médica em particular, por não serem de sua competência.

Tudo o que as ciências podem fazer é nos dizer o que é possível ou tecnicamente impossível, pelo menos no estágio de desenvolvimento científico em que nos encontramos. Podem até prospectar sobre o cientificamente cogitável no futuro.

No entanto fixar, no campo do possível, limites que as ciências deveriam se autoimpor, ou que não deveriam transpor em nenhum caso, é questão que as ciências, em quaisquer de suas distintas ramificações, são definitivamente incapazes de fazer.

Quais são os limites para a biologia? Esta não é capaz de responder, muito menos de se autoimpor. Funciona da mesma forma em quaisquer ciências.

A ciência como ciência jamais se limitará a si própria no seu processo de desenvolvimento. Fazê-lo seria contrariar a sua própria natureza. **A ciência não conhece nem valores nem deveres. Ela conhece unicamente fatos: sempre fala no indicativo, nunca no**

imperativo, e é isso o que a impede de fazer as vezes da moral e da ética.

Assim também se colocam as questões: que limites para a economia? Que limites para o capitalismo? Que limites para o mercado?

Nem a economia, nem o capitalismo ou o mercado serão capazes de responder. Jamais vão se autolimitar ou vão deixar de querer se expandir.

Por exemplo, que limites a economia deve fixar para a expansão do preço do barril de petróleo?

A economia não responde. Vai querer sempre aumentar, se lhe for permitido.

O máximo que poderá fazer é nos dizer o preço previsível para amanhã, daqui a seis meses ou dez anos. No entanto, estabelecer previamente uma espécie de cotação-teto acima do qual o barril de petróleo não deveria ultrapassar em caso algum é questão que a economia, como tal, definitivamente se apresenta incapaz de fazê-lo, pois contrária a sua própria lógica.

Que limites para a economia? A economia não responde, porque não é a economia que se autocontrola, mas outras ordens externas que não lhe pertencem, e que lhe interpõem limites. No caso, a ordem institucional-legal ou jurídico-política, e as ordens moral, ética e espiritual, cada uma delas dentro de suas esferas de influência.

A Ordem Econômica ou Tecnocientífica é estruturada pela oposição entre o possível e o impossível. O que ontem era impossível, hoje pode não mais o ser. O que hoje é impossível talvez possa ser possível amanhã devido às descobertas e ao desenvolvimento contínuo das ciências e das tecnologias.

Historicamente, a Ordem Econômica ou Tecnocientífica não para de se deslocar. É o que chamamos de progresso científico e tecnológico, e nem sempre isso se faz para a construção do bem. Lembremo-nos da bomba atômica, do antrax e de outras formas insidiosas de assassínio em massa desenvolvidas pelo homem ao longo de sua trajetória.

Cada vez que a cotação do café, por exemplo, perde alguns centavos nas bolsas de commodities, milhares de pessoas perdem os seus empregos, mergulhando em níveis abaixo da pobreza nos países produtores.

Isso não basta para fazer a cotação do café subir, mas certamente nos proíbe de nos entregarmos passivamente às leis do mercado e às possibilidades tecnocientíficas.

De sorte que somos obrigados a limitar essa Ordem Econômica ou Tecnocientífica a fim de que tudo o que seja cientificamente pensável e tecnicamente possível, que seja economicamente viável, nem por isso seja realizado. A ciência sem consciência não é mais do que a ruína da alma, como bem diz Rabelais.

E como a biologia, a economia e todas as demais ciências e técnicas são incapazes de se limitarem a si mesmas, elas devem ser necessariamente limitadas e contidas do exterior a elas, isto é, pelas demais ordens: a ordem jurídico-política ou institucional-legal, a ordem moral, a ordem ética e a ordem espiritual.

2. A Ordem Jurídico-Política ou Institucional-Legal

O que vai limitar a Ordem Econômica ou Tecnocientífica, ou seja, o desenvolvimento das ciências e das tecnologias, o progresso científico-tecnológico, os avanços da economia de mercado?

Será a Ordem Jurídico-Política ou Institucional-Legal, ou seja, a lei e o Estado, a organização e o arcabouço institucional-legal da sociedade democraticamente condensada, quer de um só país quer de todo o mundo.

É o legislador quem nos diz se devemos ou temos o direito de fazer a clonagem reprodutiva, as manipulações genéticas, o uso das células-tronco, a interrupção da gravidez nos casos dos fetos anencéfalos, a eutanásia, o aborto, a pena de morte e assim por diante.

É o legislador que estabelece os regramentos e a fixação dos limites ao desenvolvimento das ciências e das técnicas, que contém a voracidade do mercado por meio da mediação dos interesses e das vontades do povo em uma democracia representativa.

A Ordem Jurídico-Política é estruturada, internamente, pela oposição entre o legal e o ilegal, entre o que a sociedade admite como legítimo e o ilegítimo, entre o que até se possa fazer, mas não se deva fazer como decorrência da vontade predominante da população.

Jurídica e institucionalmente, há o que a lei autoriza (o legal) e o que a lei proíbe (o ilegal), democraticamente fixado pela vontade majoritária da sociedade.

Politicamente, há os que têm competência para fazer a lei, isto é, detêm a maioria da representação, e os que não têm competência para fazer a lei que desejam, ou seja, a minoria, a oposição. É assim a ordem democrática e republicana.

Nem toda lei é boa, de um ponto de vista moral, nem eficaz, de um ponto de vista econômico. Se assim fosse, seria muito simples legalmente proibir que as empresas demitissem os seus empregados e dobrar o valor do salário mínimo. Seria muito fácil, como conta famosa piada da época da Revolução de 64 do general de plantão que mandou o ministro do planejamento revogar a lei da oferta e da procura para acabar rapidamente com a inflação. Bastaria a edição de uma lei aprovada democraticamente no Congresso. Claro, seria uma lei legítima, democrática, moralmente positiva, mas muito pouco provável de aplicação econômica prática.

Assim, portanto, como se limita a Ordem Econômica ou Tecnocientífica através da aplicação dos regramentos estabelecidos pela Ordem Jurídico-Política, também esta precisa ser limitada por outra ordem que lhe seja exterior.

Isso, essencialmente, por duas razões: uma razão individual, que vale para cada um de nós; e uma razão coletiva, que vale para o conjunto da população.

Imaginemos um indivíduo perfeitamente respeitador da legalidade do país em que vive, aquele que sempre faz o que a lei determina, que nunca faria o que a lei proíbe – o cidadão "legalmente correto" ou "politicamente correto", como usualmente se fala no linguajar do cotidiano.

Vejamos o que poderia acontecer com ele se nos restringíssemos apenas a essa percepção legalista:

- Nenhuma lei veda o egoísmo;
- Nenhuma lei veda o desprezo;
- Nenhuma lei veda o ódio;
- Nenhuma lei veda a inveja;
- Nenhuma lei veda o ciúme, e por aí vai.

Da mesma forma, nenhuma lei veda a mentira, a não ser em situações bem definidas.

De modo que esse nosso cidadão "legalmente correto" pode ser mentiroso, invejoso, mau, egoísta, repleto de ódio e de desprezo, mas um perfeito cumpridor das leis e das posturas públicas. Seria, assim, um canalha "legalmente correto". E, dessa forma, por ser visto como "politicamente correto", ficaria "em moda" e valorizado no contexto atual de nossa sociedade.

Imaginemos ainda que esse mesmo cidadão possa ser científica e tecnicamente competente, o que não significa que deixará de ser um canalha, "um canalha competente legalmente correto", e até percebido por muitos como "politicamente correto". Ele, acima de tudo e de todos, sempre se autoavaliará dessa forma.

Se quisermos, individualmente, escapar desse espectro do canalha "competente legalmente correto", devemos encontrar outra ordem ou dimensão, além dessas duas outras – a Ordem Econômica ou Tecnocientífica e a Ordem Jurídico-Política, para tudo o que seja cientifica e tecnicamente possível, e ainda política e legalmente autorizado, nem por isso seja feito.

A segunda razão, a razão coletiva, para limitar a Ordem Jurídico-Política ou Institucional-Legal, fundamenta-se na necessidade de escapar dos riscos colocados pelo povo que, ao açambarcar todos os direitos, poderia inclusive fazer o pior.

A história da humanidade é permeada de exemplos: foi a Ordem Jurídico-Política alemã que sustentou os crimes nazistas na perseguição aos judeus. Foi a Ordem Jurídico-Política sul-africana que embasou o apartheid. Foram as Ordens Institucionais-Legais de muitas nações que, por séculos e séculos, legitimaram a exploração do homem através da escravatura e a coisificação da mulher e da criança. Diz Martin Luther King* em mobilização pelos direitos raciais nos USA: "a desobediência às leis injustas constitui uma responsabilidade moral".

Como a Ordem Jurídico-Política ou Institucional-Legal também é incapaz, da mesma forma que as demais, de se limitar a si mesma, só pode ser limitada do exterior, por outra ordem ou por limites que lhe sejam interpostos externamente.

Não há limites democráticos à democracia. Há que se buscar no exterior dela os seus mecanismos de controle.

Assim, também, não há limites jurídicos ou políticos ao direito e à política.

Não há limites biológicos à biologia, ou científicos à ciência, assim como não há limites econômicos à economia.

Há que se buscar, de novo, um limite externo, exterior à Ordem Jurídico-Política. É a Ordem Moral, que atua como limite externo à política e ao direito.

Charles Darwin* tem toda a razão quando afirma que a "grande diferença entre o homem e o macaco é o senso moral". Pelo menos até aqui, levando em consideração o que conhecemos da vida animal. Nada nos assegura que isso será assim amanhã.

3. A Ordem Moral

Se não temos o direito, individualmente, de sermos um canalha "legalmente correto", e se o povo, coletivamente, não tem todos os direitos, não é por razões jurídicas ou políticas – é por razões morais.

Estamos submetidos não apenas a certo número de impossibilidades técnicas, científicas, econômicas, como também a impedimentos jurídicos e políticos. No entanto, é claro, somos igualmente submetidos às exigências de natureza moral. Somos todos iguais pelo dever moral.

O direito não é tudo. A política também não é tudo. Mesmo o povo não é tudo, nem tudo pode. E é muito bom que assim seja.

A Ordem Jurídico-Política ou Institucional-Legal de um país não é mais do que uma ordem entre outras, autônoma e coerente, mas também limitada, não interiormente por ela própria (sempre se pode acrescentar uma nova lei, alterá-la, o mais das vezes até pelo uso da força), mas sempre do exterior. O povo soberano é tão incapaz de modificar uma exigência moral quanto uma verdade científica ou técnica.

A verdade não manda nem obedece. E a consciência? Ela só obedece a si e só manda em si. É a sua maneira de ser livre.

A moral, do exterior, se opõe a que o soberano, qualquer que seja, tenha todos os direitos, inclusive a um soberano chamado de opinião publica ou de povo.

Há coisas que a lei autoriza e que, no entanto, devemos nos vedar, pois não nos convêm. Há outras que a lei não nos impõe, mas que, no entanto, devemos praticar e nos impor, pois julgamos moralmente que nos convenham.

A moral, sob o ponto de vista dos indivíduos, se soma à lei. E opera como um limite: a consciência de um homem de bem é mais exigente do que os regramentos fixados pelo legislador. O indivíduo como pessoa tem mais deveres do que o indivíduo como cidadão.

Um projeto de lei racista, por exemplo, mesmo que a Constituição o possibilitasse, seria moralmente rejeitado. Seria legal/constitucional, mas não seria moral. Portanto, trata-se de um mandamento legal que não deve ser praticado.

O que é moralmente aceitável (legítimo) é mais restrito do que o conjunto do que é juridicamente cogitável (o legal, inclusive potencialmente a ser proposto em lei).

A moral atua como um limite negativo: o povo tem menos direitos, por causa da moral, do que o próprio direito lhe concede. A lei me permite fazer determinada coisa, mas não a faço porque não me convém.

A moral é o conjunto dos nossos deveres, das obrigações ou das proibições que nos impomos, independentemente de qualquer recompensa ou sanção esperada, e até de qualquer expectativa. É o conjunto do que vale ou se impõe, incondicionalmente, para uma consciência.

Ser moral é cuidar do seu dever. Ser moralista é cuidar do dever dos outros.

A moral nunca é para o outro, para o vizinho, para o próximo. É para si. Ao pretender impor a minha moral ao outro, eu não estou sendo moral, mas moralista.

4. A Ordem Ética

As palavras moral e ética são sinônimas, perfeitamente intercambiáveis por suas acepções comuns advindas do latim e do grego. Ambas se referem aos costumes. Concordemos, entretanto, que uma palavra não vale como conceito. Assim, referenciado por Kant, entenda-se moral "por tudo o que se faz por dever" e por ética "tudo o que se faz por amor".

É claro que a moral e o amor quase sempre nos estimulam às mesmas ações, mas aqui a ética funciona para complementar ou para abrir ainda mais a Ordem Moral. A Ordem Ética é a Ordem do Amor.

É na Ordem Ética ou na Ordem do Amor que se encontram o amor à verdade, o amor à liberdade, o amor à humanidade ou o amor ao próximo.

O amor intervém, portanto, na Ordem Tecnocientífica, na Ordem Jurídico-Política ou Institucional-Legal, e na Ordem Moral sem aboli-las, e muito mais como motivação para o sujeito do que como regulação para o sistema.

Por exemplo: na economia, o amor ao dinheiro ou ao bem-estar tem o seu papel, é claro, mas não basta para proporcionar nem a riqueza nem o *dolce far niente* de uma vida de confortos.

Do mesmo modo, o amor à verdade pode ser uma motivação importante na Ordem Tecnocientífica, especialmente para os cientistas em seus laboratórios, mas não substitui a demonstração científica e a comprovação técnica das pesquisas e dos avanços do conhecimento.

Tampouco o amor à liberdade, na Ordem Jurídico-Política ou Institucional-Legal, basta para assegurar a democracia em uma sociedade.

O amor ao próximo só tomaria o lugar da moral se pudesse existir sem ela, se reinasse entre os homens em sociedade, o que está, infelizmente, muito longe de acontecer. Isso se um dia puder acontecer, o que não parece minimamente provável em um horizonte de tempo previsível. Afinal, se o homem tivesse jeito, 2000 anos depois de Cristo estaria tudo resolvido, não mais viveríamos neste vale de lágrimas, mas no paraíso da humanização na Terra.

Capítulo 3

I. A Acumulação Perversa do Capital
1. Destruição Criadora

II. A Economia do Consumo e do Crédito

III. A Participação Acionária dos Empregados
1. A Governança Corporativa

IV. O Mito da Responsabilidade Social das Empresas

V. A Perspectiva de uma Nova Ordem

I. A Acumulação Perversa do Capital

Afirma-se que o capital cria riqueza, o que é muito simplório: uma pilha de dinheiro acumulado não cria coisa alguma. O que cria riqueza é o trabalho e é em torno dele que a sociedade deve se organizar. Os provedores de capital tendem – isto sim – a avocar para si a maior parte da riqueza gerada pela economia.

As organizações são instituídas para maximizar retorno aos seus investidores. **Assim também o era na lei da terra, que se fundamentava no direito divino da aristocracia.** No mundo de hoje, a propriedade do capital é análoga ao que era a propriedade da terra. É esse o paradigma dominante do mundo dos negócios, sobre o qual não há controvérsia, como se fosse uma verdade absoluta, incontestável. **É o direito divino do capital!**

Que contribuição têm os acionistas que justifique a extraordinária lealdade que lhes é conferida pelo mundo corporativo? Alguém dirá: eles correm o risco da atividade econômica; eles investem o seu dinheiro nos negócios, o que permite que as organizações cresçam e prosperem.

Tal afirmativa não é predominantemente verdadeira. **Somente uma parcela mínima do capital investido vai para a organização. O grosso do capital investido vai para a especulação financeira.** Os investimentos em ações beneficiam as organizações somente quando são feitas novas subscrições, o que para a maioria é um evento bem raro.

O mercado de ações funciona como o mercado de carros usados. O fabricante do veículo só ganha quando vende um carro novo. O dinheiro obtido pela venda do carro usado vai para o seu proprietário. Por analogia, as organizações só obtêm recursos quando vendem ações novas. As ações já existentes circulam na especulação do mercado financeiro, beneficiando apenas os que especulam. E, assim, a grande maioria das ações circulantes é especulativa, não gerando qualquer ganho às organizações produtivas.

O risco produtivo na construção do negócio foi feito pelos empreendedores e pelos investidores originários que, efetivamente, acreditaram no sucesso do empreendimento. Estes de fato contribuem com os seus recursos para criar a verdadeira riqueza. No entanto, aqueles que compram ações de segunda, terceira ou de vigésima mão, como na compra e venda de um carro usado, também correm risco, mas não o risco do negócio produtivo. Trata-se, nesse caso, do risco especulativo que correm entre si, tentando passar a perna uns nos outros como verdadeiros jogadores de pôquer, na roda-viva de uma jogatina financeira sem fim.

A má distribuição da riqueza, as iniquidades produzidas pelas macrocorporações, a poluição do meio ambiente e todas as demais mazelas dos tempos presentes são apenas sintomas, febres e calafrios de uma economia pervertida, que não está, primacialmente, a serviço do bem comum. A doença subjacente decorre da primazia conferida aos acionistas. **A organização coloca toda a sua energia para garantir lucros crescentes aos acionistas, pouco se importando com quem paga o preço de tal privilégio.**

As organizações, de fato, detêm excessivo poder no mundo globalizado. O que não se percebe é o poder invisível a que a riqueza dos acionistas majoritários submete as organizações. No interesse de tornar o rico mais rico ainda, as organizações terminam por impor a todos nós verdadeiros tributos privados decorrentes de sua crescente taxa de ganância. E, assim, o poder financeiro constituído pelos acionistas transforma-se em uma aristocracia econômica. A contraditá-la é preciso que surja incontinenti uma nova democracia econômica.

As organizações concentram-se inexoravelmente, mais do que nunca, no ganho dos acionistas, mesmo que isso signifique a exclusão de todos os demais valores que lhe possam ser contraditórios, sejam eles dos empregados, do meio ambiente ou da participação acionária socializada.

O divórcio de Jack Welch, festejado CEO da GE, ilustra o privilégio exacerbado que se confere aos acionistas e aos seus principais representantes no mundo dos negócios. Considerado por muitos o maior executivo do século XX devido ao fato de ter recuperado e reorientado a empresa, mesmo tendo demitido mais de 180 mil funcionários, o episódio suscita, de forma pública, os valores astronômicos envolvidos em uma aparente simples separação conjugal. O processo revelou que a fortuna de Welch é de U$ 500 milhões e que a sua renda mensal é de U$ 1,4 milhão.

A atual crise econômica mundial, iniciada com falta de liquidez das subprimes no mercado imobiliário americano, escandalizou a opinião pública de todo mundo ao aportar remunerações milionárias absurdas aos maus gestores dos bancos, seguradoras e corretoras em falência, tudo sustentado pelo erário público.

O jornal *Le Monde*, na edição de 12 de janeiro de 2010, traz importante matéria em que afirma que o capitalismo francês subsiste nas mãos de um clube fechado de acionistas proprietários. Noventa e oito pessoas representam 43% dos direitos de voto nos conselhos de administração, o que se agrava mais ainda pelo alto grau de relações familiares e consanguíneas entre elas.

O capitalismo francês é um sistema oligárquico nem um pouco diferente da aristocracia de acionistas dominante em toda a economia mundial.

Seríamos capazes de imaginar uma economia globalizada em que as organizações pertençam às pessoas que nelas trabalham? Em que do conselho diretor seja requerido o exercício amplo de obrigações fiduciárias a todos os que contracenam com a empresa, dos empregados à comunidade, como aos proprietários ausentes?

Quando julgamos que uma organização obteve bom desempenho no balanço que apresentara, queremos dizer que os seus acionistas obtiveram bons ganhos. Não consideramos que, muitas vezes em contrapartida, a comunidade em que se localiza a fábrica fechada para garantir melhores resultados de desempenho foi devastada com a perda de empregos e de renda, que o *downsizing* possa ter massacrado os empregados restantes por sobrecarga de trabalho. E ainda dizemos: a organização está muito bem. E tais mazelas não aparecem nos ditos balanços sociais, hoje tão em moda nas organizações.

Os escândalos contábeis de empresas em todo o mundo, a começar, por exemplo, com a Worldcom, a Erron, a Parmalat, o Lehman Brothers, a AIG e a Merrill Lynch são ilustrativos sobre o quão obsoleto está o atual modelo empresarial prevalecente na economia mundializada. **A cobiça dos dirigentes voltada para os interesses exclusivistas dos acionistas é uma das facetas disfuncionais da excessiva concentração de poder nas mãos de tão poucos.**

Não conseguimos avaliar a transferência dos ganhos de produtividade da organização para o aumento dos ganhos dos empregados como o indicador de sucesso da organização. Ao contrário, os ganhos dos empregados são vistos como perdas ou gastos para a organização, o que revela o conceito inconsciente de que os empregados não são verdadeiramente parte da organização. Eles não têm qualquer direito sobre a riqueza que criam com o seu trabalho, nada a dizer na governança corporativa, nenhuma razão para participar com voto do conselho diretor. Eles não são cidadãos da sociedade corporativa, mas apenas pessoas submetidas à sua autoridade. Como no império romano, não são sequer patrícios com direito a voto, mas apenas integrantes da força de trabalho. Contraditoriamente, é verdade, são eufemisticamente chamados de parceiros ou colaboradores.

Imaginam que isso possa ser uma lei natural do mercado. É mais precisamente o resultado da distorção do conceito de estrutura da governança corporativa, já que viola os princípios do verdadeiro liberalismo econômico.

No livre mercado todos negociam para obter o que puderem, mas ficam com o que ganham. Nas organizações corporativas, um pequeno grupo fica com o que os demais obtêm como produto de seu trabalho. Já que os acionistas têm a propriedade dos meios de produção, isto é, são os donos da empresa, a eles é permitido contribuir muito pouco, mas ficam com a *parte do leão*. E assim os ricos ficam cada vez mais ricos enquanto a renda dos empregados fica estagnada ou se degrada.

Toda a história do capitalismo até agora o faz intrinsecamente um sistema a serviço do capital. Até os primórdios do século XX, os governos serviam aos interesses das monarquias. Não foi necessário livrar-se do governo para se livrar da monarquia. Bastou apenas mudar as bases em que a soberania dos governos se fundamentava. Nós devemos agora fazer algo semelhante com as organizações, assegurando direitos compartilhados de soberania econômica entre a comunidade, os trabalhadores e os proprietários dos bens de capital. É preciso agora, portanto, derrubar os privilégios absurdos da aristocracia financeira, o que se fará através do desenvolvimento de uma nova ordem econômica mundial essencialmente democrática.

O que temos tido até hoje é o modelo de um capitalismo aristocrático. Devemos abraçar uma nova visão de capitalismo democrático, não mais como um sistema a serviço exclusivo dos proprietários do capital, mas um novo sistema em que a todas as pessoas seja permitido compartilhar os bens da riqueza, de acordo com a sua produtividade e participação, e no qual o natural capital ambiental e da comunidade seja liminarmente preservado.

Os benefícios do capitalismo globalizado não são equitativamente distribuídos no conjunto da população e das nações, tornando ainda mais desigual a distribuição da riqueza. **Duas classes emergentes surgem da globalização econômica: os novos milionários empreendedores (os de tecnologia de ponta e os financistas) e o novo proletariado recém-egresso das zonas rurais, absolutamente incapaz de conviver na sociedade do conhecimento.**

É a crise da exclusão social que se agrava intensivamente nas cidades de todo o mundo. As disparidades econômico-sociais serão cada vez mais gritantes, enquanto o terrorismo buscará, nas massas desvalidas, o seu exército de adeptos, e utilizará e desfrutará de conhecimentos e acesso a tecnologias inimagináveis, a custos decrescentes.

É preciso uma nova ordem econômica mundial radicalmente democrática, em que o pobre compartilhe dos ganhos do crescimento e o rico partilhe também dos ônus das crises. É simplista – e porque não dizer hipócrita – a noção de que a melhor forma de ajudar o pobre é fazer a economia crescer. A distribuição de renda não pode ficar à espera da geração de riqueza, mas se efetivar concomitantemente. A hipocrisia se assenta na falsa afirmação de que só se pode distribuir o que se produz, que é preciso produzir antes para distribuir depois.

O desemprego não deve ser encarado simplesmente como uma estatística, uma contagem do número de vítimas não intencionais produzidas pela luta contra a inflação ou pela modernização nos processos de trabalho nas organizações. Os desempregados são seres humanos, com família, vidas de dedicação ao que fazem, com sonhos e esperanças destruídas pelas políticas econômicas efetivamente impostas pela atual ordem econômica mundial, absolutamente insensível aos dramas humanos ocasionados aos países periféricos.

Finalmente, a atual crise econômica mundial parece sensibilizar os grandes mandatários das nações para a evidência de que os organismos internacionais, *soi-disant* de ajuda, há muito deixaram de servir aos interesses econômico-sociais mundiais – razão de ser de suas existências – para passarem a servir exclusivamente aos interesses financeiros internacionais concretizados na aristocracia dos acionistas majoritários das corporações empresariais. É a ideologia de mercado levada ao fundamentalismo: os mercados não falham, os governos sim.

A expressão mais viva da degradação da dignidade e da autoestima do trabalhador está na sua exclusão do processo de desenvolvimento. O desemprego é a expressão máxima dessa degradação, por dar absoluta concretude à exclusão social. Ninguém deve ficar excluído da construção social. Todos têm o direito de nela estar e nada há mais degradante do que o sentimento de exclusão do mercado de trabalho. O maior malefício do desemprego não é de ordem física ou material, mas de ordem moral. Não apenas pela aflição e desespero que ocasiona, mas pelo ódio, rancor e medo que suscita entre os desempregados.

A ação de gestão no mundo on-line não sensibiliza diretamente os responsáveis pelas decisões em função do distanciamento que impõe aos que são afetados pelos resultados do que se decide. É como na guerra moderna: quem aperta o botão da bomba não tem qualquer contato com as suas vítimas. Assim também no mundo do trabalho: aqueles que tomam as decisões impiedosas de demissão não chegam sequer próximo do cotidiano da vida dos demitidos.

Produzir a ruptura ou a descontinuidade dessa trajetória histórica do capitalismo, prenhe de iniquidades, não deve ser a resultante de um fatalismo moralista, mas um ato de inteligência que conduza a humanidade a um novo marco civilizatório de convivência, com maior democracia, fraternidade e justiça social.

Nas crises vicejam as oportunidades. O atual momento mundial oferece condições objetivas invulgares para a demarragem desse novo tempo, em que todos devem construir e muito se empenhar por merecê-lo. Não pode ser apenas a decisão do G8 ou do G20, mas a busca engajada e comprometida de todos. De um mundo originalmente dominado pela monarquia e pela aristocracia, a civilização do Século XX, e remanescente nestes primeiros anos do Século XXI, concretizou o novo mundo da democracia, com formidáveis avanços. No entanto, temos democratizado apenas os governos, a dimensão política da voz e da vez do cidadão. É impostergável agora efetivar a democracia econômica! A dificuldade de se limitar a influência da riqueza sugere que ela deva ser limitada. Uma sociedade democrática não pode mais tolerar a acumulação ilimitada do capital. A igualdade civil e social pressupõe uma equitativa igualdade econômica. É claro que o princípio da igualdade estará bem melhor atendido não por um igualitarismo *naive* de renda, mas pela imposição de limites ao imperialismo do mercado, que transforma todos os bens sociais em mercadorias.

O que está em questão é o controle do dinheiro fora de sua esfera, já que esse se infiltra com poder e influência não só na primazia dos bens econômicos, mas decisivamente na obtenção de privilégios sociais e no controle dos direitos civis.

1. Destruição Criadora

Os princípios fundamentais do mercado repousam na autoconfiança, no trabalho árduo e na competição.

Os defensores da livre economia não se cansam de instigar as nações a abrirem os seus mercados à livre concorrência e a derrubarem as barreiras protecionistas que, alegam, dificultam e até impedem a livre circulação da riqueza.

Por coerência, a mesma lógica de argumentação deveria ser adotada para também instigar os acionistas dos grupos empresariais a levantarem as barreiras legais, igualmente protecionistas, que lhes asseguram tratamento tão privilegiado na atual ordem econômica.

É preciso que se admita, até por senso comum, que também os acionistas devam se abrir à livre competição de mercado com os empregados das organizações. Se a contribuição dos acionistas for efetivamente decisiva, de fato será logo reconhecida pelas forças de mercado. Se, no entanto, não for relevante – como claramente se evidencia na maioria das vezes – não haverá razão que justifique a manutenção dessas proteções legais aos acionistas, a não ser sustentar privilégios indevidos, incompatíveis com o atual estágio civilizatório da humanidade.

Joseph Schumpeter* criou, na década de 1930, a teoria de que as inovações terminam por destruir os produtos e os métodos de produção mais antigos. Dessa forma, as empresas que se apoiam nesse conceito também tendem a ser destruídas em um ciclo inexorável produzido pelo que se chamou de destruição criadora.

Nenhum outro conceito explica, de forma tão contundente, a dinâmica que preside a economia globalizada nos tempos presentes. É claro, a velocidade e a contundência do processo destrutivo atual são muitíssimo maiores do que nos tempos de Schumpeter.

Convivemos cotidianamente com a constatação da realidade corporativa de que ninguém consegue manter um desempenho de mercado consistente por muito tempo, algo que seja melhor do que o desempenho médio do setor em que atua, pois logo será alvejado pelas fagulhas da destruição criadora produzidas pelos concorrentes.

Considerada a realidade das bolsas de todo o mundo, as corporações que conseguem obter retornos substantivos superiores são as novas e emergentes, e mesmo assim por períodos não mais do que uma década ou uma década e meia.

Pressupor que a grande maioria das macro-organizações de hoje desaparecerá ou será comprada em pouco tempo não significa cair nas armadilhas das profecias.

O grande desafio que se coloca para os gestores mundializados é como desenvolver, na cultura organizacional, a dinâmica do questionamento, da tomada de consciência relacionada à defasagem entre o que se é e o que se pode vir a ser, da implementação de ações capazes de tirar os seus cotidianos da zona de conforto, de aprender a confrontar o status quo e o *establishment*. O sucesso é doce, e o que está por cima, como a nata do leite, é o que primeiro azeda.

A destruição criadora é o processo de tomada de consciência e a decisão corajosa da necessidade de cortar na própria carne, de que para sobreviver muitas vezes são necessárias amputações de produtos e serviços, procedimentos e processos, normas e sistemas, para que uma nova realidade possa se fazer presente.

O simples fato de que uma diretriz seja, em termos objetivos, justa ou lógica, não garante que todos a vejam da mesma forma. As pessoas não reagem a um mundo objetivo, mas ao mundo das suas percepções. *O que é lógico não é necessariamente psicológico.*

O erro é presumir que os valores, preferências e percepções da gerência, assim como a lógica que suporta o seu comportamento, são compartilhados por aqueles que implementam políticas e diretrizes. Frequentemente não o são. As concepções gerenciais constituem uma espécie de teoria do comportamento humano nas organizações (muitas vezes não conscientizada) sobre a natureza do ser humano na situação de trabalho e as estratégias adequadas para lidar com ela.

Algumas características da sociedade em que vivemos e a dinâmica das organizações como parte dessa teoria encontram-se de tal modo estabelecidas, arraigadas em nós, são tão penetrantes, de forma que não conseguimos imaginar que possam ser diferentes. Como o ar que se respira, passam a fazer parte da nossa natureza, da nossa própria vida.

Assim, se uma organização aspira realizar uma mudança fundamental, ela deve mudar os fundamentos sobre os quais se apoia. Por exemplo: se deseja sobreviver, deve estar disposta a ver muitas de suas unidades morrerem. Renovar-se não é uma operação simples, automática. É um processo que passa por autocríticas dolorosas, muitas vezes constrangedoras.

Aqueles empenhados em transformar as relações existentes e o quadro de circunstâncias que determinou a necessidade da mudança precisam criticar-se reciprocamente, reeducarem-se uns com os outros.

O sucesso da transformação depende da abertura, da transparência e da franqueza asseguradas uns aos outros.

A verdadeira mudança passa a depender cada vez mais do pluralismo. O hábito de pensar de um lado só deforma a percepção, turva o raciocínio, desvia o foco, contamina a emoção, gera hemiplegia intelectual.

A mudança, por definição, requer esforço. Este, por sua vez, exige uma direção e um sentido, uma ideia, uma convicção. É a convicção de que pode haver mudança para melhor, de que podem as condições atuais ser modificadas, a verdadeira essência do processo de mudança. É a convicção da esperança que nega a desesperança. É a propagação de uma ideia, com direção e sentido, que sugestiona, entusiasma, estimula e mobiliza. Produz a transformação. Possibilita a destruição criadora.

A vida é contraditória. E no emaranhado da vida não se encontra solução lógica, eminentemente racional, para as questões organizacionais. Elas sempre estarão "contaminadas" pela condição humana, suas histórias e peculiaridades próprias de cada um e de todas as pessoas que dela participam. O líder deve, mesmo assim, buscar como objetivo a ação gerencial, dotá-la da maior racionalidade possível.

De modo geral, quanto menor a alienação dos seus membros, mais competente e sinergética será a equipe. Os participantes cônscios de seu papel e comprometidos com o que fazem trabalham mais e melhor. As organizações que atuam com base no trabalho em equipe facilitam a concomitância da ampliação da racionalidade decisória, da redução dos níveis disfuncionais de emoção e de comunicação interpessoal, da autorrealização e da satisfação humana.

É preciso que estejamos permanentemente atentos aos movimentos tectônicos que ocorrem na economia e no mundo corporativo de hoje. Eles nos fazem refletir sobre o incrível tsunami, que não cessa de varrer os litorais das realidades organizacionais, de criação e de destruição de negócios, de florescimento e derrubada de impérios, de fusões e de incorporações, de *joint-ventures* e de falências, o mais das vezes, surpreendentes e imprevisíveis. E é nesse contexto da destruição criadora a que se referia Joseph Schumpeter que se agravam as condições objetivas de acumulação de capital. É nesse cenário que o sistema capitalista sofre uma descontinuidade ou ruptura, evoluindo da economia de produção para a economia de consumo e do crédito.

As empresas nascem, crescem e desaparecem, fundem-se e se incorporam, em eventos aparentemente sem ligações ou conexões, e até imprevisíveis.

A destruição criadora schumpeteriana pensa assim em empreendedores capazes de resistir aos tobogãs organizacionais, produzidos por uma economia permanentemente instável; exige tipos especiais de personalidade indiferentes às consequências das mudanças ciclópicas da realidade, vocacionados apenas para dar direção e sentido às suas intuições e instintos de animais empresários, de ganho e de conquistas, sem muita preocupação com o que acontece a seguir e ao seu redor.

Certamente, a maioria das pessoas não se sente à vontade ou é indiferente à mudança. Pelo contrário, o singular, na incerteza de hoje, é que a instabilidade pretende ser normal. O conceito de destruição criadora do empreendedor de Joseph Schumpeter não se aplica assim a todos os seres humanos, como equivocadamente pretendem inúmeros teóricos atuais das realidades organizacionais.

Essa padronização deletéria, produzida por uma expectativa distorcida sobre a natureza humana no trabalho, tem contribuído enormemente para devastação de ambientes saudáveis de trabalho em todo o mundo. Os suicídios crescentes em todo o mundo por desajustamento no trabalho são apenas a parte do iceberg fora d´água.

II. A Economia do Consumo e do Crédito

É preciso escapar da "ditadura do curto prazo", que tem monopolizado inteiramente o debate sobre a crise global de 2008 em todo o mundo.

Mais do que tudo, o debate tem que se concentrar efetivamente no que importa, no que fará a diferença, ou seja, na construção de uma nova civilização, em um novo modelo que atenue, de fato, os atuais efeitos da crise e minimize a incidência de outras no futuro. Tudo sem deixar de, simultaneamente, atentar para a gestão de nosso cotidiano, com vistas a humanizá-lo e a torná-lo mais justo e equitativo, que garanta uma melhoria real da qualidade de nossas vidas comuns ou ordinárias.

O nosso dever é responder à crise, naquilo que ela tem de atípico e de inusitado.

Esta não é apenas mais uma crise cíclica do capitalismo, a que os marxistas tanto se referem.

É a crise de um sistema – o capitalismo de consumo e financeiro –, e de uma civilização – a pós-industrial –, que marca o paroxismo de uma nova era. O nosso dever é estar à frente de nosso tempo, fazer as incursões exploratórias e recolher as informações que nos permitam diagnosticar a atual realidade e vislumbrar a construção de um novo tempo.

Os socialistas do século XIX se diziam os filhos de uma primeira revolução industrial, os da máquina a vapor e da industrialização então nascente.

Os do liberalismo econômico, por outro lado, diziam-se os herdeiros da eletricidade e do fordismo, ou melhor, da produção industrial de massa. Nós somos os contemporâneos de imensas mudanças conceptuais e estruturais da sociedade de mercado, ainda muito mal compreendidas e exploradas.

É evidente que a "revolução digital" nos sinaliza claramente com a terceira onda da revolução industrial. Ela, por si só, chacoalha os modelos econômicos e as geografias mundiais, mas não só ela – muito mais ocorre nas profundezas da sociedade de mercado, sem que nos detenhamos atentamente sobre o que se passa diante de nossos olhos apáticos e displicentes.

A espetacular queda de Wall Street, em 2008, e o subsequente colapso do setor bancário, não sinalizam o fim do capitalismo, como muitos ainda teimam em afirmar.

Logo após a eclosão da crise, os líderes mundiais participantes do G20 se reuniram apressadamente em Washington para ratificar o compromisso de todos com os dogmas da sociedade de mercado e para, com as ações práticas de seus governos, transformarem o Estado, com o dinheiro dos cidadãos contribuintes, em uma gigantesca companhia de seguros dos bancos e das bolsas de valores.

Mais uma vez evidencia-se a natureza cooperativa do Estado em relação ao mercado. O Estado agora desempenha um novo e lamentável papel: passa a ser um mero executor da soberania do mercado, o que agrava mais ainda a radical privatização dos destinos humanos e aprofunda a desregulamentação da indústria e do sistema financeiro.

A segunda metade do século XX experimentou brutais transformações econômicas, sociais e políticas que nos levaram à evolução do capitalismo de produção para o capitalismo de consumo e de crédito. Ou melhor: a transformação de uma sociedade de produtores, em que os lucros provinham, sobretudo, da exploração do trabalhão assalariado através da apropriação da "mais valia", para o inusitado de uma sociedade de consumidores e de devedores, em que os lucros passam a ser derivados acima de tudo da exploração dos desejos de consumo e do endividamento crescente dos clientes ou consumidores. A produção passa apenas a ser acessória para a nova sociedade de mercado do consumo e do crédito.

A fina flor da doutrina empresarial moderna afirma que a função da oferta é criar demanda, ou seja, é preciso induzir e ampliar novas necessidades, que exigem cada vez mais diferentes níveis de satisfação e de aumento do número de novos clientes. E isso vale tanto para produtos industriais quanto financeiros.

Os empréstimos, nesse contexto, são a joia da coroa: a oferta crescente de empréstimos deve criar e ampliar a necessidade de outros para dar vazão a um consumo cada vez mais concupiscente.

"Não adie a realização de seu sonho", "não deixe para amanhã o que pode fazer hoje", "use o seu cartão de crédito", ou "desfrute agora e pague depois", são exemplos de motes publicitários que exponenciam a lógica que agora sustenta a sociedade de mercado: oferta crescente de crédito aos que devem, e os consumidores endividados cada vez mais colonizados pelo consumo e pelas dívidas.

Não pode pagar a sua dívida? Não se preocupe! Os banqueiros não são mais aqueles "agiotas insensíveis" de ontem, ávidos por reaver seu dinheiro em prazos prefixados e não renováveis.

Os bancos modernos desejam lhe oferecer ainda mais crédito para que você possa lhes pagar as velhas dividas e ainda lhe sobre "algum" para novas compras, pouco importando que sejam coisas supérfluas, mas que vão lhe trazer novas alegrias como mais um feliz proprietário do mais novo *gadget* lançado no mercado.

Claro, desde que você continue pagando as suas prestações mensais, mesmo que novamente com frequência e pontualidade claudicantes.

O gentil gerente personalizado de seu banco sempre estará disponível para nova dilação dos prazos de pagamento.

O importante é que você volte a sorrir, com a nova composição de sua divida e com as novas compras que vai realizar, com o novo empréstimo, em algum shopping center no próximo fim de semana. A contrapartida, parece-lhe, decorre de um fato natural: você agora é transformado em um devedor colonizado, no novo servo da gleba do século XXI. Bem, "você pode pagar sem problemas e quando não der, volta a fazer uma nova composição da dívida".

Por certo, o devedor típico é aquele que jamais quita integralmente as suas contas. Buscar novos empréstimos passa a ser a única forma realista de suspensão da execução da dívida.

Ingressar nessa condição de servidão à dívida é mais fácil do que nunca na vida das pessoas; e torna-se cada vez mais difícil sair dela.

Como as drogas, viver a crédito cria dependência. E assim os empréstimos tóxicos propagam-se pela disseminação de toxicômanos por dívidas da economia de consumo e de crédito. Cuidado: você pode ser a próxima vítima! Pior ainda, talvez já o seja!

III. A Participação Acionária dos Empregados

> *"A Responsabilidade Social da empresa consiste em aumentar os seus lucros"*
> **Milton Friedman*, Prêmio Nobel de Economia 1976**

Esse é um mito que se propaga de forma crescente no conjunto da sociedade, sem que haja quaisquer razões substantivas que sustentem tanto alarde. A participação acionária dos empregados, tanto na modalidade das *stock options* quanto na dos fundos de pensão sofre visível questionamento após um início alvissareiro na avaliação de muitos.

A experiência demonstra a violação de expectativas em relação a ambas as modalidades de participação dos empregados, pois não cumprem os papéis que se pensava capazes de desempenhar na democratização do capital das empresas.

Alega-se que se as empresas, em verdade, empenham-se em prol dos interesses dos acionistas, os empregados hoje dispõem, em contrapartida, dos *stock options* e dos fundos de pensão, o que também os beneficiam, em consequência, quando da valorização das ações corporativas. Assim, é bom para todos: os acionistas majoritários, os dirigentes corporativos e os empregados.

A bolsa de valores é a bússola da sociedade corporativa. Dá o tom e dita a regra. Se a cotação das ações de uma organização cai, tanto os membros do conselho de administração quanto os gestores principais ficam com os cargos em risco de demissão parcial ou coletiva. Todos dependem dos humores dos acionistas majoritários na avaliação das razões da queda de cotação.

A bolsa de valores é orientada por um único imperativo: ganhar mais!

Não ganhar mais para compartilhar com todos, mas ganhar mais e mais para os acionistas, o que, se necessário, talvez possa significar menos e menos para os empregados e o público, de maneira geral. A primazia do acionista majoritário é o centro do universo corporativo em todo o mundo. A satisfação do cliente, tão badalada nos fóruns acadêmicos, é apenas um meio para a realização desse objetivo essencial, qual seja, o foco privilegiado da ação corporativa nos interesses dos acionistas.

Stock Options

É apenas mais um devaneio ilusionista dos meios de comunicação a percepção equivocada de que o empregados estejam se dando muito bem em função da adoção de programas de remuneração chamados de *stock options*.

Stock options é o direito do exercício de opção pelas ações da empresa, concedido aos empregados com desempenho dentro dos padrões mutuamente preestabelecidos, que os permite adquirir ações ou realizar o lucro considerando um preço de exercício fixado na data de concessão. É, portanto, um direito de opção de compra de ações que tem como objetivo tornar os empregados acionistas, oferecendo-lhes oportunidade de investimentos na própria empresa em que trabalham. Objetiva, assim compatibilizar as duas partes da relação do mundo corporativo, transformando em sócios ou parceiros o capital e o trabalho. Seria a resposta capitalista ao problema da luta de classes, tão bem descrito por Marx*.

Pressupõe um aumento de comprometimento e de conscientização dos empregados para com a empresa através da assimilação do status diferenciado de acionista. O empregado passa a ser sócio do lucro da empresa, já que se beneficia de parte do que for realizado. Tendo exercido a opção, o empregado poderá realizar a venda, de acordo com as normas habituais de negociação no mercado.

Uma análise mais crítica a esse tipo de remuneração demonstra facilmente que mesmo os poucos empregados que, de fato, se beneficiam, não são tão bem aquinhoados em comparação com os verdadeiros felizardos, os ganhadores da roda da fortuna, os acionistas majoritários, os sortudos do mundo corporativo, constituídos por uma minoria insignificante de famílias ricas proprietárias reais das empresas pela via do domínio do capital social.

Embora a maioria desses acionistas privilegiados sequer trabalhe, abocanha os melhores frutos da produção laboral dos empregados.

Imagine, por exemplo, algum empregado de alto desempenho incluído em um programa de *stock options* que perceba em torno de 140 mil reais por ano de salários, e que possua 70 mil reais de ações de sua empresa. Suponhamos que as ações lhe garantam 10% ao ano. Ele ganha, portanto, sete mil reais como acionista.

Ora, a sua percepção salarial anual de 140 mil reais é 20 vezes maior como empregado do que o que ganha como acionista, isto é, sete mil reais. Logo, esse empregado hipotético é 20 vezes mais empregado do que acionista. Se eventualmente a empresa contingencia ou restringe o aumento da folha de pagamentos para alavancar o valor das ações, o empregado pode perder mais pelo não aumento de salário do que pelo que ganha com a valorização das ações.

Imagine ainda que essa empresa obtenha um bilhão de reais de capital aplicado na bolsa de valores. O valor de 70 mil das ações do empregado representa, indiscutivelmente, uma parcela insignificante, uma fração infinitesimal do capital social da empresa. Se normalmente os acionistas majoritários possuem, pelo menos, mais de 50% do valor do capital social em ações na bolsa, ganharão mais de 50 milhões de reais sempre que as ações se valorizarem em 10%, enquanto o empregado ganhará apenas sete mil reais.

Não há como fugir da realidade: os empregados não são os que ficam com a parte do leão na distribuição dos ganhos no mercado de ações. Ficam com migalhas!

É inacreditável que essa forma explícita de discriminação social dos ganhos da riqueza e de tamanha disparidade econômica de participação acionária, ambas produzidas por uma lógica absurdamente injusta, continuem sendo facilmente aceitas como naturais na multidiversidade globalizada dos tempos presentes.

Fundos de Pensão

A concentração da riqueza surpreendentemente também é encontrada nos fundos de pensão, considerados as grandes instituições democratizadoras do capital, os instrumentos organizativos por excelência de socialização da propriedade dos meios de produção.

Uns poucos investidores detêm a maioria das carteiras de ações dos fundos. Se o fundo de pensão tem um desempenho superior ao esperado, os empregados-investidores ou contribuintes não obtêm por isso maiores e melhores pensões ou aposentadorias. Os ganhos vão para a organização cujas ações sejam de propriedade dos fundos.

Assim, para muitas organizações os fundos de pensão altamente capitalizados têm se tornado novos centros de lucratividade. E o lucro obtido beneficia substantivamente o acionista majoritário, não o investidor individual que, como empregado-contribuinte, investe através do fundo de pensão a que pertence, sem que isso lhe acarrete necessariamente aumento de benefícios como contribuinte-segurado.

1. A Governança Corporativa

As verdadeiras forças da governança corporativa – como ocorre em qualquer sociedade fechada – atuam nos espaços negativos. Não nos gestos e ações de gestão institucional, mas no espaço vazio que os cerca. Não no que o conselho diretor delibera, mas no que ele jamais delibera.

Esse é um tabu semelhante à questão do porque os empregados não têm direito a voto na proporção do que pesam na realidade empresarial, ou do porque as organizações julgam que eles devam receber o menos possível.

Normalmente, os empregados não têm qualquer papel relevante, ou quase nenhum, nos estatutos e regulamentos das organizações. O estatuto corporativo é, sobretudo, focado nos acionistas, no conselho diretor, e nas responsabilidades dos ocupantes das funções diretivas e gerenciais, com especial atenção para a definição das inter-relações entre eles.

Raramente leva em conta, em extensão e profundidade, o conjunto de relações existentes entre os empregados, agora colaboradores, e a organização.

Os empregados não apenas se ressentem de voz e vez, e, portanto, voto na governança corporativa. Mais do que isso: costumam ser sufocados e até reprimidos quando ensaiam ganhar algum espaço a mais por meio da participação sindical ou nos movimentos laborais representativos.

Assim, é crescente o abandono e a descrença dos trabalhadores em relação à organização sindical e a quaisquer formas de representação laboral que não conte com o irrestrito apoio da direção corporativa. E, pouco a pouco, os movimentos representativos dos trabalhadores se tornam cada vez mais pelegos que apassivam e amaciam as relações capital-trabalho.

O silêncio predominante dos empregados confinados aos seus postos de trabalho é um resquício ainda irremovível das realidades das sociedades pré-democráticas existentes desde os tempos primitivos da Revolução Industrial.

Os inacreditáveis avanços tecnológicos disponibilizados hoje no mundo do trabalho nada têm a ver com a mentalidade conservadora, quando não anacrônica, ainda dominante na gestão corporativa.

A prevalência do acionista na governança corporativa parece ser decorrente de um direito natural, embora não o seja. Ela apenas decorre de uma norma de conduta: expressa um padrão de comportamento assimilado culturalmente, uma simples crença, juízo de valor, atitude, legitimada pelos usos e costumes, sobre quem de fato importa no mundo corporativo.

É, sem quaisquer sombras de dúvidas, a expressão legitimadora de um preconceito que se arraigou ao longo do tempo no cotidiano das organizações.

A primazia do acionista de nenhuma forma é o resultado natural da predominância da sociedade de mercado, pois, pelo contrário, decorre da disseminação de um equívoco conceptual que se tornou uma pretensa verdade.

As tentativas de se distinguir o direito natural das normas de conduta representam sempre um esforço infrutífero. Inadvertidamente se aceita a falsa legitimidade da velha aristocracia feudal, que afirma o poder como derivado da propriedade da terra e, por conseguinte, confere aos que a possuem o direito divino de governar. Essa era a lógica das sociedades aristocráticas e monárquicas.

Assim também ocorre no mundo das organizações empresariais: sustenta-se a concepção de que a corporação é uma expressão moderna da propriedade da terra, e, como tal, seus proprietários – vale dizer, acionistas – têm também o direito divino de governá-la. Se a organização empresarial pertence aos acionistas, como sua propriedade, considera-se perfeitamente natural que também tenham o direito de fazer dela o que bem entenderem.

A bolsa de valores é a bússola da sociedade corporativa. Dá o tom e dita a regra. Se a cotação de uma organização cai, também os dirigentes e gestores principais ficam com os cargos em risco de demissão parcial ou coletiva. Dependem apenas dos humores dos acionistas majoritários no processo de inquisição corporativo sobre a avaliação que fazem das razões de queda de cotação para serem inapelavelmente remetidos à fogueira das demissões.

A bolsa de valores é orientada por um único imperativo: ganhar mais. Não ganhar mais para compartilhar com todos, mas ganhar mais e mais para os acionistas, o que, se necessário, talvez possa significar menos e menos para os empregados e o público em geral.

A primazia do acionista majoritário é o centro do universo corporativo em todo o mundo. A satisfação do cliente, tão badalado nos fóruns acadêmicos, é apenas um meio – e nada mais – para a realização desse objetivo essencial, independente de qual seja o foco privilegiado da governança corporativa na realização dos interesses dos acionistas.

IV. O Mito da Responsabilidade Social das Empresas

É uma doce ilusão julgar que mudanças voluntaristas produzidas por empresários progressistas sejam capazes, por si só, de transformar o sistema econômico, garantindo-lhe algum sentido de espírito público e de bem comum.

As mudanças incrementais produzidas nos estamentos burocráticos das macrocorporações modernas não são suficientes para humanizá-las. É necessário que o processo de mudança seja sistêmico e globalizante, abrangendo os conceitos, as estruturas e a lógica que permeiam a atual ordem econômica mundial.

As mudanças incrementais restritas em nível organizacional stricto sensu são fadadas, cedo ou tarde, ao fracasso.

É comum as organizações anunciarem políticas de valorização de recursos humanos ao mesmo tempo em que promovem drásticos cortes de sua força laboral, sempre em nome dos imperativos da racionalidade de gestão, do combate ao desperdício e do controle de custos.

Buscam surfar na onda das políticas e das práticas da proteção ambiental na medida em que essas lhes propiciem melhor imagem pública e aumento de sua capacidade de venda, sob a ostentação do indefectível selo verde de qualidade. Apregoam as maravilhas de seus programas de distribuição de lucros aos empregados, mas cortam salários, benefícios, direitos e garantias trabalhistas e previdenciárias.

Apresentam-se como empresas cidadãs, sempre ávidas dos privilégios fiscais e tributários que julgam merecer.

É preciso, assim, desconstruir as ilusões que embalam hoje em dia muitos profissionais bem-intencionados que militam nesses programas que permeiam, mundialmente, as corporações. Nem sempre tais programas são legítimos e bem-intencionados

O mais das vezes, por trás das novas crenças da responsabilidade social, da participação acionária, das empresas cidadãs, por trás de muitas dessas práticas que se pretendem nobres, puras, éticas e transcendentes, subsistem interesses escusos, escolhas inconscientes, verdades mais profundas ainda não percebidas e, quando não, inconfessáveis.

Essas práticas poderão ser bem mais consequentes e contributivas à melhoria do mundo do trabalho se aprendermos a desconfiar das evidências, das ideias prontas e aparentemente generosas, para tentarmos perceber, em sua essência, o que há por trás de cada uma delas.

V. A Perspectiva de uma Nova Ordem

As organizações não conseguem se entender com os seus consumidores e clientes, muito menos com os seus empregados. Fracassam ao tentar atender às necessidades das pessoas, com a exceção de seus acionistas e dirigentes, para os quais estão dirigidas todas as energias. Há um enorme fosso entre as pessoas e as organizações, marcado por frustrações, desconfiança e descrédito. Todos dependem do consumo para sobreviver, mas estão cansados de serem tratados como objeto – desejam agora satisfação pessoal, individualização e personalização. Estamos vivenciando uma perspectiva de transição entre um capitalismo aristocrático e a imposição de um novo modelo baseado na necessidade de uma economia mais distributivista.

O consumo cada vez mais se torna uma necessidade e não mais um luxo. As pessoas dependem dele para viver. As decisões de consumo são as características do cotidiano – na educação, na assistência médica e previdenciária, nos seguros, nos transportes, na comunicação, no lazer, na alimentação, na moradia, no vestuário. Sob as rédeas de um capitalismo aristocrático, o poder e o controle foram concentrados nas mãos dos acionistas e de seus executivos. E é isso que agora precisa ser mudado.

Costuma-se afirmar que a propriedade das ações está sendo democratizada através das subscrições públicas em vendas pulverizadas. No entanto, a verdade é que mesmo com toda essa riqueza nas mãos dos pequenos investidores, um número reduzido de acionistas majoritários detêm praticamente a totalidade do capital das organizações. E assim a riqueza não se distribui democraticamente, como se afirma. Cada vez mais se concentra em um número menor de investidores, que detêm o domínio da organização e, portanto, de seus destinos e resultados.

A concentração exagerada da riqueza virtual que circula pelas bolsas de todo o mundo garante aos seus detentores simultaneamente a soberania tanto do nosso sistema econômico como do sistema político.

A história pode ter superado o direito divino atribuído aos reis, mas hoje nos joga nas mãos do direito divino do capital. Ontem o destino do mundo dependia de uma privilegiada aristocracia rural. Hoje é a aristocracia do capital que detém o poder do mundo.

É preciso evoluir para uma verdadeira economia de mercado, de forma que os interesses de todos sejam igualmente protegidos. A questão consiste em como idealizar novas estruturas econômicas e novas maneiras de contratar os CEO's, desenvolver novos conceitos de obrigações fiduciárias e novas formas de cidadania na governança corporativa, que abarquem tanto os ideais democráticos quanto os reais valores do livre mercado, especialmente em uma realidade que não se centra mais na produção, mas, fundamentalmente, no consumo.

Antes a noção do direito da monarquia parecia natural, eterna e decorrente dos desígnios divinos desde os primórdios da civilização. Uma nova visão de mundo foi construída a partir de uns poucos que ousaram questionar aquele status quo e aquela realidade que parecia imutável.

Por muitos séculos tivemos um mundo dominado pela monarquia e pela aristocracia. Durante o século XX alcançamos a construção de um mundo novo – a democracia republicana. No entanto, só democratizamos as instituições políticas de governo. A economia continua impassível – dominada por uns poucos que se impõem sobre muitos, quer sob a forma de nações sobre outras, quer sob organizações sobre outras e por indivíduos sobre outros. O privilégio da riqueza não é democraticamente compartilhado. Essa realidade econômica incorpora-se à estruturação das organizações, particularmente no seu princípio fundamental que determina maximizar o ganho dos acionistas e minimizar os ganhos de produtividade do trabalho.

Quem vive o mundo dos negócios certamente testemunha a evolução do debate e do nível de consciência democrática nas organizações, com crescente preocupação com o meio ambiente, distribuição de lucros, desenvolvimento de políticas de respeito aos empregados, ênfase na prática da responsabilidade social e cidadã da empresa, destaque que se confere à ética. Muitos creem que esse movimento de mudança transformará o capitalismo, tornando-o humanizado e solidário, o que é um ledo engano!

É preciso que se compreenda que a mudança relacionada às microfunções da organização não é suficiente. O que de fato assistimos são os reiterados fracassos da mudança voluntária encetada por alguma organização solitariamente. Ao contrário, em grande extensão assistimos às organizações que proclamam políticas de respeito ao ser humano, mas dispensam milhares de trabalhadores; que afirmam a preocupação com o meio ambiente, financiam ONGs, que se empenham no discurso da defesa da ecologia, mas que poluem e destroem; que possuem excelentes programas de participação nos lucros, mas cortam vantagens e benefícios; que se afirmam empresas cidadãs muitas vezes apenas para exigir concessões de benefícios fiscais. Muitas organizações, como os fariseus, afirmam uma coisa, mas praticam outra inteiramente contrária. **E esse farisaísmo organizacional decorre do equívoco de privilegiar o retorno aos acionistas como o valor fundamental da organização, pois coloca os seus interesses acima de todos os demais, instituindo assim uma classe privilegiada – a aristocracia financeira do mundo globalizado, o que consagra uma forma odiosa de discriminação do acesso aos bens da riqueza.**

Tal lógica perversa fundamenta-se em uma visão arcaica de mundo, originária do direito divino da realeza, que afirmava que os proprietários da terra eram superiores. Hoje são os proprietários do capital os membros da classe dominante. Em verdade, tal realidade social produzida pelo fato econômico é incompatível com os pressupostos de uma verdadeira economia de mercado e com a indiscutível evolução do nível de consciência ética hoje já consolidada em todo o mundo.

A expansão das organizações que focam o trabalho empresarial como se fosse uma religião deriva do desencanto com qualquer compromisso real com a construção de relações de trabalho efetivamente solidárias, cooperativas e democráticas. O que precisa ser mudado não é apenas a forma como se trata o cliente e o empregado, o estilo gerencial, a aplicação do conceito de empresa cidadã, de responsabilidade social, ou de governança corporativa, mas a própria estrutura das instituições políticas, econômicas e sociais que sustentam a atual ordem mundial.

Contra o otimismo das organizações que se apresentam como fim supremo da vida daqueles que as integram, e contra o utilitarismo de um modo de ganhar dinheiro atendendo às exigências dos interesses dominantes dos acionistas, impõe-se a subversão pelo inconformismo dos que afirmam a plenitude da existência humana através da realização simultânea e integrada de diferentes papéis e funções sociais – na família, na sociedade e, por que não, também no trabalho.

Capítulo 4

I. A Sociedade do Conhecimento Integrada no Âmbito Empresarial*

1. A Educação na Sociedade de Mercado
2. O Ensino de Administração Centrado no Mercado
3. A Pedagogia da Planilha
4. A Responsabilidade Social do Professor de Administração

I . A Sociedade do Conhecimento Integrada no Âmbito Empresarial*

1. A Educação na Sociedade de Mercado

A escola se submete, cada vez mais, a enormes pressões para que se conforme aos novos paradigmas da globalização e da lógica da sociedade de mercado.

A competição econômica mundial se torna o imperativo categórico a que todas as instituições educacionais devem se subordinar se quiserem sobreviver.

A escola – ao se moldar por esse paradigma - reduz-se ao restrito papel de formação do "capital humano" necessário à eficiência das organizações, ao aumento dos padrões de desempenho e de produtividade.

Por sua vez, os alunos são crescentemente constrangidos a participar e a demandar essa metamorfose do papel social das escolas. Contribuem para abrir espaço à mercantilizaçao dos saberes e das aprendizagens, e à cristalização de iniquidades formadas e graduadas como os novos bacharéis da sociedade do conhecimento.

Diante de tal contexto, os verdadeiros "mestres" pouco a pouco capitulam.

A escola vive uma crise crônica em que os amplos debates no seio da sociedade entre pais, alunos, educadores, políticos e a opinião pública, em geral, praticamente têm por consenso a colocarem em estágio de "morte clinica". Ou pior: "a escola está morta", apenas para me reportar ao clássico de Ivan Illich e Everett Reimer publicado no Brasil nos idos de 1975 pela Francisco Alves Editora.

O discurso dominante do senso comum sustenta que é inadiável uma profunda reforma educacional que resgate o papel da escola para as reais necessidades dos tempos presentes.

Reforma educacional, eis aí a solução mágica, o "Abra-te Sésamo" para todas as dificuldades!

No entanto, reforma para edificar que tipo de escola? E uma escola destinada a que tipo de sociedade? Ora, uma nação que não tem projeto de país educa sem direção e sentido, não constrói a trajetória de sua existência.

Certamente, não pode ser uma escola voltada à formação de quadros para as organizações transformadas em verdadeiras tribos ou *cults* de autoadoração e de autoveneração, verdadeiras seitas de deificação do trabalho.

Certamente, também não pode ser uma escola que pretenda formar gerentes, gestores, empreendedores e líderes empresariais para o desempenho do papel de "educadores corporativos" de seus funcionários, agora chamados de colaboradores, inoculando-lhes a lógica, a doutrina e a ideologia das organizações empresariais modernas da sociedade de mercado.

A educação, mais do que nunca, fundamenta-se na racionalidade tecnológica e nas necessidades interpostas pelo que deseja o mercado.

À semelhança dos operários do Século XIX, os profissionais de hoje, forjados nas ambiências universitárias sofisticadas, os que ainda conseguem emprego, são agora igualmente apêndices humanos dos aparatos tecnológicos, *soi-disant* máquinas modernas de produção.

Devem ser também formados para garantir a eficiência e a produtividade do sistema produtivo.

É todo cabedal conceptual, ideológico e operacional do taylorismo e do fordismo, agora de "fraque e cartola", revisitado pela formação acadêmica como requisito mínimo para os empregos das empresas cidadãs, sempre com seus programas de responsabilidade social, de desenvolvimento sustentável e de ética empresarial.

Dispensa-se a formação intelectual, crítica e cultural. Enfatiza-se apenas a que sustente ou estimule a racionalidade instrumental ou técnica do trabalho a ser executado.

É evidente que o domínio da tecnologia é imprescindível à felicidade e à liberdade humana. No entanto, aquele que desenvolve uma postura intelectual restrita à tecnologia é levado a identificar-se com os aparatos e as máquinas, a mitificá-los e a sacralizá-los e, assim, a derivar satisfação psicológica apenas por fazer o trabalho bem feito, o que lhe é propiciado pela capacitação técnica pessoal e pelo instrumental tecnológico disponível. Volta-se para "o fazer", abandona "o pensar".

A técnica é apenas extensão do braço humano e, por isso, fundamental, entretanto, não se constitui como um fim em si mesma. Ainda que também seja produto da inventividade humana, não expressa e não esgota todas as faculdades e qualidades inerentes ao homem.

A cultura se converte também em mercadoria. Deixa de ser inerente à formação, não se incorporando mais aos indivíduos como pessoas humanas únicas e singulares.

A cultura tecnicista instrumentaliza os indivíduos, e não mais os forma. Em verdade, os deforma.

A formação, em sua integralidade e inteireza, dá-se a partir da incorporação da cultura pelos indivíduos. Não se pode conceber a pessoa dela dissociada.

Essa cultura tecnicista convertida em mercadoria só pode ser adquirida como valor de troca. Dessa forma, os indivíduos formam-se para aumentar o seu valor no mercado, e não mais para a diferenciação, para a compreensão da sociedade em que vivem e para o compromisso com a sua transformação, com vistas a torná-la mais justa, equitativa e em plenitude de liberdade.

A obtenção da cultura como um fim em si mesmo, em contrapartida, não permite, por si só, que a pessoa seja capaz de compreender as circunstâncias em que se encontra. Igualmente, a cultura que transmite apenas o instrumental para a adaptação e a sobrevivência imediata também não possibilita que o indivíduo se torne capaz de compreender e de transformar as suas circunstâncias.

A educação transformada em mercadoria é claramente expressa quando se dá absoluta relevância aos índices nacionais de classificação das melhores escolas.

Sistemas como o ENADE e o ENEM, em que pese a sua legitimidade e contribuição na busca da melhoria da educação no País, não deixam de expressar de forma contundente este viés. Assim, diretores, professores e alunos se dedicam exaustivamente à competição por uma melhor classificação como prova de que oferecem ao mercado as melhores mercadorias educacionais – os alunos formados –, o que, por sua vez, vai lhes "levar ao paraíso" do emprego e da ocupação profissional.

Tendemos ainda a julgar que uma formação, mesmo que precária, é melhor do que nenhuma, o que é um equívoco: a falsa formação ou a formação precária nos leva a pensar que sabemos o que não sabemos, que somos capazes de fazer o que efetivamente não somos.

É preciso denunciar a falsa formação educacional que se pratica generalizadamente em nosso País, em especial as condições objetivas que a engendram; não insistir no equívoco de que superá-la seja somente e tão somente uma responsabilidade individual.

O Ocioso por Excesso de Capacidade

A economia mundial não se mostra capaz de absorver o crescente aumento do nível educacional da força de trabalho.

Os formandos e graduados dos centros acadêmicos tornam-se ociosos por excesso de capacidade. Nesse fluxo, as organizações aumentam ainda mais os requisitos educacionais para a ocupação dos postos de trabalho. As pessoas passam a aceitar trabalhos e empregos anteriormente ocupados por pessoas bem menos qualificadas.

Com isso, a escola reafirma ainda mais a sua diretriz de ensino: não mais se orienta pelo humanismo indispensável centrado no universalismo do livre pensar a atividade humana e na qualificação intelectual do aluno.

Perde-se o senso crítico da realidade no sentido de transformá-la para se ganhar competências e habilidades específicas de interesse do mundo do trabalho. Não mais forma quadros para uma elite pensante. O aluno não é mais o diamante bruto a ser lapidado como um intelectual. Aprendem-se as competências "do produzir e do fazer" e perde-se a capacidade de pensar autonomamente.

Nunca se falou tanto em criatividade e inovação, louva-se "o ócio criativo", mas os contextos educacionais e de trabalho nunca os restringiram tanto.

O discurso das organizações empresariais e educacionais é o de que vivemos o apogeu do humanismo, mas certamente a realidade é bem distinta: o discurso superficialista da humanização organizacional esconde o auge do desrespeito à centralidade do homem no mundo da educação e do trabalho. A sociedade de mercado priva o homem de sua essencialidade humana. Desumaniza-o!

A Principal Função da Escola

Após o foco da escola na formação do crente, após o foco da escola na formação do cidadão, e após o foco na formação do homem comprometido com o ideal humanístico, a industrialização e a mercantilização da existência humana redefinem o homem como um ser essencialmente econômico e um individuo essencialmente privado.

A principal função da escola passa a ser formar quadros para o crescimento econômico e o mercado.

É preciso continuar a formar quadros adestrados para o mercado: os exércitos de reserva de mão de obra – antes na Revolução Industrial pela capacitação dos trabalhadores manuais especializados, agora pelos profissionais de qualificação acadêmica. Antes, os operários manuais fabris. Agora, os operários acadêmicos do conhecimento.

O novo compromisso da escola: prestar serviço ao mundo econômico e atender à lógica do mercado. Formar cidadãos passa a ser um simples efeito colateral.

Aprender a aprender

A escola deixa de ser a fonte do saber e do conhecimento. Restringe a sua ação pedagógica a fazer o aluno *aprender a aprender* as competências necessitadas pelo mercado que lhe garanta hoje, e pode pretensamente lhe garantir amanhã, o tão desejado emprego. Ah, sim! Agora se fala na empregabilidade e no empreendedorismo, ou seja: Vire-se! Nade ou afunde!

O importante é a capacidade de o profissional continuar a aprender por toda a sua existência o que seja útil ao mercado e, portanto, que lhe permita exercer atividades remuneradas.

Ora, na sociedade do conhecimento a obsolescência das competências e das habilidades é muito mais rápida. Mudam-se os processos de trabalho, e, em consequência, obsoletizam-se todos.

É preciso aprender a aprender novas competências, que logo vão ficar ossificadas, ultrapassadas, e que, por isso, vão exigir, por sua vez, a reciclagem permanente para a aquisição de novas competências "do fazer e do produzir".

Eis aí a educação continuada e permanente de que tanto se fala hoje: não se destina a desenvolver cidadãos mais conscientes, cônscios de si mesmos, mas a capacitar, treinar e adestrar a mão de obra em competências necessárias ao desempenho de atividades remuneradas pelo mercado.

Esse novo paradigma da pedagogização da existência responsabiliza o cidadão pelo dever de aprender. É o século da volta à escola para aprender a aprender a prestar melhores serviços ao empregador. Não é para aprender a explorar e a aprofundar a sua humanidade.

Aprender torna-se uma obrigação pessoal de sobrevivência no mercado de trabalho, muito mais do que uma resposta às necessidades de autonomia e de florescimento intelectual decorrente de um compromisso com o bem comum e da vontade coletiva da sociedade.

Educação: um bem individual e privado

A escola, na sociedade de mercado em que vivemos, concretiza um modelo escolar que considera a educação como um bem essencialmente privado, particular, individual, cujo valor é antes de tudo econômico, a serviço do mercado.

Não é mais a resultante de uma sociedade que tem como vontade política a garantia da educação cidadã de todos os seus membros.

São os indivíduos que devem capitalizar a educação em seu próprio benefício, como um bem essencialmente particular e pessoal. Sobretudo, o custo da educação deve ser rentável, com retorno para as empresas que utilizam os quadros profissionais formados pelas escolas.

Aluno: cidadão ou cliente?

Certamente é cliente de um mercado educacional destinado à formação e à produção do capital humano das empresas.

Hoje a nova escola está a serviço da economia na formação de quadros profissionais para o mercado, quando deveria ser uma escola destinada a atender às necessidades de desenvolvimento de uma sociedade mais justa e fraterna, mais cidadã, com níveis decrescentes de iniquidades.

Universidades: a serviço dos interesses do mercado.

De forma geral, um novo campo de acumulação de capital se abre com a transformação das universidades em fábricas de produção do saber eficaz, ou seja, a serviço dos interesses comerciais do mercado.

Esse é o destino da produção do conhecimento e do saber: ser modelado por um capitalismo universitário a serviço dos interesses comerciais e econômicos das empresas que, o mais das vezes, sustentam os aparatos acadêmicos.

O desenvolvimento científico, as pesquisas em particular, se submete cada vez mais às exigências da valorização do capital.

A subordinação do saber à economia e ao mercado representa, pela multiplicação dos laboratórios e centros de pesquisa privados, e pela estreita relação entre os interesses das empresas e os das universidades.

Essa integração de interesses, em vez de gerar prioritariamente ganhos para a sociedade, resulta em mais e maiores lucros e ganhos para as empresas e seus acionistas. Os interesses das indústrias e do mercado acabam por contaminar e dominar a produção do saber no desenvolvimento das pesquisas aplicadas. Elas dão o tom e ditam o ritmo, dizem o que fazer e o que não fazer, limitam a ciência, controlam o seu desenvolvimento.

As pesquisas acadêmicas deixam de ter o foco no interesse público, no interesse do cidadão, para se circunscrever aos interesses econômicos empresariais.

Ou seja: o interesse empresarial dá o tom do que se vai ou não pesquisar, e, portanto, do que vai se transformar em produtos ou serviços. Não é mais o interesse do bem comum.

A produção do conhecimento se transforma em uma atividade mercantil específica, financiada pelo capital privado, estampando o seu logotipo, a sua marca e a sua propriedade industrial em centros de pesquisa de alto prestígio dos centros acadêmicos, tanto de instituições de ensino e pesquisa públicas quanto particulares.

Hoje, em muitíssimos casos, já não se sabe mais distinguir laboratórios acadêmicos dos empresariais.

São as sempre louvadas parcerias universidade/empresa do mundo da globalização: cada vez mais entram recursos públicos para os benefícios privados.

A característica dominante do capitalismo moderno é precisamente o fomento e o financiamento direto da pesquisa com base no interesse particularista da empresa privada.

O desenvolvimento científico é, cada vez mais, subjugado aos desígnios de vontade dos interesses privados empresariais.

E, assim, um novo ator entra em cena: o lobbismo acadêmico e o pesquisador como garoto-propaganda das multinacionais e das grandes ONG's, sem esquecer das fundações globais para as quais estão igualmente a serviço.

A universidade se presta agora a representar o papel de rede de proteção dos interesses econômicos das organizações empresariais. Aporta a sua autoridade científica e o seu logotipo às operações comerciais e ao lobbismo empresarial.

Os professores e pesquisadores, conscientes ou não, o mais das vezes "muito conscientes", transformam-se em porta-vozes e garotos-propaganda dos interesses empresariais privados.

Se os centros de pesquisas não desempenharem esse papel, correm o risco de terem as suas pesquisas e atividades descontinuadas, sem financiamento. É o sequestro do saber a serviço dos interesses exclusivistas do mercado!

A ciência passa a ter relações promíscuas com o mercado. Financiada e patrocinada, cada vez mais se coloca a serviço do lucro. E, assim, o controle sobre a natureza que a tecnologia possibilita ao homem moderno é pago com a sua escravidão a ela.

14. A Época do Capital Humano

É uma ilusão pretender conferir ao conceito de capital humano uma acepção estritamente técnica.

O capital humano é contaminado pela ideologia do mercado, pelo interesse, pela ganância e pela voracidade econômica das empresas e de seus acionistas.

Essa doutrina dominante em educação encontra hoje o seu centro de gravidade nas teorias do capital humano.

Mobiliza-se o saber, cada vez mais diversificado e especializado, como fator de produção e como mercadoria.

O capital humano é, assim, o estoque dos conhecimentos que têm valor econômico. Incorporam-se às pessoas, como um bem privado individual. Atuam como fator de produção e mercadoria, à disposição para a venda ao mercado.

É a nova versão, agora no Século XXI, do conceito de mais valia de que nos falava Karl Marx* há quase dois séculos.

15. Conformação às regras de aprovação social.

O homem não age propriamente, mas se comporta. Ou seja: vivendo em uma organização, o homem é condicionado a conformar-se com as regras de aprovação social. Quando um indivíduo é obrigado a se ver refletido em um espelho construído de modo a refletir uma imagem deformada, ele tem que procurar outros homens com outros espelhos, pois, se fizer o contrário, chegará a esquecer-se que um dia já teve rosto. A dignidade humana passa a ser uma questão de permissão social.

No caso particular das organizações empresariais, os seus funcionários têm que se submeter às regras de conduta impostas pela aristocracia do capital, que detém o poder nas organizações.

A educação na sociedade do conhecimento não mais educa para desenvolver plenamente o potencial do indivíduo, mas para ensiná-lo a comportar-se em sociedade, a como sair-se bem no mundo do trabalho, a como atuar no universo das organizações.

Abandona o conteúdo intrínseco da formação do cidadão e do intelectual para cuidar prioritariamente da forma, da formação da conduta humana, do desenvolvimento de atitudes como predisposição para se comportar e não necessariamente para agir.

Por isso, cada vez mais a seleção de quadros se dá pelo filtro do critério da atitude e menos pelo do conhecimento.

O grande desafio passa a ser identificar e ensinar quais são as atitudes adequadas para ingressar no mundo do trabalho.

E, assim, a escola educa para a conformação.

2. O Ensino de Administração Centrado no Mercado

À semelhança de todo sistema de educacional contemporâneo, o ensino e a prática da administração e da gestão das organizações são baseados nos pressupostos de uma sociedade inteiramente centrada no mercado.

O conhecimento aplicado ao mundo das organizações também está a serviço dessa sociedade de mercado, mas afinal, o que é o mercado? Somos todos nós. No entanto, essa aparente democracia econômica é tudo, menos equitativa.

Como na democracia política, o mercado também tem "donos".

Uma visão mais atenta à trajetória da humanidade ao longo dos tempos, no entanto, vai nos levar à constatação de que a sociedade de mercado não é necessariamente inarredável. Em verdade, o seu protagonismo é bem recente.

A sociedade de mercado, na plenitude em que a vivemos, não tem mais do que 250 anos na história. Ela surge, concretamente, a partir da Revolução Industrial. E, mais ainda, não se aplica a todas as formas de atuação humana hoje existentes, ou mesmo que já existiram ontem ou que existirão possivelmente no futuro.

A lógica da sociedade centrada no mercado não pode ser aplicada a todas as formas de atuação em que a humanidade se relaciona no seu cotidiano existencial, logo, também as teorias e as práticas de administração das organizações não podem essencialmente se circunscrever somente a ela.

A teoria das organizações se aplica apenas a um tipo especial de ação do homem em sociedade: a que temos hoje no mundo das organizações empresariais e na mundialização de uma economia de consumo e de crédito.

É preciso que se destaque que, em sociedade alguma do passado, os negócios, como transações puramente econômicas e comerciais, constituíram a lógica e a razão de ser da vida comunitária.

A lógica das relações em comunidade se dava, principalmente, em torno da religião. Hoje, a dimensão econômica é tão presente que os shopping centers substituem as congregações das igrejas nas reuniões de domingo.

São nesses espaços de consumo que as famílias se reúnem, mais precisamente nas áreas de alimentação, que proporcionam os encontros entre amigos para o lazer e o entretenimento mas, acima de tudo, para fomentar o aumento do endividamento de todos nas compras a crédito do supérfluo e do desnecessário.

Na atualidade mundial, o mercado se transformou em força modeladora da sociedade como um todo.

Hoje, o mercado põe e dispõe em todas as suas formas de expressão: na educação e na cultura, nos esportes e no lazer, na pesquisa e nas suas utilizações práticas, na política e na defesa do meio ambiente. Enfim: em todas as dimensões da vida humana.

É sempre o critério econômico que fixa e determina o padrão da existência humana. E, assim também, como não poderia deixar de ser face à lógica dominante, o mercado determina igualmente a teoria das organizações, o ensino e a prática da administração.

As teorias das organizações se constituem em uma ideologia que legitima, em nível empresarial, a sociedade de mercado e, portanto, também suas iniquidades e disfunções. E, até mesmo em especial, as suas funcionalidades.

As teorias das organizações não conseguem compreender as peculiaridades históricas das organizações de caráter econômico. Sequer admitem que possam existir outras espécies de organização social. As teorias de organização só se aplicam às organizações modeladas pela sociedade de mercado. Ignoram que a sociedade de mercado é um arranjo social singular, sem precedentes históricos. Ela, de fato, jamais existiu até o advento da Revolução Industrial.

As teorias das organizações consistem no uso consciente, deliberado, intencional de um conjunto de conceitos e sistemas operacionais cuja finalidade é levar às pessoas a interpretarem e a agirem na realidade organizacional na direção e no sentido que os agentes dominantes do mercado desejam. Elas são essencialmente instrumentais ou funcionais para o mercado. Não são substantivas, mas fundamentalmente adjetivas e complementares, funcionais.

E, assim, a racionalidade instrumental das teorias de organização torna-se, na racionalidade geral, indistinta, aplicada sempre a quaisquer situações em que se integrem pessoas se relacionando com pessoas, por meio de distintos usos de hierarquia para a consecução de determinados objetivos.

A raiz do caráter enganoso da teoria das organizações está no conceito de racionalidade que a sustenta.

Apresenta-se como substantiva, centrada na ética de convicções, na valorização e dignificação do homem em seus valores permanentes, mas se restringe e se sustenta nos fins calculados, na ética dos resultados, em que sempre os fins justificam os meios.

Certamente vocês me dirão que ela funciona, por isso é boa: as organizações progridem e o mundo se desenvolve.

E eu lhes direi que vocês têm razão, as teorias das organizações têm contribuído, de forma relevante, para o sucesso empresarial. No entanto hoje, certamente, "o que é certo é o errado, e o que é errado é o certo", afirma de forma lapidar Guerreiro Ramos* em seu texto insuperável *A Nova Ciência das Organizações*.

No contexto das precárias condições em que vivemos no mundo das organizações e no seio da sociedade globalizada, e que ainda vão perdurar por longo tempo, é claro que como racionalidade instrumental, funcional, como ferramenta para a gestão das empresas, a teoria das organizações prestou, presta a ainda prestará bons serviços à sociedade de mercado, arrastando, em contrapartida, simultaneamente suas distorções, iniquidades e baixo apreço aos elementos permanentes da vida humana. Ela se foca na submissão do homem aos fins calculados pelo mercado, na predominância dos interesses dos acionistas majoritários, na falsa apologia da supremacia do cliente na ação empresarial.

É nesse sentido que se deturpa a avaliação da contribuição da teoria das organizações à elevação da humanização do homem em sociedade.

Decididamente, não se pode confundir o que é útil com o que é verdadeiro. A utilidade é uma noção repleta de ambiguidade ética. Em si mesmo, aquilo que é útil pode servir para ser tanto eticamente correto quanto eticamente errado, mesmo que gere, durante muito tempo, resultados.

É preciso que se condene explicitamente qualquer tipo fundamentalista de análise organizacional que identifique o que é hoje existente como eticamente válido e legítimo só por existir e gerar resultados.

A contribuição da teoria das organizações prevalecente no mundo do trabalho deve ser mais bem estudada e eticamente qualificada.

Trata-se de equacionar o conflito moral em que se vive no mundo das organizações: a racionalidade formal e instrumental é determinada por expectativas de resultados ou de fins calculados enquanto a prevalência da racionalidade substantiva se propõe à construção de um mundo melhor, mais humanizado, capaz de levar o ser humano a estágios de evolução nunca alcançados.

É um enorme contrassenso julgar que uma organização seja o mesmo que uma pessoa, tenha personalidade moral, como um indivíduo isoladamente, possa ser "uma empresa cidadã", possa ou não ser ética, tenha ou não espiritualidade, ou até mesmo que possa existir motivação para toda a organização, ou uma mente organizacional coletiva.

Como se pode pretender integrar objetivos pessoais e objetivos organizacionais como se fossem os mesmos?

O máximo que se obtém é realizar uns através dos outros: "uma coisa é uma coisa. Outra coisa é outra coisa".

O ser humano é complexo, tem diferentes, diversificadas e mutantes necessidades. Assim, requer variados cenários, e não só um e apenas um no qual se fundamenta exclusivamente a concepção da teoria das organizações: o homem econômico-social centrado simultaneamente na sociedade de mercado e na economia do consumo e do crédito.

O sistema de mercado só atende a limitadas necessidades humanas. E o que é mais limitante: determina comportamentos humanos condicionados por imperativos eminentemente econômicos. Resgata e eterniza Adam Smith, apesar do discurso romântico do humanismo e da espiritualidade empresarial. Romântico mesmo ou essencialmente manipulativo?

As organizações são apenas instrumentos, aparatos ou uma ferramenta. Os indivíduos são os seus senhores: formam, plasmam e deformam as suas realidades.

Se não for assim, as organizações se transformam inelutavelmente em castelos de homens sem alma, instrumentos da opressão humana, do totalitarismo, máquinas de coisificação da existência humana, de subjugação do homem pelo homem.

Incompatibilidade da Integração Homem/Organização.

Trata-se de um equívoco ou é ingenuidade gerencial acreditar que os interesses das pessoas possam ser harmonizados e integrados aos interesses das organizações? Os interesses das pessoas são uns – e muitas vezes distintos e singulares para cada pessoa –, enquanto os interesses das organizações são outros.

O indivíduo é obrigado a agir segundo regras que lhe são impostas pelos que detêm o poder no mundo das organizações – "ou veste a camisa ou cai fora", ou "dança no ritmo da música ou fica fora do salão".

As teorias das organizações se propõem a desenvolver organizações sadias, autênticas, colaborativas, cooperativas e integracionistas. O mais das vezes, no entanto, estabelecem estruturas totalitárias de dominação. Ao pretensamente aplicar conhecimentos de ciências sociais ao trabalho, julgam que esses fatos constituem ambientes diferenciados de colaboração e de contribuição, de empenho e de motivação, de participação e de realização humana.

Eis aí mais um grande equívoco: transplantar mimeticamente para o ambiente coletivo das organizações os avanços e conhecimentos da psicologia individual aplicados às pessoas (ou da história, da ciência política, da antropologia, da sociologia, do direito, entre outras).

Não basta transmutar conhecimentos de outras áreas.

Aliás, isso desqualifica ainda mais a Administração como ciência: não tem um corpo próprio de conhecimentos, simplesmente sequestra para si o que é o conhecimento alheio, válido para outras áreas do saber humano, mas nem sempre aplicáveis à realidade do trabalho corporativo.

De tudo isso, resulta que as organizações não são como, equivocadamente, pretendem ser: cenários de desalienação e de autorrealização das pessoas que as integram. Pelo contrário: transformam-se em seitas, *cults* ou tribos de alienação e de minimização do homem em sua plenitude, quer no seu próprio trabalho, quer na sua família e no conjunto das entidades e de instituições que constituem a sua inserção no seio de sua comunidade.

2. O Utilitarismo como Referência

A racionalidade substantiva, a ética de convicções, o respeito à dignidade humana desaparecem em contextos organizacionais em que o cálculo utilitário passa a ser a referência dominante para a ação humana.

A ética de convicções, a racionalidade substantiva, que cuida dos valores permanentes da vida humana, se torna prisioneira, refém da racionalidade instrumental, da busca obsessiva por resultados, da necessidade imperiosa do cumprimento de metas.

A racionalidade substantiva ou a ética de convicções é determinada independentemente das expectativas de sucesso ou de uma ação humana interessada. Decorre de valores de foro íntimo, do que é permanente como valor humano. A Teoria das Organizações aborda enfaticamente a ética de convicções, a dignificação do ser humano, a sua valorização. No entanto, concreta e contraditoriamente, é um instrumento da racionalidade adjetiva ou da ética de resultados no mundo do trabalho. Propicia racionalidade adjetiva ou funcional ao *status-quo* preponderante nas organizações.

A sociedade do conhecimento torna-se, assim, por intermédio das organizações, o labirinto ou a armadilha cognitiva em que a humanidade se engendrou, e por meio da qual tenta explicar e justificar todas as suas iniquidades e disfunções.

É preciso que o homem seja libertado de sua escravidão ou dependência psicológica à mentalidade do mercado como uma realidade posta e determinada simplesmente inescapável e definitiva.

A teoria das organizações cada vez mais paroquial focaliza os temas organizacionais, mesmo quando copia ou incorpora para si os conhecimentos de outras ciências, sob o ponto de vista de critérios marcadamente econômicos, como se fossem exclusivos e inarredáveis. Equivocadamente, julga que **o homem nunca sai do mercado, nunca sai de um enredamento econômico.** Prega um modelo humano unidimensional. Visualiza a organização como um espaço social horizontal e plano: nele, para qualquer lugar que o homem vá, nunca sairá do mercado.

A teoria das organizações se tornam, assim, <u>teorias de legitimação do Liberalismo e do Neoliberalismo.</u>

Em seu início, os clássicos da Administração estavam a serviço da legitimação do sistema liberal de mercado. Hoje, os teóricos da administração se prestam ao serviço de legitimar o neoliberalismo, com todas as iniquidades que atingem o ser humano moderno.

Desconstrução do Pensamento Único

É preciso proceder à desconstrução dessa visão academicista, massivamente dominante, no ensino de administração em todo o mundo. Contrapor um modelo de análise dos sistemas organizacionais que abarque a complexidade possível dos múltiplos e variados cenários organizacionais, e não só aquelas formas de organização prevalecentes na sociedade de mercado para o qual foram estritamente concebidas. Romper o círculo de ferro intelectual que nos circunscreve exclusivamente a um único modelo focado e centralizado no mercado. Restaurar o que a sociedade de mercado deformou e até destruiu: os elementos permanentes da vida humana. Enfim, estimular a formulação de uma nova Teoria das Organizações que escape da caixa de aprisionamento do pensar e do agir circunscritos à realidade dominante da sociedade de mercado, como nos ensina Guerreiro Ramos*.

3. A Pedagogia da Planilha

Imagine um aluno devidamente matriculado em um Curso de Graduação em Administração localizado em uma região qualquer do Brasil. A matriz curricular, pelas normais legais, deve conter uma carga horária mínima de 3.000 horas. O pressuposto, é que esse aluno hipotético, exposto à tamanha carga de conteúdos de aprendizagem, esteja plenamente apto ao exercício das funções do Administrador, devidamente capituladas na lei regulamentadora da profissão, quando da conclusão e diplomação em seu curso.

Bem, será que é isso mesmo que acontece no Brasil, tanto em suas metrópoles como em seus rincões? Não é o que um olhar atento comprova em muitos ambientes acadêmicos, pelo menos para uma parcela substantiva de formandos e formados! O raciocínio abaixo clareia o ponto nodal da discussão que vou apresentar em seguida:

Distribuição de Carga Horária:

1. Carga horária mínima para Curso de Graduação em Administração..3000 horas/aula.
   1.1. AAC /Atividades Acadêmicas Complementares de 100 a 300 abatem............................300 horas de aulas.
   1.2. Estágio Profissional abate.................................300 horas de aulas.
   1.3. Redução do tempo de aula de 60 min para 50 min abate.....................400 horas de aulas.
   1.4. Atividades de Campo abatem...............................200 horas de aulas.

Total de aulas que efetivamente não são lecionadas = 1.200 horas.

Ou seja, 3.000 horas/aula menos 1.200 resultam em apenas 1.800 horas/aula residuais efetivas em sala de aula. É muito pouco para um escopo de formação profissional tão amplo como aquele preconizado e descrito nas Diretrizes Curriculares Nacionais do CNE/MEC para o curso de Administração. Assim, um Curso de Graduação de 3.000 horas/aula fica reduzido a apenas 1.800 horas/aula. Será suficiente para justificar a plenitude de um Curso de Graduação em Administração?

Coincidentemente, a carga efetiva mínima de aula de um Curso de Graduação em Administração é a mesma exigida para a quase totalidade dos cursos de Tecnólogos, também 1.800 horas/aula.

No entanto, com enormes vantagens para os alunos que optam pela formação em Tecnólogo: não precisam fazer estágio profissional nem se submetem às exigências das AAC/Atividades Acadêmicas Complementares. E, mais ainda: dedicam as 1.800 horas de seu curso de Tecnólogo exclusivamente ao foco central escolhido de formação, às suas teorias, às técnicas, aos métodos e aos processos sempre estritamente vinculados à área de conhecimento específico pela qual optaram se especializar.

Em relação ao mercado de trabalho, é preciso reconhecer que os Tecnólogos saem efetivamente melhor preparados para atuar diretamente em suas áreas específicas de formação do que propriamente os Administradores.

Esse aspecto de conhecimento e de ação especializada levam nítida vantagem sobre os alunos que optam pelo Curso de Graduação em Administração, bem mais longo, mas flagrantemente com a mesma carga horária efetiva de aula (1.800 horas/aula), e com uma abrangência de conteúdo e diversidade de focos que impede o aluno de sair especialista em qualquer um deles. Só vai conseguir fazê-lo depois de formado, quer por obra das circunstâncias do acaso em função de ocupações que venha a ter na vida profissional, quer por decisão pessoal de se submeter a cursos de formação especializada de pós-graduação.

Ao procurar um ponto de equilíbrio entre a formação teórica e a especialização, o Curso de Graduação em Administração termina com o graduado mal formado em concepção teórica e tendo apenas notícias do que significam cada uma das diversas áreas de especialização da profissão que decidiu abraçar. Nem aprende a pensar autonomamente a realidade organizacional nem aprende a fazer. E muito menos aprende a fazer, a obter resultados através dos outros, ao desempenho de funções de supervisão e de gerência.

O foco de preocupação do mundo acadêmico, das IES, das entidades dedicadas ao ensino e das associações de classe para resolver o drama da péssima qualificação, em geral, dos egressos dos cursos de Graduação em Administração para o enfrentamento do mercado de trabalho tem sido a tentativa de solução do dilema formação de especialista versus generalista; ora se discute acirradamente se deve haver ou não exame de suficiência; outras tantas vezes o debate se foca na discussão sobre o domínio da profissão; se deve ser ou não fracionado ou compartilhado; ou se deve ou não haver certificação profissional. A questão é sempre a mesma: como mudar o conteúdo das disciplinas ou como efetivamente conceber um projeto pedagógico contemporâneo com o novo milênio?

Por certo, todos esses aspectos e alguns outros são relevantes e muito podem contribuir para uma melhor formação profissional do Administrador. No entanto, a questão primária que enfrentamos é bem mais simples de compreensão e muitíssimo difícil de solução: o aluno de Graduação em Administração precisa de aula, porque quase não o tem, já que a sua carga horária efetiva é absolutamente insuficiente para prepará-lo minimamente para o exercício profissional.

Como nos cursos de Direito e de Contabilidade, que já dispõem das provinhas de exame de suficiência com reprovações em média acima de 80% de seus graduados, o mesmo ocorrerá quando o Curso de Administração trilhar esse destino (veja o meu texto Exames de (In)suficiência, em que traço alguns aspectos relevantes sobre o tema e a omissão e a incompetência do MEC, publicado no site Administradores.com e na Revista Administração do CRA/RJ).

É evidente que há explicações, justificativas e razões didático-pedagógicas ponderáveis para a destinação de tanto tempo às atividades acadêmicas complementares, para a importância do estágio, quando efetivamente utilizado para a formação profissional, e mesmo para as atividades de campo, normalmente dedicadas às pesquisas, aos trabalhos, aos textos e aos estudos especiais. No entanto, seria muita ingenuidade crer que somente razões educacionais elevadas consubstanciam volume tão expressivo de carga horária de trabalho extracurricular de 1.200 horas em média.

Nem sempre os legítimos ditames pedagógicos conseguem superar as imposições financeiras da "pedagogia da planilha". A imposição concreta das necessidades de contenção de custos do curso condiciona e determina o processo decisório educativo. É nesse contexto de restrição financeira que, por exemplo, as aulas de 60 minutos se transformaram em 50 minutos diurnas ou de 40 minutos noturnas para que se pague menos o valor da hora/aula aos professores e para que seja possível cobrar dos alunos a "hora cheia"! Maravilhosa engenhosidade financeira produzida pelo sistema mercantilista de ensino que transforma a educação em "negócio" sem qualquer cerimônia, ou melhor, com a parcimônia do poder público, que fecha os olhos a essa agressão praticada contra a sociedade que, ensandecidamente, corre atrás da posse de um diploma para atender às "exigências do mercado".

Enfim, parte substantiva dessa redução de 1.200 horas acima explicitada é utilizada em atividades *soi disant* educacionais diversas, livres dos custos diretos e massivos do magistério e das demais atividades conexas.

Seguindo essa mesma linha de redução de custos e de maximização de receitas subsistem as conhecidas e persistentes bibliotecas ambulantes, que perambulam pelos *campi* em função da presença dos avaliadores itinerantes; os coordenadores de curso quase nada fazem de ações didático-pedagógicas por serem impingidos a se concentrarem em atividades rotineiras de secretaria, de atendimento ao público, quando não de verdadeiras babás de alunos ("é preciso encantar o cliente"); a contratação de professores mais baratos, normalmente inexperientes, se torna o critério dominante de formação de quadros do corpo docente; a ouvidoria da IES se torna o "terror" dos professores e do coordenador, pois de lá pode advir o raio fulminante da demissão; o saldão das transferências, em que promoções especiais são oferecidas aos alunos interessados em preços de mensalidades mais baratas, fazendo do mercado de ensino superior no Brasil uma luta concorrencial sem quartel, transformando-o em um verdadeiro faroeste educacional, em que as conhecidas avaliações do MEC são preferencialmente utilizadas mais como chamadas mercadológicas de atração do alunado do que como grau de respeitabilidade acadêmica; o esquentamento de diplomas se faz, o mais das vezes, por meio de uma análise superficial da documentação, com abatimento indevido de matérias e de disciplinas, muitas vezes até sem o devido e acurado exame da fidedignidade de origem da papelada necessária à transferência ("o importante é fisgar o aluno"); os badalados projetos pedagógicos são muitas vezes cópias de modelos bem-sucedidos alhures, em que o critério de "redução sociológica de adaptação à realidade" não passa de digitação do tipo *ctrlc* e *ctrlv*; o quadro docente, em que professores "barrigas de aluguel" emprestam os seus nomes, mas jamais dão aula nem sequer sabem onde ficam as unidades educacionais em que são arrolados, entre outros.

Nesse contexto didático-pedagógico em que o MEC efetivamente abdica do desempenho de papéis e funções objetivas de controle de qualidade dos resultados dos cursos de formação profissional para privilegiar um foco de auditoria nitidamente burocrática do tipo "pra inglês ver", os alunos pagam não só o preço financeiro das mensalidades, mas também a elevada carga da iniquidade social do desemprego, da precarização da ocupação profissional, da baixa empregabilidade, do aviltamento salarial, da frustração e da decepção existenciais, da baixa mobilidade social, que deveria ser produzida pela ascensão a níveis educacionais superiores.

Todo esse contexto de iniquidades resulta na formação massiva de legiões de profissionais diplomados desqualificados, portanto, incapacitados para o exercício profissional.

Questões como as ora suscitadas não podem ficar restritas a colóquios reservados de especialistas, como se não existissem de fato. É preciso aterrissar no país real, discutir os verdadeiros obstáculos que atravancam uma formação de qualidade do profissional de Administração.

4. A Responsabilidade Social do Professor de Administração

Em relação ao tema da responsabilidade social do docente, é preciso atentar para a sutileza na análise das circunstâncias, dos fatos, das realidades, das distinções e das subdistinções de cada caso, da realidade própria de cada organização. Mais do que tudo, é preciso considerar a diferença! O mundo das organizações não é uno e muito menos monolítico.

Não podemos incidir no equívoco da falsa generalização, que pressupõe que todas as organizações são iguais, fabricadas por estereótipos análogos que afirmam, por exemplo, o mesmo equívoco de que todos os políticos são corruptos, de que todos os médicos são incompetentes ou insensíveis, de que todos os professores, como intelectuais, são arrogantes, vaidosos, cheios de si, donos da verdade, proprietários exclusivos do conhecimento e do saber.

Falar dos professores, de suas responsabilidades sociais como docentes, formadores de consciências, de valores e de opções éticas na gestão das organizações, como se todos pertencessem a um grupo homogêneo, é uma insensatez. Há distintas ideologias, níveis de engajamento, de participação e de comprometimento entre todos os professores na formação da estrutura de pensar dos alunos, futuros gestores e operadores das organizações que integram e compõem a sociedade nos mais distintos campos da ação humana.

Os professores de Administração são transformadores das organizações, vale dizer, da sociedade. Toda organização tem os seus formadores do poder ideológico, aquilo que marca o seu destino, conforma a sua existência, dá rumo e sentido, direção e norte à sua caminhada, à forma como se integra e se relaciona em sociedade, à maneira como trata os seus empregados, relaciona-se com seus circunstantes – fornecedores, competidores, autoridades governamentais e o público em geral.

A função dos professores como formadores do poder ideológico muda de organização para organização, de sociedade para sociedade, de época para época, assim como mudam as relações, ora de contraposição, ora de aliança, que os professores de Administração mantêm com os demais poderes organizacionais.

É costume se dizer que os professores devem ser desconsiderados ou desaprovados no que afirmam em sala de aula, porque são sempre do contra. Dizem: "quem sabe faz, quem não sabe ensina". Ou, da mesma forma: "Teoria na prática é diferente". "Isto tudo aí que estão dizendo é muito bom para sala de aula, quero ver fazer isso no batente". São verdadeiros lugares-comuns que constituem o cotidiano de todos os que se ocupam da análise das realidades organizacionais.

Muitos dizem que os professores de Administração devem ser execrados porque são conformistas, pretendem manter o status quo das organizações. Bertolt Brecht * em *Galileu Galilei*, afirma: "Viu-se o que é raro de se ver, um professor querer aprender". Assim, pressupõe-se que o professor tem o papel social de manter lacustre a organização, estável e conformista, por mais que se fale em mudanças. Como alguém já disse: "é preciso mudar alguma coisa para que tudo fique exatamente como está". Ou seja, o professor desempenha a função social de mantenedor do status quo nas organizações e no mundo do trabalho.

É preciso educar aqueles que se dedicam à formação de administradores. Educar os educadores, eis a primeira condição para a real melhoria e eficácia dos cursos de Administração no Brasil.

A responsabilidade social do docente certamente o conduz à mediação e à interlocução reflexiva e criativa. O método de ação do professor de Administração em sala de aula é o diálogo racional e instigante, no qual os interlocutores discutem e apresentam uns aos outros argumentos raciocinados, experiências vivenciadas, cuja virtude essencial é a tolerância, a aceitabilidade e a serenidade para a diferença. É preciso aprender a aprender, é preciso aprender com a experiência. Experiência não é o que acontece conosco, mas o que aprendemos com o que nos acontece. E nesse sentido, como também já se disse, "mestre é aquele que de repente aprende", com a discussão suscitada por seus alunos.

O professor tem uma enorme força moral sobre os seus alunos. Eis aí mais uma responsabilidade social básica da missão do professor em sala de aula. Aqui está, sem dúvida, a força política que engendra e articula junto aos seus alunos, mesmo que não esteja plenamente consciente desse seu papel. A voz do professor que inspire respeito e admiração ao aluno pode conduzi-lo efetivamente no caminho da verdadeira e adequada formação profissional, que depende também da grandeza moral e do caráter do professor: o conhecimento e a cultura que a encerra são transmitidos fundamentalmente pela força moral e pelo poder pessoal do professor. Não depende exclusivamente da busca espontânea do conhecimento pelos estudantes

Na medida em que o professor defende e alimenta valores morais e elevados na gestão das organizações, ninguém o poderá acusar de estar a serviço de paixões partidárias, ou de modismos organizacionais, ou mesmo de repetidor não crítico de teorias ajustadas para outras realidades oriundas de países culturalmente distintos do Brasil. Na medida em que deliberadamente propugna em sua ação pedagógica de que determinados valores universais não podem ser desconsiderados por nenhuma organização, sua intervenção como educador e formador de consciências gerenciais torna-se crescentemente relevante para a sociedade da qual é cidadão.

O estudante não é apenas um repositório para as ideias dominantes de uma determinada época. Ele pode e deve efetivamente aprender a pensar a sua própria experiência e produzir, a partir dela, novas visões, incrementando novos comportamentos, hábitos e atitudes. O conhecimento adquirido não é o que o aluno passa a saber, mas o que ele faz com o que sabe.

Faça-se, pois, o professor de Administração, conscientemente e sem reservas, nem falsos pruridos de isenção ou de neutralidade, um agente ativo de transformação social de nossas organizações, contribuindo ideologicamente para torná-las humanizadas e comprometidas – é verdade – com o lucro, mas fundamentalmente como instrumentos do bem comum e de uma sociedade mais justa e fraterna.

Ortega y Gasset nos fala do "homem e de suas circunstâncias", da interpretação que cada um dá às circunstâncias em que está envolvido. A cultura é como ar que se respira. Os padrões de comportamento praticados por uma pessoa tendem a se tornar tão fixos e arraigados que podem até ser chamados de sua "segunda natureza". Manifestam-se sem um momento de reflexão. Internalizam-se nas pessoas. A sua repetição faz com que se incorporem ao contexto da própria existência de cada um. A menor alusão à necessidade de mudar pode gerar resistência.

A organização também tem a sua "segunda natureza". Ela cega as pessoas. O que já é conhecido passa a ter maior penetração e encontra aceitação, quer seja certo ou errado.

Para que aprimoramentos ocorram, e para que as intervenções se tornem mais lúcidas e consequentes, o esforço de intervenção deve processar-se em dois níveis distintos: a) Indivíduos – com anos de experiências e vivências sociais;

b) Culturas Organizacionais – está cada vez mais difícil diagnosticar criticamente o seu desempenho, em termos de processo decisório, motivação, planejamento e controle.

Aí se coloca mais uma relevante responsabilidade social do professor de administração como agente de mudança social. A conduta do docente de gestão deve ser embasada por uma forte vontade de influir e de participar das lutas e das contradições, das mudanças e dos conflitos que marcam a realidade das organizações do nosso tempo, mas sem permitir-se deixar alienar a ponto de se desantenar do processo histórico de que participa.

É preciso que seja suficientemente lúcido para não se identificar completamente com uma parte, uma teoria ou uma vertente de pensamento ideológico tomado como verdade absoluta, a ponto de se tornar mais um porta-voz de palavras de ordem estabelecidas pelos pretensos gurus da administração internacional, que fixam conceitos e estabelecem práticas como científicas sem qualquer validação em pesquisa.

Fazem-se no mundo das organizações, nas ciências sociais aplicadas ao cotidiano de trabalho, afirmações tomadas como verdades absolutas que jamais se ousaria pensar em repetir no mundo das ciências físicas, em que tudo se fundamenta em rigorosas pesquisas científicas, testes de validação e experimentação para só então tornarem-se acessíveis ao uso comum.

No mundo das organizações, ao contrário, alguns estabelecem como verdades absolutas a descrição limitada e restrita de suas circunstâncias existenciais estreitas e as tornam verdades para todos, universalizando o particular, talvez apenas verdadeiro para aquela determinada realidade.

A teoria nunca é uma verdade definitiva e acabada, dogmática, pronta a ser assimilada. A teoria se faz e se aprofunda associada à prática, submetida à reelaboração a partir da experiência e da crítica, o que subverte as categorias abstratas e os esquemas intelectualistas estereotipados de seus formuladores. A teoria só é adequada quando exprime o real, a prática. Por isso, ela se reforma a cada instante, como insumo a novos estágios alcançados pela prática. Do contrário, a teoria confirmaria a ilusão idealista de que o discurso sobre a realidade é suficiente para transformá-la. Toda teoria organizacional só é válida quando nos servimos dela para ultrapassá-la.

É preciso que o professor mantenha, ao descrever para os seus alunos, futuros gestores das organizações, a independência, mas não a indiferença em relação à pletora de conceitos e a literatura emergente relativa ao estudo e à análise do ambiente de trabalho e à realidade das organizações. É necessário que o professor tome precauções para que não se torne garoto-propaganda de algumas delas.

A tarefa do professor é fazer o aluno pensar, refletir sobre a sua própria realidade, agitar ideias, levantar indagações, suscitar questões e problemas, discutir alternativas ou formular teorias gerais. A tarefa do aluno como integrante de uma organização, gestor de uma realidade, é a de tomar decisões. Toda decisão implica a escolha entre diversas alternativas, muitas convergentes e outras tantas contraditórias e divergentes. O aluno, em sua realidade de trabalho, convive com a ambiguidade e a incerteza, caminha na corda bamba, como "o equilibrista com o seu chapéu-coco", de que fala a música popular. Toda decisão, por ser uma escolha, é necessariamente uma limitação, uma afirmação e uma negação.

A tarefa do professor é convencer, persuadir ou dissuadir, motivar ou desmotivar, estimular ou desestimular, exprimir juízos, discutir rumos alternativos, sugerir ou fazer propostas e tentativas, mobilizar os seus alunos para que adquiram opinião própria sobre as circunstâncias em que estão inseridos. O aluno, como gestor, precisa extrair desse universo de reflexões e estímulos a que é exposto pelo professor, muitas vezes oposto e contraditório, o seu próprio rumo, a linha de ação específica que deve seguir dada a sua própria realidade. A prática tem suas razões, que muitas vezes a teoria não conhece. Mesmo a teoria mais adequadamente concebida e testada deve ser adaptada às circunstâncias de cada um.

Assim, o professor tem a responsabilidade social de desenvolver no aluno a sua competência diagnóstica e não a prescritiva. Como na medicina, também no mundo das organizações há que se fazer a diferenciação adequada entre doença e doentes, entendendo-se que diferentes manifestações de doença apresentam-se de forma distinta em diferentes doentes. Tudo isso nos faz atentar mais para as peculiaridades dos problemas, para lhes aplicar as soluções adequadas. E para isso o aluno precisa aprender a diagnosticar, com precisão, as tipicidades do problema com o qual se defronta, para só então implementar a solução adequada, que é sempre a que melhor se ajusta a uma dada situação.

O professor precisa resistir ao simplismo do aluno que busca receitas de bolo, aprender soluções mágicas aplicáveis a quaisquer realidades. É preciso fazê-lo aprender a pensar e, consequentemente, formular criativamente soluções próprias ao problema que busca solucionar. É preciso que o docente esteja pronto para lidar com a propensão que possa ter em dar conselhos práticos a seus alunos sobre o comportamento que devem adotar nas organizações.

A docência ou o magistério de administração ou de gestão das organizações não é destinado a profetas, a videntes ou a demagogos, mas, efetivamente, aos que se dispõem a fazer os seus alunos pensarem sobre as realidades organizacionais em que convivem, com o propósito de compreendê-las e transformá-las.

A formação profissional comprometida com um pragmatismo superficial e o desprezo pelo conhecimento e a cultura, a subordinação da inteligência às atividades necessárias à conquista do emprego são certamente causas estruturais do fracasso de alguém na sua própria realização como pessoa e profissional. As escolhas constroem o destino. Escolhendo o imediatismo da aplicação do conhecimento ao caso específico de trabalho, o professor de administração embota a inteligência de seus alunos, estreita os seus horizontes de consciência e de percepção e os condena ao mero adestramento profissional. O valor das competências mudam ao longo do tempo. As competências essenciais de ontem são as rotinas de hoje.

É preciso uma educação gerencial que forme o gestor e não apenas que o profissionalize. Para isso, a sua formação deve estar comprometida com uma cultura voltada para a compreensão da vida e da realidade em que atua e não na exclusividade da capacitação ou da habilitação no manuseio de artefatos tecnológicos e operacionais que os sirvam ao imediatismo do pragmatismo do adestramento profissional.

A prevalência do tecnicismo e a mediocrização não são os verdadeiros caminhos para a formação adequada do gestor profissional, pois se aliena da cultura. Aqueles que tendem a atribuir grande peso ao conhecimento utilitário do especialista se antepõem à cultura humanística do gestor como generalista. Entenda-se aqui generalista como o especialista que transcende os limites de sua própria especialização, sendo assim capaz de integrar e articular o seu espaço específico de trabalho ao universo da organização e da sociedade. É aquele capaz de compatibilizar e fecundar pela interdependência do conhecimento e da ação áreas funcionais distintas, juntar o "lé" com o "cré", fazer a costura ou a interseção de diferentes funções e processos de trabalho.

O conhecimento estritamente especializado do administrador agrada ao egoísmo das organizações: quanto melhor a especialização e o adestramento, maior a produção e a produtividade, maiores os lucros e, assim, maior felicidade para os acionistas e os empregados. Associa-se o resultado obtido à felicidade. Em consequência disso, cada vez mais se atribui maior valor à ética dos resultados em detrimento à ética de convicções. Igualmente agrada às organizações porque busca formar profissionais adequados às instituições existentes, isto é, integrá-los através da aquisição de conhecimentos ajustados à conformidade.

A formação profissional focada na prevalência do desenvolvimento do conhecimento especializado dificulta a compreensão da organização pela visão humanista que deve caracterizar a formação de generalista do administrador.

No dizer de Gramsci, "todo homem é em si um filósofo". Traduzindo isso para o linguajar comum, podemos concluir que todo homem é em si um intelectual capaz de pensar a sua realidade no sentido de transformá-la. Não devemos julgar intelectual apenas o homem de punhos de renda, detentor de títulos de nobreza, modernamente chamados de MBA's e PHD's. Intelectual é aquele que, pertencendo aos mais diversos segmentos sociais, é capaz de interpretar essas distintas realidades, fazer propostas, repensar os seus destinos, seguir outros cursos de ação. É capaz de antever o futuro e fazê-lo presente. Esse certamente é o conceito de intelectual que os professores de administração precisam passar aos seus alunos, futuros agentes de mudança das organizações, formuladores de novas trajetórias e gestores de uma realidade em permanente mudança.

É preciso desestimular radicalmente os professores de administração que formam gestores de organizações para a conformidade e a submissão, tal como muitos deles próprios se comportam nos meios acadêmicos através de um aviltante oportunismo profissional.

A pregação dos valores da modernidade e a exaltação do sucesso não podem conduzir ao coroamento da mediocridade na formação de quadros, ao adestramento especializado e estreito do especialista, ao abandono da reflexão sobre a realidade organizacional, à vulgarização e à degradação do pensamento autócne. A classe social emergente é a dos trabalhadores do conhecimento, aqueles que fazem uso produtivo do conhecimento.

Capítulo 5

I. O Cultismo Corporativo: a devoção à organização.

II. A Dispersão de Valores

III. A Construção de um Novo Tempo

IV. O Avivamento Religioso no Trabalho

V. As Organizações como Instituições Divinas

VI. O Supremo Pontificado

VII. Ser versus Fazer
    1. Uma Vez Mais: Ser versus Fazer
    2. A Tirania da Urgência

VIII. O Cultismo Corporativo como Indicador das Relações de Trabalho

I. O Cultismo Corporativo: a Devoção à Organização

Os círculos acadêmicos e profissionais, em particular, e a imprensa, de uma forma geral, não se cansam de tecer vários elogios às organizações que não medem esforços para oferecer a seus empregados, nos ambientes de trabalho, espaços para entretenimento e lazer. É a humanização das organizações, exclamam. Os especialistas em recursos humanos, por sua vez, nem cabem em si de tanto contentamento: finalmente os patrões reconhecem a fundamentabilidade do Homem como o capital intelectual e o diferencial competitivo do mundo globalizado.

Toda sorte de conveniências e facilidades é instituída em busca da plena satisfação e realização daquele que, nos dias atuais, não é denominado como empregado, mas como colaborador, parceiro ou associado. Campos esportivos, piscinas, academias de ginástica, creches, escola e todo um aparato pedagógico destinado aos filhos dos empregados – espaços de convivência, grupos de dança e de coral, happy hour, salas de jogos, *home theater* – tudo, enfim, é posto à disposição do empregado como um conjunto de facilidades e confortos absolutamente impensáveis para o nível de renda familiar da maioria dos usuários. Para os profissionais altamente qualificados, além de todas essas facilidades, ainda são oferecidos telefones celulares, smartphones, iPads, pagers e laptops a fim de que possam acessar a organização durante todo o tempo, onde quer que estejam.

O local de trabalho passa a ser um excelente espaço para estar e ficar, tão prazeroso que dele não se deseja sair, até mesmo quando o expediente acaba, nos fins de semana e nos feriados, inclusive nas férias. Por que não? Usufruir dos privilégios que a empresa oferece é melhor do que as limitações próprias de uma residência de classe média ou média baixa dos empregados no Brasil.

É preciso que as motivações que levam, de fato, as organizações a oferecerem tantas conveniências, sejam mais bem percebidas. Respeito genuíno aos seus recursos humanos ou estratégia para retê-los cada vez mais tempo no trabalho?

Tudo isso pode ser fantástico, provavelmente não para o empregado, mas para os interesses da organização. Esses privilégios muitas vezes não representam gestos altruísticos de reconhecimento do valor do Homem no trabalho, mas estratégias manipulativas ardilosamente engendradas para induzir o trabalhador a dedicar cada vez mais uma parcela do seu tempo, da sua energia e de seus talentos à organização em detrimento da qualidade de sua vida pessoal, da própria família e dos diferentes papéis e relações que ele exerce na sociedade.

A luta da classe trabalhadora na segunda metade do século XIX e nas primeiras décadas do século XX pela conquista da jornada de trabalho de oito horas vem sendo, dessa forma, jogada no lixo da história. A resposta capitalista ao problema da contradição entre os interesses da organização e dos indivíduos tem levado à plena e total imersão das pessoas no trabalho, embora nem sempre elas se apercebam ou estejam conscientes da nova realidade de que participam. Em vez de dedicarem-se ao lazer e ao ócio criativo, as pessoas cada vez mais trabalham e entregam-se aos interesses das organizações.

Há um latente movimento nas organizações para extrair níveis crescentes de comprometimento e envolvimento dos empregados por meio de tentativas explícitas de tratá-los como se fossem membros de uma nova família – a organizacional.

A experiência da seleção brasileira na Copa do Mundo de 2002, com a convocação dos jogadores como membros da Família Felipão, é bastante ilustrativa do quanto essa tendência também tem sido assimilada pela realidade brasileira. Nesse episódio, a grande imprensa não só absorveu a expressão Família Felipão como lhe deu enorme destaque, definiu seu credo, discutiu suas práticas e obrigações, em especial os critérios de comportamento atlético e pessoal a que todos os jogadores deveriam submeter-se para merecerem a convocação.

É preciso que aqueles que militam no mundo do trabalho estejam conscientes dessa prejudicial tendência pseudocoletivista que se contrapõe aos seus interesses como indivíduos e profissionais. Tal tendência promove uma arriscada confusão ao misturar o desempenho de papéis diferenciados exercidos por todos no ambiente de trabalho, na família e na comunidade como se isso representasse apenas facetas distintas de um mesmo papel.

É evidente que os empregados não devem se doar integralmente às suas organizações com a dedicação dos religiosos fanáticos, os *workaholics*, ou seja, como se fossem trabalhadores compulsivos ou dependentes químicos do trabalho. O coração e a espiritualidade do ser humano devem ser reservados à sua família e aos laços de compromissos referentes aos diferentes papéis sociais que desempenha na comunidade, tais como igrejas, clubes, associações diversas, entidades filantrópicas, voluntárias, esportivas, recreativas, culturais. Isso também poderia acontecer no trabalho. Por que não?

Uma obsessão é um sentimento altamente pernicioso ao bem-estar do ser humano. Trata-se de algo que desequilibra as demais dimensões componentes da vida integral, em sua plenitude. Pouco importa qual seja a obsessão – por alguém, por alguma atividade específica, pelo idealismo político ou religioso, pelo trabalho, pela doação à solidariedade humana. Uma vida equilibrada, plena em todas as suas dimensões, é bem mais recompensadora do que uma vida obsessiva.

Como cada um de nós equilibra e aloca uma parcela de seu tempo, esforços e energia ao trabalho, à família e às diferentes instituições sociais que compõem a comunidade na qual estamos inseridos? Certamente essa é uma questão de difícil resposta, mas de cujo equacionamento adequado redundará uma vida bem mais confortável e feliz.

Um indivíduo existe como pessoa quando é capaz de preservar a sua própria identidade pessoal como integrante simultâneo de três diferentes círculos de relações: trabalho, família e comunidade.

O trabalho é algo óbvio – é onde se ganha a vida. É sempre altamente positivo derivar satisfação psicológica daquilo que se faz, ter um sentido de contribuição, de realização pessoal e de reconhecimento. O problema não está na preferência em relação ao trabalho, mas na sua adoração. O fetiche sabota qualquer possibilidade de avaliação a respeito da necessidade que todos temos sobre o exercício de diferentes papéis na sociedade, igualmente importantes e enriquecedores. O sentido se deforma quando se atribui excessivo valor ao que se faz para ganhar a vida em detrimento das demais dimensões da existência humana.

A deformação perpassa todos os processos de socialização a que somos expostos ao longo de nossas existências. O próprio sistema de ensino tende a capacitar as pessoas a ganhar a vida, mas raramente lhes ensina a viver e, muito menos, a desfrutar adequadamente do que ganham. Na maioria das vezes, as pessoas tendem a roubar tempo da família e da comunidade para se dedicarem desmesuradamente ao trabalho.

Para muitos, ainda por algum tempo, a deificação do trabalho que leva ao florescimento das seitas organizacionais em todo o mundo dos negócios parecerá ser apenas um fenômeno particular, específico, menor, até mesmo mais uma aberração produzida pela globalização. No entanto, parodiando Bertold Brecht*: "no exagero se deduz a essência de um sistema".

A atual dispersão de valores praticada no conjunto da sociedade determina a existência de um cultismo corporativo que pouco a pouco transforma as organizações em seitas, à semelhança de como antigamente as famílias tradicionais requeriam os prostíbulos como compensação de equilíbrio social para os casamentos indissolúveis.

Não se pode generalizar, evidentemente. Uma parcela expressiva das organizações não se transformou em seita. Muito pelo contrário, dá ao trabalho a dimensão adequada de equilíbrio da realização humana. Através da responsabilidade social e da ação empresarial cidadã, da prática de um voluntariado solidário sincero, mantêm ainda preservados os pilares da boa ética nos negócios. No entanto, por quanto tempo essas organizações ainda resistirão frente ao fanatismo pelo trabalho em um mercado globalizado cada vez mais competitivo e focado exclusivamente nos resultados de interesse de seus acionistas? Essa é uma questão que só será respondida com o passar do tempo.

É possível, de fato, que seja construída uma organização que se caracterize, verdadeiramente, como uma empresa cidadã? Um local onde as pessoas, de forma efetiva, se relacionem e trabalhem com prazer? Em que predomine o respeito, a dignificação e o legítimo humanismo? Além disso, que possa ser mantida, frente ao mundo globalizado em que vivemos? Ou a saída que se descortina pela constituição de seitas organizacionais vai se tornar cada vez mais presente no mundo dos negócios?

Infelizmente, não tenho respostas para essas indagações. Recuso-me, inclusive, a aplicar instrumentos de medidas destituídos de base científica para saber se uma determinada organização é ou não uma empresa cidadã, ou se já se transformou em seita de adoração do trabalho que realiza, hipótese, o mais das vezes, bem mais provável.

As investigações em ciências sociais precisam evoluir incomensuravelmente para alcançar um estágio que lhes permita aferir tais resultados com fundamentação científica. Acho que ainda estamos longe de poder afirmar criteriosamente se uma empresa está sendo honesta, autêntica ou genuína no seu propósito de se constituir em empresa cidadã ou se é inautêntica nos seus programas de responsabilidade social e de desenvolvimento sustentável. Cada situação é diferente e somente aquele que a vivenciar deve apurar a sua capacidade diagnóstica a fim de examinar criticamente a cultura organizacional em que trabalha, seja para transformá-la, a ela adequar-se, ou para deixá-la. Mais aí a resposta à questão dependerá apenas do livre-arbítrio de cada um e das circunstâncias em que vive.

II. A Dispersão de Valores

A sociedade contemporânea vive uma significativa dispersão de valores, de opções éticas, religiosas e políticas, de códigos diferenciados de moral e de conduta, de práticas e comportamentos os mais distintos, a despeito da propalada homogeneização produzida pela globalização.

A fuga do Homem à estandardização globalizante tem sido a diferenciação pela aglutinação em verdadeiras tribos em que as identidades comuns se encontram e convivem à parte, dissociadas de um universo em ebulição.

Essa realidade tão multifacetada de valores causaria enormes problemas às organizações se, como resposta, elas não estivessem também se constituindo em verdadeiras tribos que atraíssem pessoas de semelhantes identidades, desenvolvidas para manter a eficiência e a produtividade desejadas na disputa por um mercado cada vez mais competitivo.

A dispersão de valores hoje existente no mundo conspira contra a eficiência das organizações, que precisam de pessoas cujas ações e reações sejam previsíveis. Assim, dentro da enorme dispersão de valores existente na sociedade e, portanto, diante de atitudes e comportamentos tão diferenciados, recrutam e selecionam quadros afins, que compartilhem a mesma visão de mundo, que tendam a ter homogeneidade de atitudes e de comportamentos. Se assim não fosse, disporiam de uma composição de pessoas tão diferenciadas que os seus gerentes jamais as poderiam deixar sem permanente controle e supervisão direta. Se o fizessem, alguns iriam trabalhar com enorme empenho; outros simplesmente iriam flanar todo o tempo, sem nada fazer; outros tantos iriam aproveitar a oportunidade para um reavivamento espiritual ou religioso; outros compartilhariam de um baseado; outros ainda não perderiam tempo para saquear tudo o que pudessem; e alguns outros iriam conspirar para derrubar a direção e estabelecer uma nova ordem na organização.

A convivência de pessoas com tal dispersão de valores em uma mesma organização a tornaria praticamente inadministrável, daí a inevitabilidade da constituição de quadros funcionais com afinidades para garantir a eficiência.

No entanto, as organizações não precisariam se deformar em verdadeiras tribos, como já vem acontecendo de forma crescente, fato que pode ser explicado devido à ampliação ao cultismo do trabalho que realizam por meio da agregação de pessoas que se autoidentificam reciprocamente.

Tal dispersão de valores, de opções éticas, de preferências, de interesses e de visões de mundo multidiversificadas passa a ser uma característica atípica da sociedade globalizada dos tempos presentes. Essa realidade invulgar impacta obviamente a estruturação e o funcionamento, a própria vida das organizações em seu todo.

A história recente da humanidade, no entanto, registra contextos bem mais homogêneos e consistentes na escolha de referências e de paradigmas universais, com repercussões distintas das que hoje sofrem o mundo das organizações e o conjunto da sociedade. Por exemplo, ao longo do século XX, acontecimentos históricos marcantes determinaram padrões similares de valores, comportamentos, hábitos e atitudes na vida das pessoas e, em conseqeência, no estabelecimento das relações que mantinham com as organizações, especialmente na situação de trabalho.

O grau de dispersão de valores que as pessoas adotam em um determinado ciclo histórico tem efeitos decisivos na forma como se comportam. Quanto menor a dispersão de valores, mais estreitos são os limites da variação do comportamento. Quanto maior a dispersão, mais amplos e elásticos são os limites de variação do comportamento.

A variação da dispersão de valores tem se ampliado ao longo da história, conformando assim as teorias e práticas de gestão que presidem a ação e o desempenho das organizações.

A dispersão de valores em um dado momento histórico é fator determinante da ação gerencial no mundo do trabalho. Essa dimensão nem sempre é apreciada com acurácia por festejados compêndios e tratados que propõem modelos de organização e de gerência, muitos deles como se fossem "modelitos *pret-à-porter*" para as empresas, semelhantes aos de Christian Dior ou de Versace para o mundo da moda no vestir.

Assim, dirigir organizações constituídas majoritariamente por pessoas oriundas da geração da Primeira Grande Guerra (1914-1918) ou da Grande Depressão (1929) é totalmente distinto, do ponto de vista da gestão, de fazê-lo em organizações constituídas por pessoas da geração anos 80, que hoje participam ativamente do mercado de trabalho.

As pessoas são produtos dos ambientes sociais em que são formadas – pensam, agem e reagem em função dos mecanismos de socialização a que foram submetidas na sua construção como pessoas. São quem são em função de onde e quando estavam durante o processo em que se tornaram pessoas adultas. Ao ingressarem nas organizações, levam para os ambientes de trabalho as características que lhes são imanentes como indivíduos já formados como pessoas.

Não se quer, com isso, descartar a força do livre-arbítrio ou a capacidade humana de aprender e de mudar. A questão é que tal fato só ocorre quando as pessoas realmente querem mudar, quando, circunstancialmente, acontece inusitado em suas vidas.

Os indivíduos que se formaram como pessoas ao tempo da Primeira Grande Guerra e da Grande Depressão frequentemente têm, como referência primacial em suas vidas, o controle do desperdício, a economicidade e a frugalidade em seus hábitos de consumo, sempre com um sentido aguçado de poupança. Isso porque viveram um dos momentos mais críticos das crises sociais e econômicas do século XX. Tinham na lealdade à organização e na busca do emprego de toda uma vida o critério básico de relacionamento no trabalho.

Já a geração da Segunda Grande Guerra Mundial tem como referência existencial o patriotismo e o sentimento coletivo ou do bem comum. Acredita que os interesses individuais devem estar subordinados aos interesses de seu país e do conjunto da coletividade a que pertencem. São expressões desse tempo as famosas convocações de De Gaulle ao povo francês para resistir à invasão nazista; o célebre discurso de Churchill que somente prometia ao povo inglês "trabalho, sangue, suor e lágrima"; e, certamente, a expressão máxima dessa época com Kennedy, que dizia "não pergunte ao seu país o que ele pode fazer por você, mas o que você pode fazer por ele".

A dispersão de valores da geração Segunda Grande Guerra é indiscutivelmente bem mais ampla do que a da geração precedente. A magnitude dos eventos a que cada geração se submete determina a forma como se comporta.

Já a geração pós-guerra mundial de 45, também conhecida como a dos Anos Dourados aqui no Brasil e de *Baby Boomers* nos EUA, normalmente nascida entre 1940 e 1965, produziu diferentes impactos na sociedade no percurso das várias e profundas mudanças a que foi submetida: do rock and roll ao Festival de Woodstock, do movimento estudantil à luta dos negros e das mulheres, da liberação sexual pelo uso da pílula à descriminalização do uso de tóxicos, do *"faça amor não faça a guerra"* ao *"é proibido proibir"*, da hierarquia rígida à quebra do modelo autoridade-obediência nas instituições sociais e no mundo do trabalho, na família e na empresa, na igreja e na escola, nas organizações voluntárias e nos clubes de serviço, enfim, no conjunto da sociedade. *"Seja diferente* e *sejamos realistas: peçamos o impossível"* são outras duas palavras de ordem que pautam o comportamento dos Anos Dourados.

A geração pós-guerra mundial de 45 coloca-se, assim, em franca oposição aos valores prevalecentes na geração que se lhe antecede. Questiona os valores do patriotismo e do bem comum que embalaram os da Segunda Grande Guerra e a própria Guerra da Coreia. Opõe-se frontalmente à Guerra do Vietnam, contra todas as guerras, mas a favor dos movimentos dos direitos humanos, da cidadania e da preservação da individualidade de cada um. No dizer de Millôr

Fernandes, seus membros adotam e acreditam que "o livre pensar é só pensar". São originais, saem das caixas rígidas estabelecidas pelas referências formais e colocam-se claramente contra o sistema organizacional e as estruturas hierárquicas da sociedade. Diferentemente da geração precedente, não dão crédito ao governo; ao contrário, são céticos e contestadores. É uma geração que tem na individualidade o valor fundamental. É a geração que "bate de frente" com o modelo autoridade-obediência então prevalecente na família, no mundo do trabalho e no conjunto da sociedade.

O objetivo dessa geração é o autoencontro, o encontro de cada um consigo mesmo. Enquanto as gerações anteriores valorizavam a conformidade e a consistência de valores, a dos Anos Dourados busca a individualidade e a diferenciação. Tipifica a resistência ao autoritarismo e um desejo de emancipação.

III. A Construção de um Novo Tempo

Até a eclosão dos movimentos sociais e políticos promovidos por essa geração pós-guerra mundial de 45, as relações gerenciais nas organizações se fundavam apenas na dinâmica do comando / controle, na hierarquia interposta pelos cargos, no binômio de que uns devem mandar e outros obedecer. Os gerentes, supervisores, mandavam. Os subordinados, empregados, obedeciam. É claro que a construção de uma realidade diferente teve profundo impacto no desenvolvimento de novos conceitos, teorias e práticas gerenciais.

A geração pós-guerra impõe às organizações novas teorias de gestão – qualidade total, ciência do comportamento organizacional, comunidades de aprendizagem, Teoria X e Teoria Y, de Douglas McGregor*, Grid Gerencial, de Robert Blake e Jane Mouton*, T Groups, Liderança Situacional, Janela Johari, Sistemas Organizacionais, de Rensis Likert*, Modelo I e II, de Chris Argyris*, Enriquecimento do Trabalho, de Frederick Herzberg*, entre outras – que tornam imprescindível a substituição da gerência baseada na autoridade pela energização e foco na participação do subordinado.

E aí desponta a perplexidade: se os líderes não mais dispõem de autoridade funcional para mandar, como podem liderar?

Eis a questão reiteradamente colocada por executivos atônitos face à imposição de novos valores, atitudes e comportamentos.

A resposta não é de fácil aplicação, mas certamente consiste em desenvolver nos quadros gerenciais a competência educativa, pedagógica, consultorial e de aconselhamento, de tal forma que os subordinados tenham, no gerente, uma referência e a matriz do processo de aprendizagem na organização.

Para ser bem-sucedido, o novo executivo precisa ser capaz de influenciar os demais, fazê-los pensar e buscar os próprios caminhos, aprender e simultaneamente ensinar. No entanto, para que possa exercer de fato tais influências, ele precisa compreender, com adequação, o porquê dos comportamentos das pessoas, os conceitos, julgamentos, valores, crenças, opções e razões nas quais se fundamentam.

O mundo percebido é fonte e limite do comportamento humano. As percepções das pessoas são, por sua vez, definidas pelas concepções que fazem a respeito da natureza humana. Assim, caso se deseje mudar comportamentos, há que se compreender e apreender as concepções que determinam as ações e reações das pessoas em face de uma dada realidade.

O próprio executivo, antes de tudo, precisa compreender as concepções, conscientes ou não, nas quais se apoia e que, por sua vez, condicionam o seu comportamento.

Os executivos tendem a rejeitar as dimensões psicológicas da gerência. No entanto, por exemplo, o *insight* ou a intuição é um dos mais poderosos instrumentos de liderança que o executivo tem hoje a seu dispor. É preciso também que aprenda a construir relações de confiança com os seus subordinados e seja capaz de quebrar os preconceitos e juízos estabelecidos daqueles que deseja influenciar.

Enfim, uma nova realidade gerencial se coloca para o executivo, que precisa, de fato, exercer uma nova liderança despojada da velha autoridade, o que, a partir dessa geração, passa a ser um conceito destroçado, tanto nas instituições políticas e sociais quanto no mundo do trabalho.

A prosperidade alcançada pelo mundo no pós-guerra mundial de 1945 teve um relevante papel na formação e no comportamento cotidiano dessa geração, na diversidade de padrões de consumo e até de desapreço ao consumismo e à alienação compulsiva pelas marcas de *griffe* e aos clichês. Livres da preocupação com a sobrevivência imediata, todos voltam-se para si próprios e para fazerem de seus percursos existenciais o que melhor lhes aprouver.

A contracultura marca o cotidiano dessa geração. Questionam o consumismo e a estandardização. Mostram clara opção pela diferença, contrários à mesmice. Em comparação às gerações precedentes, foi a que teve a maior dispersão de valores, mas, mesmo assim, bem mais estreita do que a que lhe vem a seguir, a que hoje já ocupa o mercado de trabalho e os cargos de direção das organizações.

IV. O Avivamento Religioso no Trabalho

A geração "Pós-Anos Dourados", ou "Geração X", é a que nasce após as grandes transformações sociais, políticas, culturais e econômicas ocorridas nos anos sessenta. Os seus integrantes são exatamente os que estão no momento como adultos, ingressando ou já participando, há algum tempo, do mundo das organizações. A não ser a Queda do Muro de Berlim, a desconstrução dos países da Cortina de Ferro e o episódio da Praça da Paz Celestial, em Pequim, todos simbolicamente ocorridos em 1989, não há quaisquer eventos de grande magnitude política que tenham marcado, de forma pungente, essa geração. Além desses, como fatos distintos, talvez só o ataque ao World Trade Center, em 11/9/01, com a escalada mundial do terrorismo religioso, possa ser citado.

A simbolização dos referenciais prevalecentes da geração Pós--Anos Dourados, ou Geração Y, é uma verdadeira incógnita impossível de decifrar, tamanha a dispersão de valores que apresenta. Protagoniza o ensaio-e-erro e o acerto acidental. É a geração do "ficar"! Experimenta simultaneamente de tudo, pronta e disponível a transformar as suas vidas, de acordo com o desejo de cada um dos seus membros. Apta a descartar quaisquer preferências circunstanciais, relações pessoais, compromissos de trabalho ou condutas diante da vida, tudo sempre assumido na perspectiva do curto prazo e do descartável.

É a geração do aqui e agora e só por agora. É a permanência do impermanente. *Eu não sou, eu estou*, é o lema de cada um diante da vida. E cada um está na sua, em uma inusitada e indescritível multidiversidade de visões de mundo, interesses, preocupações, atividades, preferências, valores, normas de conduta, padrões de comportamento, formas de agir, opções políticas, sociais, sexuais e de consumo.

Trata a incerteza e o correr de riscos como desafios inerentes ao cotidiano de trabalho. Quase ninguém pensa em emprego vitalício, mesmo para aqueles que, no caso brasileiro, buscam a garantia do serviço público obtido através dos concursos. Muitos estão sempre pensando em fazer algo diferente, fora do serviço publico, por sua própria conta e risco. E os que pensam efetivamente em fazer carreira são apenas as exceções para confirmar a regra.

No entanto, as organizações que divinizam o trabalho traem a aspiração dessa geração por uma ampla liberdade pessoal nas relações de trabalho. Elas produzem novas estruturas de poder e controle sobre as pessoas.

A liturgia do cultismo ao trabalho praticado pelas organizações, os dogmas e fundamentos adotados e assimilados por aqueles que delas participam, a segregação entre o *"nós e eles"* são fatores que acabam por determinar a dominação de todos os membros que as integram através de laços ao mesmo tempo fortes, consistentes e homogêneos, como ordens de religiosos fanáticos que seguem a liderança de seus profetas salvadores nas igrejas fundamentalistas.

Somos cada vez mais insistentemente convidados a escolher entre aderir a uma organização, de forma a nos integrarmos a uma tribo de pessoas que compartilham da mesma ideologia de trabalho, ou simplesmente não ter qualquer chance de obter emprego com um grau mínimo de estabilidade e perspectivas de ascensão profissional no futuro. A única opção são outras organizações semelhantes que, por sua vez, também praticam o cultismo de si próprias e do trabalho como verdadeiras seitas.

O recrutamento de quadros para as organizações se faz através de uma competição predatória, porém educada e dissimulada, entre os já adequadamente convertidos aos postulados da religiosidade organizacional. Alguns fundamentos e ritos mudam de uma organização para outra, mas a essência do credo permanece a mesma. E assim, submissos, estruturamos nossas vidas pessoais e profissionais com poucas expectativas de que o futuro, que no presente se constrói, possa ser diferente.

Os membros escolhidos pelas organizações, por já estarem convertidos aos seus credos, comungam do consenso de que não há alternativas, de que é melhor aceitar a realidade da forma como ela se coloca, que o melhor a fazer é viver o dia de hoje e extrair do agora o melhor possível. Tal postura diante da vida estimula a perda de perspectiva e o colapso dos horizontes existenciais, com consequências inevitáveis nas ambições intelectuais, na consciência crítica e na percepção de todos em relação à própria realidade em que estão envolvidos.

Quando o convertido ao cultismo organizacional deixa a empresa, leva para o novo ambiente de trabalho os valores, credos, ritos, mitos, símbolos, neuroses, aspirações, desejos e necessidades que adquiriu ao assumir a sua conversão original. Exatamente da mesma forma como faz um crente ao mudar de uma denominação religiosa para outra. Tais características certamente o atraem para ingressar em um novo *Cult Organizacional*, ou seja, uma nova veneração ou adoração corporativa. Mais do que isso, muitas vezes são qualificações indispensáveis ao seu recrutamento e seleção como um novo quadro no novo emprego. Vivencia-se então a simbiose das seitas, com incorporação ou negação de práticas, assimilação ou rejeição de ritos, mitos e símbolos, a fusão ou prevalência de liturgias de trabalho, com as inevitáveis crises de identidade, angústias e incertezas na busca da própria subjetividade para se adaptar à nova ordem em que se vai trabalhar.

Um verdadeiro embuste apoderou-se do mundo do trabalho através do cultismo organizacional. A adoração corporativa como seitas disseminou-se pela sociedade e somente os seus adeptos têm oportunidade de acesso aos empregos. Os acionistas, proprietários das organizações, também louvam o trabalho dentro da melhor ética protestante de que somente ele dignifica o ser humano, mas optam pelo ócio e pelo *dolce far niente* garantidos pelos resultados nos balanços e na valorização de suas ações. Seguindo essa lógica dominante, as seitas organizacionais se espalham e pregam, como os missionários religiosos, o evangelho do trabalho nas organizações como a base do sucesso.

Em verdade, os conceitos do ócio criativo previsto por Domenico de Masi* para a sociedade pós-industrial cada vez mais se tornam fantasias das *mil e uma noites* na realidade contemporânea das organizações.

V. As Organizações Como Instituições Divinas

As organizações aculturadas como seitas se transformam em instituições divinas. A elas é assegurado o direito de impor dogmas e conceitos, estabelecer regras, hábitos e práticas conexas, exigir identificação e submissão de seus colaboradores e parceiros. Suscitar a obediência a seus credos, a adesão aos seus valores e assim fazer refletir, no comportamento de cada indivíduo que as integra, a sua aparência e o seu conteúdo. A seita mitifica a organização. Transforma-a em um ídolo ou em um totem de adoração social. A organização reproduz, na definição de missão e na explicitação de metas e objetivos, na sua história de sucessos, na identidade visual e símbolos institucionais, o delineamento de traços ideológicos, doutrinários e de culto que devem ser reverenciados. A organização é o espelho e o empregado o seu reflexo. Não percebe nem respeita a subjetividade do empregado. Apenas o vê, na prática, em que pese o discurso em contrário, com propósito de aumentar a produtividade e garantir mais lucro. E por isso se transforma em seita, em uma confissão religiosa dedicada ao trabalho, que pela adesão e conversão de seus membros, apresenta desempenhos crescentemente melhores.

As seitas procuram sacralizar a ótica humana em relação aos interesses da organização. O objetivo de divinizar a organização e o trabalho nela realizado leva o mundo dos negócios competitivos a uma prática totalitária fundamentalista em que tanto a fé com base em uma liderança missionária ou salvacionista, carismática, quanto a sacralização dos símbolos, totens e práticas da organização são as distorções inevitáveis que se contrapõem à plenitude de uma vida cotidiana mais completa, constituída por todas as dimensões que realizam o ser humano na vida em sociedade.

As seitas se transformam ou se convertem em cultos. Nos cultos, a razão é suprimida para que prevaleçam as regras de inspiração divina. Nenhuma paixão é mais forte no coração de alguém do que o desejo de fazer novos adeptos de sua fé. Catequizar colegas, fazê-los comungar das mesmas crenças na organização deificada, passa a ser um dos compromissos do empregado-convertido. O fetiche sabota qualquer avaliação crítica da realidade em que vive o empregado, cortejando a obsessão pelo trabalho como um fim em si mesmo.

VI. O Supremo Pontificado

As organizações também têm uma aristocracia eclesiástica. O Consistório ou Supremo Pontificado, também conhecido por Sacro Colégio Pontifício, é a assembleia de cardeais – dentro das organizações, constitui-se na assembleia dos acionistas.

Os cardeais são chamados príncipes da Igreja. Os acionistas são os príncipes da aristocracia financeira. Aprovam as grandes linhas e as direções estratégicas da Igreja, assim como fazem a assembleia dos acionistas ou o conselho de administração, por delegação no mundo dos negócios.

Os cardeais escolhem o Papa para dirigir os destinos da Igreja; e os acionistas o CEO para liderar a organização e garantir-lhes o melhor resultado possível de seus investimentos. Assim como eventualmente os cardeais podem ser nomeados para uma diocese, como foi o caso de D. Eugênio Sales por muitos anos no Rio de Janeiro, os acionistas também podem ser designados para alguma área de supervisão da organização empresarial, em uma região, países ou continentes.

Na Igreja, os bispos são os prelados que governam uma diocese, isto é, uma determinada circunscrição ou região de ação pastoral. No mundo globalizado, os bispos das organizações costumam ser os presidentes locais da empresa em uma área econômica relevante.

O arcebispo na Igreja é o líder religioso responsável por uma grande região territorial. Nas organizações, os arcebispos costumam ser os presidentes da empresa para um conjunto de países ou mesmo de um ou mais continentes.

Já os padres ou pastores são os gerentes, executivos e supervisores operacionais das organizações.

A Igreja costuma conceder o título honorífico de Monsenhor aos padres que se destacam por relevantes serviços. O mesmo fazem as organizações aos seus gerentes e executivos que se destacam, chamando-os honorificamente de diretores, consultores internos ou mentores, ora em reconhecimento efetivo às suas contribuições, ora para lhes assegurar maior prestígio e status junto à comunidade, ou ainda como uma prática sutil de retirá-los da linha direta de comando quando à espera da aposentadoria.

A Igreja realiza concílios e conferências entre os seus bispos, padres e pastores para avaliar desempenhos, formular diretrizes e assumir posicionamentos estratégicos nas dioceses. O mesmo o fazem os presidentes, gerentes e executivos nas organizações.

Para a Igreja, o mundo se constitui de crentes e ímpios. A ação missionária do verdadeiro crente deve ser evangelizar o maior número possível de ímpios, levando-os para o seio da Igreja através da propagação das Boas Novas, e, portanto, da disseminação de seus credos de fé.

Nas organizações, o mesmo fenômeno se repete: a busca missionária de evangelização dos empregados ainda não convertidos à espiritualidade da empresa.

A única diferença entre as seitas religiosas e as organizacionais é a direção da devoção ou da adoração. Os líderes das denominações religiosas convocam os seus crentes à devoção a Deus na busca da salvação eterna. Os líderes das organizações convocam os seus colaboradores convertidos à devoção a um código de conduta que lhes garanta a felicidade na terra através da realização dos objetivos e das missões organizacionais.

É a graça de Deus que leva os crentes ao Reino dos Céus, alcançada pela aceitação, convencimento e obediência aos dogmas da fé. É o beneplácito da organização aos seguidores de seus ritos, práticas e doutrinas que incorpora empregados especiais a um espaço específico de trabalho que agrega pessoas afins na busca da realização humana na terra.

VII. Ser versus Fazer

Para os existencialistas, a dissonância **SER X TER** seria a marca definitiva do homem moderno em busca do autoencontro e da felicidade.

Mal sabiam que o mundo das organizações logo suscitaria, nestes primeiros anos do Século XXI, uma nova disjuntiva **SER X FAZER** que, apesar de ser uma variação em torno do mesmo tema, apresentar-se-ia de forma bem mais dominante, profunda e penetrante nos corações e mentes daqueles que se dedicam ao trabalho no universo das corporações.

O valor pessoal de alguém não deriva quase que exclusivamente das realizações constantes de seu *curriculum vitae*, mas de todas as dimensões de sua existência, que o tornam um indivíduo único e singular.

A cultura das organizações, no entanto, nos impele à **superestimação do valor do indivíduo pelo que ele faz e não valoriza de forma adequada quem ele é**.

As pessoas são muito maiores do que os seus trabalhos, entretanto, as organizações se recusam a compreender e aceitar tal evidência axiomática. Sacrificamos nossas famílias e as comunidades sociais por privilegiar desmesuradamente o trabalho, o que é ótimo para a organização, mas péssimo para o indivíduo.

Permitimos que códigos de ética e de moral sejam amiúde violados para satisfazer as exigências de uma organização inserida em um mundo de competição desenfreada. Paulatinamente, no entanto, assimilamos tais valores como se fossem nossos e passamos, de forma inconsciente, a compartilhá-los, de forma a nos constituirmos como indivíduos com as mesmas atitudes e comportamentos.

Ao relativizarmos a ética empresarial da ética individual, fraturamos a consistência do código de conduta pelo qual pautamos as nossas vidas. O indivíduo como pessoa que aja moralmente inspira-se no que Max Weber chamou de "ética da convicção". Já na empresa, passa a se referenciar pela ética de resultados. São, evidentemente, duas formas incompatíveis entre si de julgar o que é bom e o que é mau: ou se adota uma ou se adota outra.

Por ética de convicção se entende a que julga e avalia as ações em seus precedentes, pelo que lhe está subjacente, ou seja, tudo o que é anterior à própria ação, como os princípios, as regras e os códigos morais. Por exemplo: os Dez Mandamentos Divinos. As ações são boas ou más de acordo com as correspondências que guardam com esses referenciais básicos de conduta pessoal.

No entanto, também é possível julgar uma ação com base não no que a precede, mas pelos seus resultados. Assim, a ética de convicção e a de resultados são dois juízos inteiramente distintos e, muitas vezes, contraditórios sobre a mesma ação empreendida ou a ser implementada. Ela pode ser má em relação aos princípios e boa em relação aos resultados. E vice-versa. Sobre que critério deve agir o executivo?

Geralmente, quando se fala de ações empresariais imorais ou aéticas, há a inspiração de que os fins justificam os meios. O importante são os resultados, pouco importando os princípios feridos para a sua consecução. É claro que tais atitudes não são declaradas, mas praticadas. O executivo que obtém grandes resultados nos balanços das organizações costuma dar muito pouco valor ou fidelidade à ética de convicção, o que o faz perder pouco a pouco a sua própria identidade como pessoa para assimilar a da empresa. Muitas vezes até por resistir à própria despersonalização, muitos passam a conviver, no cotidiano, com o dilema insuportável do Dr. Jekyll e Mr. Hyde, em *O Médico e o Monstro**.

Nem sempre as qualidades do bom trabalho são as mesmas do bom caráter. Nem sempre um executivo de sucesso pode oferecer aos filhos o seu comportamento no trabalho como paradigma de como eles devam se conduzir eticamente em suas vidas. As qualidades do bom trabalho dos pais não são as do bom caráter que se deseja ensinar aos filhos. E como comumente hesitam em transmitir esse legado moral pervertido, assiste-se à fratura da identidade ética do indivíduo como pessoa em sua família e como executivo em sua organização.

Partindo do ponto de vista moral, a essência das organizações exageradamente competitivas dos tempos presentes reside em uma forte aversão às tentativas de negar aos seres humanos seus direitos à soberania moral. Elas podem ser acusadas dessa violação pela própria maneira como buscam doutrinar seus colaboradores e liquidar as organizações concorrentes, vistas em geral como inimigas. Como facções, os colaboradores de organizações concorrentes tendem a estigmatizarem-se reciprocamente.

Guardadas as devidas proporções, apenas como figura de retórica por analogia, os colaboradores de organizações rivais comportam-se como habitantes de áreas faveladas das grandes cidades brasileiras em que as facções criminosas impõem rótulos aos moradores do comando prevalecente da comunidade a que pertencem, uns em relação aos outros, desenvolvendo-se preconceitos, restrições, aversões e estigmas.

Imagine-se, por exemplo, o constrangimento de alguém, pertencendo a uma determinada indústria de refrigerantes ou de cervejas, curtindo e apreciando, em uma roda de amigos, os produtos da concorrente? Como esse indivíduo se sente e como é percebido pelos demais?

A especificidade da área de atuação da organização, a natureza de sua atividade econômica, as características do grupo que a integra e outros elementos psicossociais influenciam, mas não determinam a vida das pessoas. Os indivíduos são mais concretos do que as organizações às quais pertencem. A liberdade de pensamento é primordial à natureza do ser humano.

Apesar de esses aspectos parecerem evidentes, é necessária coragem e muita convicção para expressá-los no mundo globalizado que hoje vivemos, um mundo que enfrenta a angústia do pensamento único sustentado por ciências sociais comprometidas fundamentalmente com a manutenção de uma ordem mundial injusta, a serviço da aristocracia financeira.

Para Kant*, o único comportamento humano que podemos almejar ser adotado por todos, sem contradições, é a benevolência ou a solidariedade. Esse é um valor intrínseco, mesmo que não redunde em bons resultados. Agir de modo solidário significa ver cada ser humano como um fim em si mesmo e não, simplesmente, como um meio para alcançar outros fins. Somente são livres os seres humanos que conseguem se ver reciprocamente como fins e não como meios, e agem de acordo com os seus princípios e não em função de seus temores ou paixões de uns em relação a outros, o que sempre lhes restringe a liberdade.

As pessoas e suas trajetórias existenciais são importantes em quaisquer dimensões em que atuem na vida social. Assim, sempre que generalizamos sobre elas ou tentamos estandardizá-las, somos culpados por ação totalitária. Não estamos conseguindo, porém, confrontar hoje esse lugar-comum da realidade da vida das organizações que, transformadas em seitas em sua ação corporativa, bombardeiam indiscriminadamente a todos com a vastidão obscura da hegemonia do pensamento único.

Os indivíduos não somente têm o direito, mas a obrigação de se desenvolverem como pessoas. A vida não tem sentido se não for assim. Ninguém deve buscar nas organizações apoio emocional de que necessita para ser feliz ou para assegurar o seu equilíbrio existencial. Nem mesmo a mais evidente característica da personalidade de uma pessoa é predeterminada. Todos têm direito ao livre-arbítrio de escolher o seu destino. Mas nem todos pensam e agem assim. Os grupos a que cada qual pertence tentam traçar e definir o destino de seus integrantes, constrangendo a todos a fazer o que lhes parece, como grupo, ser o mais conveniente e adequado para os interesses do coletivo.

Os membros dessas organizações não conseguem deixá-las porque a elas aderiram, por livre e espontânea vontade. **Passam a ser prisioneiros voluntários de uma realidade que preenche os seus vazios existenciais.**

As pessoas mais propensas a se enredarem em tal situação profissional têm, em sua essência, tantas carências quanto indivíduos que são naturalmente atraídos pela identificação com o grupo de trabalho e pelo preenchimento, por parte da organização, de suas necessidades mais sentidas. Tal identificação se efetiva por *jogar no time*, *participar de atividades importantes*, *ser leal aos companheiros*, *ser reconhecido* etc. De fato, muitas vezes tal contexto acolhedor nada mais é do que a resposta ao anseio de pertencer a algo que as ajude a suprir necessidades humanas insatisfeitas.

O indivíduo passa a ser prisioneiro do estratagema que engendrou para si próprio. Talvez os verdadeiros prisioneiros, apenados nos presídios, tenham vida bem mais suave do que aqueles que trabalham na maioria de nossas organizações empresariais.

Tanto na prisão quanto nos ambientes de trabalho você passa a maior parte de sua vida útil enclausurado em cubículos, que são modernamente chamados, na empresa, de estação de trabalho.

O preso tem três refeições completas todos os dias. Você, quando muito, tem um intervalo para almoço, ressaltando que precisa pagar por isso.

O preso pode receber liberdade condicional por bom comportamento. Você será recompensado pelo bom desempenho com uma carga maior de trabalho.

Na prisão, o encarcerado pode assistir à televisão, ler jornais, tomar banho de sol. Você será demitido se fizer o mesmo.

O preso pode participar de programas internos de forma voluntária. No trabalho, você não escolhe o que faz e não pode se furtar a fazê-lo.

Aos presos é permitido receber parentes e amigos, às vezes até para visitas íntimas. Na empresa, você tem dificuldade até de usar o telefone para ligações particulares e, muitas vezes, o seu correio eletrônico é censurado.

Na prisão, todas as despesas são pagas pelos contribuintes, sem qualquer contraprestação por parte dos presos pelos serviços que lhes são assegurados. Você paga todas as despesas para ir trabalhar e estas ainda são deduzidos do seu salário, com diferentes tributos para sustentar as despesas dos presídios.

Os presos são algemados sempre que vão a algum lugar, como prestar depoimentos à Justiça. No trabalho, você está sempre algemado pelas limitações impostas pelas regras e interesses dos que detêm o poder nas organizações.

Na China ancestral havia o hábito de calçar permanentemente as meninas com sapatos de ferro, mantendo-os até que elas alcançassem a idade adulta. Nessa idade, os pés não podiam mais crescer, pois já passara a fase do desenvolvimento. As meninas, portanto, se livravam dos sapatos, mas ficavam, para toda a vida, com os pés atrofiados. A natureza era violentada à custa de discutíveis padrões de estética e beleza impostos pela cultura prevalecente à época.

Mais brutais ainda do que aqueles chineses ancestrais, muitas organizações modernas se constituem em verdadeiras tenazes ou formas no cérebro das pessoas, limitando a sua consciência e capacidade de compreender o ambiente que as cerca. *A convivência cotidiana com valores distorcidos escraviza o ser humano e viola a sua natureza.*

Em verdade, um número crescente de organizações se constitui em sistemas totalitários empenhados em aprisionar a vida e o pensamento de seus membros em uma camisa de força que os leva ao caminho de retorno à servidão, transformando-os hoje nos modernos servos da gleba, semelhantes aos do regime feudal da Idade Média.

Jean-Jacques Rousseau*, em seu imortal Contrato Social, indaga: *"O homem permanece livre, mas em todos os lugares é um prisioneiro... Como esta mudança acontece? Eu não sei. O que pode torná-la legítima? A essa questão eu espero ser capaz de fornecer uma resposta".* Infelizmente, Rousseau não conseguiu equacionar esse paradoxo. Até hoje a humanidade busca a solução, sem ainda a encontrar. Ao contrário, na medida em que o ser humano mais dispõe de recursos e de facilidades inimagináveis para o seu bem-estar, paradoxalmente mais parece ficar escravizado a outros homens ou a outras circunstâncias totalitárias.

1. Uma Vez Mais: Ser Versus Fazer?

A religiosidade do trabalho é a consequência inelutável da excessiva valoração que se atribui ao **FAZER** na disjuntiva **SER Versus FAZER**, que hoje substitui o paradoxo existencialista **SER Versus TER** nestes primeiros anos do século XXI. Ao deificar o trabalho, as organizações se transformam em verdadeiras seitas.

Seita é um conjunto de pessoas que professam a mesma doutrina e que tendem a se constituir em uma comunidade fechada, de cunho radical e discriminatório. São os partidários de uma mesma causa ou de um sistema de crenças, aos quais se agregam de forma voluntária para que possam conhecer a opinião geral ou do mundo. As seitas organizacionais são as que se desenvolvem na aplicação ao cotidiano da situação de trabalho. Depende de cada um de nós permitirmo-nos seduzir por uma pseudorreligiosidade organizacional que, pouco a pouco, assume o controle de nossas vidas, por meio da adoção de práticas, hábitos, valores e atitudes socialmente compartilhados por todos que plasmam e determinam o comportamento de cada um.

A responsabilidade pela propagação desse movimento insidioso de minimização do Homem no trabalho não é apenas das organizações. As pessoas também têm parcela substantiva de culpa. Somente a disposição psicológica voluntária de alguém que se permite submeter à substituição do *"quem sou eu" pelo "o que eu faço"* como critério de avaliação social pode fazer fomentar as condições objetivas para que tal realidade se efetive no mundo do trabalho e no universo das organizações.

Os quadros superiores hierárquicos, como verdadeiros guardiões da fé, fazem o que é melhor para eles e para as organizações que dirigem. No exercício de seus papéis, fazem o que julgam ser o correto a fim de extrair o máximo desempenho. **Os empregados, submetidos a uma verdadeira catequese à espiritualidade da organização, devem aprender a conviver com essa nova realidade,** preservando a sua incolumidade como pessoa, mas sem correr o risco de perder o emprego em um próximo *downsizing*, a nova forma em que se transveste a Inquisição, agora praticada pelas organizações modernas, que lançam à fogueira das demissões os que ousam renegar os fundamentos da nova ordem.

O desenvolvimento de organizações torna-se mais consistente na proporção em que pretendem cada vez mais extrair melhores desempenhos de seus empregados. Para tanto, precisam agregar os semelhantes a fim de potencializar sinergia, homogeneizar perfis e atitudes psicológicas diante da vida de forma a facilitar o livre fluxo do trabalho em equipe sem as discordâncias que possam ser apostas pelos ímpios, isto é, os não convertidos, ou seja, os que não aceitam a prevalência, quase exclusiva, do trabalho na condução de suas vidas.

É natural o conflito entre capital e trabalho. Sempre há um razoável nível de tensão quando ambas as partes lutam pelos seus interesses. É ainda a velha luta de classes de que falava Karl Marx*.

Há uma diferença intrínseca produzida pela contradição entre salário e lucro. No entanto, as organizações que pretendem funcionar como *grandes famílias* inapelavelmente tentam subordinar os interesses do indivíduo aos do grupo, isto é, da organização. Se você ousa marchar em outro ritmo, é porque não tem espírito de equipe, está fora do time, deixa de ser um dos nossos, "não veste a nossa camisa". Tal ambiência é altamente propícia ao florescimento de mais uma seita organizacional, por circunscrever o interesse das pessoas ao trabalho, por professá-lo como se fosse uma religião.

As culturas organizacionais que circunscrevem a vida de seus empregados em torno de si pretendem ter superado a eterna questão da contradição entre salário e lucro. Pensam adotar estratégias e práticas gerenciais que representam a definitiva resposta capitalista ao problema da luta de classes. Julgam ter alcançado a plena realização dos seus propósitos, pois tanto os objetivos da organização como os dos indivíduos passam a ser os mesmos. Tais objetivos não são sequer realizados uns através dos outros, mas convertem os empregados em direção à busca dos objetivos da organização como em um ato de fé. Quando conseguem alcançá-los, isso representa a suprema realização da vida daqueles empregados enquanto pessoas.

As gerências, como os operadores da nova espiritualidade, são estimuladas a extrair, da força de trabalho, produtividade crescente. E tais organizações assim anunciam as *"Boas Novas"* para o mundo empresarial, a comunidade acadêmica e o público em geral. Pensam ter alcançado a perfeita aliança entre o indivíduo e a organização, que se consubstancia em resultados excelentes apresentados nos balanços e relatórios empresariais.

A conversão dos empregados à religiosidade do trabalho é altamente vantajosa para o empregador. A energia do empregado passa a ser inteiramente devotada à realização dos interesses da organização, como se demonstra pela ilimitada disponibilidade de todos para horas-extras, extensão de jornadas de trabalho nos fins de semana, férias e feriados, e até para participarem de eventos, festas, solenidades e coquetéis profissionais fora do horário de expediente, e até mesmo submeterem-se a treinamento nos dias de folga para não prejudicar o trabalho.

A empresa invade o tempo privado do empregado sem qualquer cerimônia, como se tal atitude espaçosa integrasse o rol de seus direitos e prerrogativas. E assim, em contrapartida, o empregado pouco a pouco doa a sua identidade como indivíduo, dedica cada vez mais tempo e esforço em prol da realização dos objetivos da empresa, reduzindo a sua disponibilidade para desfrutar do convívio com a sua família e com as demais comunidades sociais que lhe propiciam uma vida em plenitude.

Os empregados convertem-se à organização quando a função profissional *"o que eu faço"* define a condição existencial da pessoa, isto é, *"quem sou eu"*. **O ser humano passa a adquirir a sua identidade por meio do que faz, não do que efetivamente é como pessoa. Só agrega valor à sua identidade pelo que já fez e faz como profissional ao longo de sua vida no trabalho. As suas características intrínsecas como pessoa humana fora do ambiente de trabalho passam a não ter tanta importância. O indivíduo passa a ser o que consta em seu cartão de visitas.**

O valor pessoal de alguém não deriva quase que exclusivamente das realizações constantes de seu ***curriculum vitae***, mas de todas as dimensões de sua existência, que o tornam um indivíduo único e singular.

A cultura das organizações, no entanto, nos impele à ***superestimação do valor do indivíduo pelo que ele faz e não valoriza, de forma adequada, quem ele é.***

As pessoas são muito maiores do que os seus trabalhos. No entanto, as organizações se recusam a compreender e a aceitar tal evidência axiomática. Sacrificamos nossas famílias e as comunidades sociais por privilegiar o trabalho, o que é ótimo para a organização, mas péssimo para as pessoas.

2. A Tirania da Urgência

A lógica das organizações modernas se sustenta na fomentação do estresse, na manutenção permanente das atividades – "sempre se está com muita pressa" –, na definição diuturna do emergencial, urgências uma após a outra, em um ciclo que não se encerra.

Esse moto contínuo de urgências aparenta assegurar uma vida plena e carreira bem-sucedida, provas únicas de autoafirmação em que as referências aos valores e opções transcendentes estão cada vez mais ausentes.

Quando estão em ação, envolvidas em mais uma resolução de crise, as pessoas só pensam em curto prazo, no que deve ser feito "aqui e agora", no imediatismo de suas vidas, ou, no máximo, em um futuro muito próximo. E, assim, a ação contínua e estressante é a saída inconsciente para escapar do seu próprio eu, um bálsamo para as angústias do cotidiano.

Possivelmente, quanto mais intenso e profundo o mergulho na ação emergencial, mais efetivo o seu poder terapêutico de desviar a atenção das dimensões realmente relevantes da vida humana. Quanto mais fundo se mergulha na urgência do dia a dia, mais distante fica a angústia – ou pelo menos pode parecer menos dolorosa se fracassarmos no esforço de mantê-la distante. Estamos, afinal, tão desviados para outras coisas que até esquecemo-nos de nós mesmos.

A prática gerencial de hoje, voltada a manter os colaboradores sempre sob pressão, de provocar um permanente clima de urgência em tudo o que se faz, de apresentar como de suprema importância e como emergência impostergável quaisquer atividades de rotina, é cada vez mais reconhecida e ensinada como estratégias competentes de obtenção de resultados implementadas por executivos eficazes. Muitos não se acanham de persuadir os seus colaboradores a aceitarem candidamente mudanças drásticas que atingem as essências de suas vidas, expectativas e ambições como se fossem as resoluções as mais naturais e rotineiras.

As organizações vivem em permanente estado de emergência, e, desse modo, pela decretação do regime psicossociológico da tirania da urgência, estabelecem novos hábitos e padrões de gestão no mundo do trabalho.

Essa parece ser a opção gerencial cada vez mais praticada para a dominação e a transgressão inconteste aos direitos dos colaboradores, com ataques ora sutis ora diretos, mas sempre insidiosos, ao bem-estar dos empregados. É uma forma de se livrar daqueles já não mais necessários, ações produzidas nas sucessivas fusões ou incorporações, *joint ventures*, reengenharias e *downsizings* corporativos. Subsiste apenas o resíduo, mais uma "vítima colateral" do avanço da sociedade de mercado. Somente mais um a ser descartado. E de imediato.

O que se pratica hoje, todos os dias, no universo das organizações, não é nada muito diferente do comportamento deplorável do então coronel do Exército, Ministro da Educação do Brasil, ao assinar o Ato Institucional V, em 13 de dezembro de 1968: "às favas com a moral e o estado de direito da democracia". As atitudes são, analogicamente, de mesma natureza.

VIII. O Cultismo Corporativo Como Indicador das Relações de Trabalho

As pessoas tendem a se magoar quando percebem que suas organizações são consideradas verdadeiras seitas ou, pelo menos, já apresentam um nível substantivo de cultismo nas suas relações de trabalho.

É preciso, de pronto, que se compreenda que o cultismo decorre primacialmente da ação das próprias pessoas que integram a organização. A sua exacerbação as transforma em verdadeiras seitas. Somente as pessoas podem transformar as suas organizações em cultos ao trabalho, ou até mesmo em seitas.

Em decorrência de suas histórias, origens, práticas, hábitos, valores, enfim, de sua própria cultura, todas as organizações apresentam certo grau – maior ou menor – de cultismo corporativo. Assim, todos nós que convivemos em ambientes organizacionais não estamos imunes ao cultismo corporativo praticado no cotidiano de trabalho. Todos nós temos o telhado de vidro, portanto, estamos igualmente expostos a vivenciar, em certo momento, algumas, muitas ou todas as vicissitudes próprias dos já inapelavelmente convertidos à religiosidade organizacional do trabalho.

O cultismo corporativo não é uma mensuração dicotômica do certo ou do errado, do mau ou do bom, da divisão do mundo do trabalho entre convertidos ou não.

Cada pessoa que integra uma organização expõe-se a certo nível de conversão em função das circunstâncias próprias de cada caso. A questão se agrava quando o cultismo corporativo se aprofunda e se transforma em seita organizacional, o que ocorre no momento em que o trabalho realizado torna-se o fetiche de adoração.

A nossa postura diante de cada realidade, a maneira como participamos e nos envolvemos em relação aos fatos que vivenciamos no cotidiano de trabalho, vai contribuir para a mitificação do trabalho, a adoção de práticas de organização, e a nossa própria conversão ao credo que – de certa maneira – ajudamos a deificar.

Os rituais adotados pelas seitas organizacionais têm enorme similitude aos processos eclesiásticos.

Por exemplo: há sessões de "avivamento da fé", em que hinos são entoados e palavras de ordem são evocadas para a "honra e glória" da empresa; funcionários são estimulados a dar o testemunho de sua fé na organização e nos seus produtos; condecorações e homenagens especiais são prestadas ao "funcionário padrão" e/ou "por tempo de casa"; um executivo, escolhido a dedo, é sempre destacado para proceder à "pregação institucional", em que verdadeiros "sermões" e "mensagens canônicas" são proferidos, ressaltando as qualidades da empresa divinizada e atacando ferozmente os mensageiros do demônio, isto é, os funcionários da principal empresa concorrente.

O sacramento do batismo é oferecido ao novo empregado, assim como a aplicação da extrema-unção ao que se aposenta, o que geralmente se concretiza pela participação em animados almoços ou coquetéis de happy hours, em que a inabalável fé na organização se "vivifica".

Nessas oportunidades, o memorial da "Santa Ceia" é sempre celebrado, pela comunhão do vinho e do pão, isto é, muito uísque, caipirinha e cerveja, churrasco e salgadinhos para que a espiritualidade organizacional inunde os corações dos crentes – empregados já convertidos – ou dos ímpios, empregados a serem salvos para o "Reino da Organização". A sistematicidade dos cultos organizacionais garante, através da participação em reuniões de equipes de diferentes níveis hierárquicos, que os gerentes-supervisores reafirmem em suas mensagens (sermões) os primados da fé e os fundamentos doutrinários da organização.

Há também as reuniões da "Comunhão da Fé", em que assuntos altamente confidenciais da cúpula corporativa são tratados entre os crismados, mas mantidos rigorosamente em segredo para os demais membros ainda não convertidos da congregação.

Finalmente, há as reuniões de "Confissão dos Pecados", em que os chefes avaliam o desempenho dos subordinados, aplicam sanções e prêmios, com o claro propósito de garantir o bom comportamento e impedir o desvio de conduta do verdadeiro crente – o empregado – através da obediência irrestrita aos dogmas organizacionais.

Capítulo 6

I. Características das Seitas Organizacionais

II. Devoção Desfocada
    I. As Regras de Ferro das Organizações.

III. As Regras de Ferro das Organizações

IV. Como as Organizações Atraem os seus Quadros
    1. Em Busca do Temperamento Conveniente
    2. Conversão e Nível Hierárquico

V. O Contrato Psicológico das Organizações

VI. Por que as Pessoas ficam nas Organizações?

VII. As Organizações como Famílias Desestruturadas

I. Características das Seitas

Os convertidos às seitas organizacionais apresentam três características em comum: devoção à organização a que pertencem, submissão a uma liderança carismática e, por último, afastamento crescente do convívio com as demais entidades comunitárias, como clubes de serviço, igrejas, associações profissionais ou de benemerência, e, em casos mais fundamentalistas, até de sua família.

Assim, o convertido é inteiramente devotado à sua organização. A liderança privilegia a dimensão emocional e tende, naturalmente, a afastar-se da convivência das atividades de sua comunidade. Dedica-se equivocadamente a atividades, interesses e pessoas vinculadas ao seu mundo de trabalho com uma devoção que deveria destinar à família e à comunidade.

Ama sua família, seu cônjuge e seus filhos, mas devota-se predominantemente ao trabalho. Com o passar do tempo, tende a derivar maior satisfação psicológica das recompensas do trabalho do que da convivência em família ou de atividades que realiza em sua comunidade. Às vezes engana-se ao pensar que pode ter simultaneamente a satisfação dos três: por não se dedicar adequadamente, afasta-se dos filhos, destrói o casamento e torna-se um *chato* por só falar de trabalho em suas relações sociais fora da organização.

No exercício da devoção ao trabalho, costuma seguir à risca as regras, as práticas e os hábitos da organização. Torna-se o <u>homem organizacional</u> *a que se referia William F. White – suas referências de vida, maneiras de se vestir, formas de falar e se comportar são resultantes da convivência com os seus colegas de trabalho, que compartilham da mesma visão de mundo. Todos praticam o mesmo código de conduta. Acreditam que, com o seu trabalho, dão uma expressiva contribuição à sociedade.

II. Devoção Desfocada

Os empregados tendem a confundir devoção à organização com comprometimento aos interesses e à consecução de metas e objetivos. Deveriam, prioritariamente, focar os interesses de sua família e dos diferentes grupos fora do trabalho, aqueles que, necessariamente, integram o cotidiano de suas vidas.

O empregado ama a sua esposa e seus filhos, mas dedica-se obsessivamente ao trabalho. E assim passa, pouco a pouco, a derivar maior satisfação psicológica ao que faz no trabalho do que à interação mantida com os seus familiares. Não é incomum que ocorram atritos e fricções, provocados por uma visível preferência ao trabalho, a ponto destes, que preferem o trabalho, serem acusados de que *deveriam se casar com a empresa*, isso quando tal situação não se constitui em uma fonte e matriz de muitas separações conjugais.

Aos poucos, um grande número de pessoas vai restringindo o seu universo de interações sociais ao trabalho. Sem ele, aquelas já convertidas à seita organizacional sentem-se como não tendo família e frustradas em suas relações comunitárias. Certamente, passam a sentir-se, quando estão no trabalho, como se estivessem em casa. Acreditam ser mais valorizadas, estimadas e competentes quando trabalham. Dessa forma, o trabalho se transforma na rede de proteção contra as incertezas e ambiguidades da vida doméstica, que apenas lhes destina a inevitabilidade da solidão ao final da existência.

As formigas vivem para trabalhar e trabalham para viver. O mesmo acontece com as pessoas, quando o trabalho passa a preencher o papel da família e das demais entidades da comunidade a que qualquer um deve integrar no exercício de diferentes papéis sociais.

A devoção às organizações e aos projetos em que se trabalha são espaços sociais impropriamente escolhidos para tanto. A devoção deve ser reservada à família e a Deus. Não pode ser desperdiçada em organizações empresariais que, em verdade, buscam extrair do profissional toda a sua energia, retirar dele todo o seu potencial, se possível, ao extremo, o seu coração e mente, vale dizer, a sua própria alma, sugá-lo como um bagaço de laranja.

Não há organização sem pessoas. São coletivos de pessoas que se relacionam entre si para a consecução de resultados. As organizações, entretanto, não são as pessoas. Pessoas são pessoas, com singularidades que caracterizam cada um como um universo existencial peculiar. São as pessoas, através da tomada e da implementação de decisões, que propiciam vida, movimento, dinâmica existencial às organizações. As organizações nada são do que meios ou instrumentos conceptuais legais para a realização de determinados propósitos. Existem para satisfazer as necessidades das pessoas que as integram e com as quais se relacionam. Como não há concretude em uma organização sem pessoas, a reverência, a louvação ou a adoração à organização em si se faz a um falso Deus com "pés de barro", a um "Santo do pau oco". Não há como confundir a organização propriamente dita com a sua causa. As pessoas não deveriam reverenciar a organização, mas superiormente comprometerem-se com a causa que justifica a sua existência. À realização dessa causa devem dedicar o melhor de seus esforços e energia e, assim, satisfazer legitimamente às suas próprias necessidades, enquanto profissionais e indivíduos.

As pessoas têm muito maior relevância do que diferentes formas de contrato de trabalho que asseguram as suas presenças nas organizações, que, repita-se, nada mais são do que meios para a consecução de objetivos mutuamente acordados ou consentidos. Na verdade, as pessoas são os fins das organizações. Nas seitas organizacionais, no entanto, os empregados – preferencialmente chamados de parceiros, de colaboradores ou de associados – permitem-se subalternizar os seus papéis, transformando-se de fins em meios. Abdicam de suas identidades individuais em favor da identidade organizacional. Cedo ou tarde, as pessoas que se devotam à organização irão se decepcionar bastante. Equivocadamente pretendem, na verdade, comprometerem-se com a causa organizacional e com as pessoas que as realizam, mas, de fato, dedicam-se à organização *de per si*, confundindo o conteúdo (causa e pessoas) com a forma (organização, estrutura, instrumento). Mitificam a organização, convertem-se à religiosidade do trabalho, desapropriam-se de suas identidades individuais para incorporarem uma entidade coletiva esotérica, que assume suas mentes e almas, apontando-lhes direção, rumo e sentido para as suas vidas. É evidente que tais circunstâncias se reforçam ainda mais pela ampla concessão de bens tangíveis e intangíveis que as seitas organizacionais asseguram aos seus integrantes. Como no enredo do "Mágico de Oz"*, os convertidos incorporados à entidade tornam-se encantados pela organização *de per si*. É a adoração do mito: a organização. São colonizados pelo trabalho.

III. As Regras de Ferro das Organizações

Uma das mais decisivas razões para o sucesso de alguém é a sua compreensão e estrita obediência aos postulados da cultura da organização.

Os empregados são chamados de parceiros, colaboradores ou membros e são induzidos a pensar e a se comportar em consonância com regras rígidas, opções, valores, hábitos e práticas comuns a todos. Desenvolvem-se maneiras próprias de vestir e de falar, jargões são disseminados como peculiaridades dos convertidos em um linguajar típicos dos iniciados. O desconhecimento da forma própria de se comunicar denuncia o não pertencimento às organizações que se autocultuam.

Como nas denominações religiosas em que as formas de falar e orar dos crentes retratam verdadeiros lugares-comuns de linguagem, nas organizações que se autocultuam repete-se o mesmo fenômeno de comunicação. Assim também as preferências pessoais do cotidiano tendem a se estandardizar.

Dos jovens colaboradores espera-se que dediquem suas vidas às organizações e sigam as regras, procedimentos, determinações e referências de seus mentores ou colegas já antigos e experientes na cultura da organização.

A inovação é a mola propulsora do mundo moderno. Deve ser estimulada e apoiada, testada e praticada. No entanto, nessas organizações, deve ser processada sem violar a ordem dominante da cultura organizacional no que se refere às interações de uns com outros, avançar na quebra de paradigmas tecnológicos, nos processos de trabalho e na modernização dos produtos e serviços, tudo isso sem que sejam violados os cânones de ferro estabelecidos pela ideologia, a doutrina e os dogmas da organização.

Os seus violadores são, invariavelmente, acusados de apostasia.

A punição por tais desvios de comportamento, pelo descumprimento das regras, são frequentemente sutis, mas rígidos: o comportamento do membro desviado pode ser avaliado por uma comissão, que tenta reconduzi-lo ao exercício correto da prática esperada ou até recomendar a sua exclusão (vale dizer, demissão) da organização por inadaptação à cultura.

É exatamente o que ocorre em muitas denominações religiosas com praticantes desviados por comportamentos julgados inapropriados. Dessa forma, todos sabem que seguir à risca os preceitos organizacionais é a precondição mais importante para uma carreira de sucesso.

O sacrifício da inteligência e da razão é exigido pelas igrejas, pelos partidos políticos radicais, mas também molda as seitas organizacionais. A dimensão ritualística dessa prática de concessão intelectual aos interesses das circunstâncias existe desde o passado remoto na história das civilizações. Os deuses sempre foram vorazes de sacrifício humano, sobretudo em devorar a inteligência de seus súditos.

No entanto, a exigência de abandonar ideias e conceitos em função da obtenção de cargos e funções nas organizações é bastante recente. Surge com a globalização, com a dispersão galopante dos valores na sociedade, com a competitividade imposta pela predominância absoluta do mercado, com a sofisticação das estruturas e processos de trabalho.

Nas organizações transformadas em seitas, concentra-se nas mãos dos dirigentes o poder de exigir que dogmas sejam impostos e assimilados pelos subordinados.

No mundo de hoje, a regra de ouro para integrar-se a uma organização é submeter-se a um corpo ideológico verticalmente imposto, semelhante, de forma exacerbada, ao que Lenin* preconizava como "centralismo democrático" para a implantação da revolução comunista na Rússia.

Veleidades de independência e de autonomia à ordem dominante trazem anátemas, preconceitos, distâncias e exclusões da organização, por inadaptação psicológica, ou, como preferem eufemisticamente dizer, "por não ter o perfil desejado pela organização".

Não é possível sequer ousar incomodar as "verdades religiosas de trabalho" assumidas e praticadas pelas organizações, como se fosse possível estabelecer limites à liberdade de pensar dos colaboradores.

E organizações assim ainda se arvoram em praticar programas de responsabilidade social e de voluntariado, assumindo-se como "empresas cidadãs". Estamos na idade Média Empresarial e vivenciamos a festa superficial do humanismo.

A organização que se autocultua, em verdade, pretende impor a alienação intelectual em seus quadros funcionais, ainda que declare exatamente o contrário em todas as formas de manifestações oficiais em que se apresente.

Essa organização promove a cultura do militante no mundo do trabalho, com a lógica absurda da aceitabilidade de seus dogmas e símbolos.

O respeito à diferença e ao contraditório é o pilar da democracia. A organização que se recusa, na prática, a vivenciar essa questão, perverte-se em uma cultura totalitária. Silêncios obsequiosos e o sacrifício às convicções como estratégias comportamentais manipulativas para a ascensão são próprias das culturas organizacionais avessas à participação, à voz, à liberdade, ao trabalho em equipe, à integração, à motivação genuína, à criatividade e à crítica espontânea e não censurada no ambiente de trabalho.

IV. Como as Organizações Atraem os seus Quadros?

A resposta das organizações à ampla dispersão de valores existente na sociedade é estreitar cada vez mais a seleção dos tipos de pessoas que devem ingressar em seus quadros. Assim fazendo, acreditam que conseguirão alcançar alto grau de eficiência e desempenho.

Por incorporar somente colaboradores cujas opções se circunscrevem a uma dispersão estreita de valores, os gerentes e supervisores obtêm maior comprometimento e adesão na realização das tarefas e atividades.

Cada organização define diferentemente a banda de restrições que julga adequada aos seus interesses. Formula as suas políticas de seleção em função do que julga ser mais relevante na definição dos perfis atitudinais e comportamentais necessários ao desempenho de cada posto de trabalho.

Assim, à medida que os processos seletivos se tornam mais estreitos, a força de trabalho da organização se torna crescentemente mais homogênea.

Esses processos restritos de seleção produzem, portanto, um quadro de colaboradores constituído por profissionais escolhidos à luz não do que saibam fazer ou de suas habilidades, conhecimentos e competências, mas do que sejam intrinsecamente como pessoas, suas atitudes e comportamentos, valores, concepções e percepções existenciais.

Quanto mais o colaborador mergulha na ambiência organizacional, mais encontra pessoas com as quais se identifica, de forma a compartilhar visões de mundo, estilos de vida, opções e preferências, tipos de personalidade.

Essa identificação reforça ainda mais a sua autoestima e faz com que esse colaborador acredite que pertença à organização primacialmente por ser quem é. Ele passa, portanto, a considerar-se um indivíduo diferenciado escolhido através de um processo rigoroso de seleção.

Esse círculo de reforço recíproco, de uns com os outros, de iguais que se apoiam mutuamente, redunda na miscigenação indivíduo-organização, configurando um contexto que faz com que o colaborador julgue, equivocadamente, que não pode existir em plenitude fora da organização.

É nesse quadro de circunstâncias que a organização, que se autocultua, transforma-se em seita de deificação do trabalho; e o seu colaborador em mais um adepto convertido.

As organizações transformadas em seitas de adoração do trabalho contratam pessoas em função do que elas são, por suas atitudes e comportamentos e não tanto pelo que saibam fazer ou por seus conhecimentos e competências.

As pessoas, contratadas pelo que são, trabalham arduamente tendo em vista que os seus egos individuais baseiam-se em seus desempenhos.

Empregados contratados dessa forma adquirem a sua formação e expertise funcional dentro das organizações, o que faz com que estas últimas exerçam um controle muito maior sobre as competências desenvolvidas, além de influenciarem o comportamento dos colaboradores em relação aos seus valores, opções éticas, visões de mundo e estilos de vida.

Assim, as organizações cada vez mais controlam as vidas de seus membros, fornecendo-lhes treinamentos e capacitações especializadas tendentes a "fazer a cabeça" dos seus colaboradores, inculcando-lhes, em seus corações e mentes, o ideário e a ideologia corporativa, e a decorrente rejeição a toda sorte de influências externas, que passam a ser percebidas como indesejáveis e impuras.

As pessoas estão sempre em busca de um significado e de um propósito para as suas vidas, sempre à procura do encontro com a sua paixão, a razão de sua existência. E assim muitas vezes desgastam-se no rodízio incessante e insatisfatório que realizam de um grupo para outro, sem alcançar o que desejam: realizar, em plenitude, as suas necessidades.

Uma organização existe como um grupo de pessoas que se relaciona entre si para a realização de determinados objetivos, metas e missões. Não há recursos místicos ou mágicos desenvolvidos pelas organizações que sejam capazes de fazer a separação entre o que já existe e os seus integrantes.

Há pessoas que são atraídas pela enorme capacidade das organizações de preencher os seus vazios existenciais, sequiosas de satisfação das necessidades de afiliação, de pertencimento, de atenção, de afeição e de interação social. Elas são propensas a sentir que todos as aceitam, constituindo-se em verdadeiros grupos sociais que mutuamente se apoiam.

A atratividade se complementa pelo treinamento de doutrinação dos valores, hábitos, práticas e atitudes valorizados pelo cotidiano organizacional.

Não há eufemismo capaz de minimizar a verdadeira lavagem cerebral que muitas organizações praticam na inoculação de sua cultura no seio de seu corpo funcional. Pessoas sedentas de autoaceitação tendem a ser facilmente atraídas, como se hipnotizadas, pela aceitação e atenção recebidas como membros da religião corporativa.

Em um esforço de diferenciação, igrejas emergentes procuram públicos cada vez mais específicos. O mesmo fenômeno repete-se no mundo do trabalho: as organizações também buscam colaboradores específicos, que tenham peculiaridades afins. É a tribalização tanto do trabalho quanto da religião, ambos dando consequência à dispersão de valores, opções éticas, gostos e preferências, hábitos e atitudes, práticas e visões diferenciadas de mundo que marcam os tempos presentes.

Para atrair os seus quadros, as organizações focam precipuamente as características individuais de personalidade, valores, ambições, visões de mundo e atitudes, isto é, tudo o que conforma o indivíduo como pessoa. Apenas subsidiariamente complementam com as habilidades e competências que a pessoa possua para realizar o seu trabalho.

Selecionam quadros fundamentalmente pelas características pessoais, em detrimento àquilo que o candidato saiba fazer. E para isso não é necessário que sejam aplicados testes psicotécnicos ou vocacionais sofisticados. Avalia-se o candidato pela resistência que apresente em ultrapassar inúmeras entrevistas de seleção, em que seja capaz de demonstrar o seu espírito de grupo, de *vestir a camisa*, de *dar-se pela realização de um ideal*, de *jogar no time*.

Buscam, portanto, um tipo muito específico de personalidade na miríade de atipicidades que caracterizam a dispersão de valores, de atitudes e de comportamentos distintos do mundo de hoje.

Na sociedade da tribalização, integram-se por identidades afins na constituição de mais uma tribo. Objetivam, pela ênfase na ética de resultados, a obtenção de eficiência, da eficácia e da efetividade através do comprometimento de seus quadros à realização dos fins da organização.

Quando as pessoas são selecionadas pela predisposição que tenham a desempenhar determinado papel, a possibilidade de sucesso é incomensuravelmente maior, afinal, tanto no ambiente de trabalho quanto fora o valor de cada pessoa é definido pelo que elas fazem, pela organização a que pertencem, pelo cartão de visitas que apresentam, pelos símbolos e totens que valorizam.

Os quadros são atraídos pela predisposição em transformar a organização em seu próprio lar, como se todos fossem uma só família.

Normalmente, não contratam alguém para trabalhar em uma área específica, mas para integrar a organização, onde, quando e em que função seja necessário.

O candidato pode ser contratado para uma função específica, mas ele precisa ir muito além. Precisa ter uma personalidade individual própria e traços e características pessoais que se compatibilizem adequadamente à cultura organizacional, isto é, à sua doutrina, aos seus dogmas e fundamentos, à ideologia e aos cânones gerenciais praticados pela organização.

É preciso que sejam muito comprometidos com o que fazem, como se os seus trabalhos representassem suas próprias vidas.

No cotidiano das organizações transformadas em seitas, o trabalho absorve as funções da família porque é realizado por pessoas afins. Todos têm o mesmo interesse. Compartilham da mesma visão de mundo, projetam trajetórias existenciais similares, preferências esportivas, culturais e de lazer, e, assim, sentem-se confortavelmente bem juntos, tanto no trabalho quanto fora dele.

As pessoas atraídas por essas organizações empresariais esperam encontrar no trabalho todo o sentido de prestígio e de autorrealização, camaradagem, afeição e companheirismo, amizade e respeitabilidade, entretenimento e diversão, desafio e autonomia, segurança e independência.

Aparentemente, as organizações lhes possibilitam tudo isso. Pelo menos, é assim que se sentem. E assim as organizações controlam os seus membros, inculcando-lhes um idealismo corporativo que redunda na exclusão de todas as demais dimensões igualmente enriquecedoras da vida humana na família e na comunidade.

Dessa forma, todos desistem, na prática, de suas identidades como indivíduos para assumirem a identidade da organização. Passam a ser o "homem organizacional", que tem a sua vida rotulada e balizada pelo cotidiano da organização. Aliás, nesse sentido, as vidas se confundem, já que estão marcadas pela exclusividade de uma mesma trajetória.

Pela prevalência conferida aos interesses da organização, os empregados, chamados de colaboradores ou parceiros, são profissionalmente realizados, mas crescentemente empobrecidos como pessoas no exercício das diferenciadas dimensões da vida humana.

Ao contrário do que se possa supor, um nível exagerado de comprometimento com a organização nem sempre é a melhor maneira de se conseguir desempenhos excelentes. Aqueles empregados que não se dedicam quase que exclusivamente ao trabalho, seja porque se beneficiam de relações familiares saudáveis, como, por exemplo, o exercício da maternidade e da paternidade, ou porque participam em organizações comunitárias, costumam obter desempenhos bem superiores.

Os frustrados e ressentidos por não usufruírem uma vida plena fora do trabalho muitas vezes apresentam desempenhos bem inferiores.

É evidente que pessoas que conseguem desfrutar de uma vida equilibrada entre a família, a organização e a comunidade normalmente são bem mais produtivas e realizadas em comparação àquelas que têm o seu "eu", como indivíduos e pessoas, sequestrado pela vida desbalanceada com o foco predominante no trabalho.

1. Em Busca do Temperamento Conveniente

As organizações recorrem a métodos de investigação técnica para analisar o temperamento dos empregados. O objetivo é evitar conflitos desnecessários produzidos por dissonância de temperamento e assim montar equipes de trabalho mais consistentes e harmônicas. Ao lançar mão desses instrumentos de identificação psicológica, tornam-se capazes, já na seleção de seus quadros, de mapear a personalidade dos empregados e de identificar, *a priori*, quem combina com quem. As organizações valem-se, cada vez com maior frequência, do mapeamento de personalidades para conhecer melhor os seus empregados, o modo como trabalham e como se relacionam entre si. Desentendimentos, conflitos, brigas, animosidades, frustração e dificuldades de relacionamento interpessoal são sinais efetivos de que o convívio entre os empregados pode não estar ocorrendo de forma saudável e produtiva. Isso porque, acreditam, há perfis personalógicos que reagem melhor à interação social enquanto outros tendem à divergência e à confrontação. Transportam ao ambiente laboral a ideia de que "dois bicudos não se beijam". Evitam assim a presença dos "bicudos" na equipe de trabalho, já que podem influir negativamente na obtenção de resultados ou na qualidade dos projetos e atividades a serem realizadas.

A escolha do temperamento adequado passa a ser mais um referencial consistente na forma como as organizações transformadas em seitas organizacionais atraem e selecionam seus quadros. Quando as pessoas se conhecem bem, têm temperamentos afins e sabem como as outras se comportam, tendem a ser mais objetivas e hábeis no trato, otimizando o convívio através da redução do conflito desnecessário produzido pela divergência interpessoal de personalidades. Não é uma apologia à busca de personalidades idênticas ou semelhantes, mas que sejam afins. É preciso considerar a personalidade do empregado para direcionar o seu ingresso e progresso no ambiente de trabalho, assim crescentemente acreditam as organizações. É claro, acrescem-se escandalosamente os exames de DNA dos candidatos, sempre sub-repticiamente realizados. Mas aí o avanço da discriminação é bem mais grave: um verdadeiro atentado aos direitos universais do homem, algo cada vez mais praticado por muitas organizações que se apresentam como paradigmas da ética empresarial e da responsabilidade social.

2. Conversão e Nível Hierárquico

Uma questão sempre suscitada nas organizações que se comportam como seitas é a relação, eventualmente existente, entre o nível hierárquico do convertido e o seu grau de conversão à religiosidade corporativa. É evidente que essa relação é altíssima. Quanto mais alto o nível na escala hierárquica, maior tende a ser a conversão do empregado. É a transmutação do conhecido "Princípio de Peter" às seitas organizacionais. Os símbolos de prestígio e status, as promoções e o reconhecimento das organizações tendem a se concentrar naqueles que professam e praticam os seus dogmas, ritos, valores e opções éticas. As organizações naturalmente premiam a conversão a seus credos, afinal, os convertidos dedicam-se inteiramente ao trabalho, seguem religiosamente as lideranças corporativas, excedem-se no sentido de compromisso e de engajamento. São premiados e reconhecidos por isso, já que as suas contribuições são diretamente proporcionais ao grau de devoção à organização.

Pouco importa se a conversão é decorrente das recompensas recebidas ou se, por serem convertidos, os empregados são reconhecidos e promovidos. O importante é que existe um alto grau de conversão entre os ocupantes dos postos diretivos e gerenciais de uma organização, o que é perfeitamente compreensível. São eles os guardiães da fé, sobre os quais repousam as certezas da obediência aos ritos, símbolos, mitos, dogmas e fundamentos de uma organização que pratica a religiosidade no trabalho. Sem eles haveria desvios, dissidências e apostasia na prática dos postulados preconizados pela seita organizacional aos seus convertidos.

A nata fica sempre no topo, consequentemente, azeda de forma mais rápida. Da mesma forma funciona nas organizações. Essa metáfora talvez possa servir de estímulo para os profissionais competentes resistirem aos encantos das organizações que se deificam. Como uma sereia traiçoeira, o cultismo organizacional seduz e encanta, atrai, usa, abusa e destrói aqueles incautos que se deixam levar pela artificialização de seus símbolos. As organizações não são garrafas de leite, mas se assemelham a vidros de molhos para saladas – o azeite fica em cima e o vinagre embaixo. Ao mergulhar na cultura de devoção à organização, o profissional termina por sofrer de uma verdadeira congestão de vinagre corporativo, que, metaforicamente, significa uma vida azeda e envinagrada pela minimização existencial à dimensão do trabalho pelo trabalho, à devoção a um falso evangelho que o empobrece enquanto ser humano.

V. O Contrato Psicológico das Organizações

Todo mundo é um associado no cotidiano das organizações modernas. As organizações, em especial, são useiras e vezeiras em adotar o conceito de que seus empregados possam ser estimulados por um novo título, por um símbolo de status e prestígio, que, por exemplo, à guisa de associado, a organização lhes atribui. Até que ponto tal prática se constitui em uma faceta de uma seita organizacional ou objetive apenas atribuir maior prestígio ao beneficiário da lisonja, é uma questão a ser identificada caso a caso.

Em verdade, ser associado a uma organização significa dispor de suas ações, como proprietário. Pelo menos, esse é o conceito tradicional, embora atualmente tenha se ampliado de forma considerável. O novo grupo de associados não possui ações da organização, mas identifica-se com ela apesar de não ganhar, necessariamente, qualquer recompensa financeira vinculada ao título associado que ostenta. Para a organização, isso é ótimo: ela obtém um nível muito maior de comprometimento dos empregados sem ter que lhes dar nada em troca. Ainda se diz que tal relação empresa/associado é de "ganha-ganha", o que não pode ser considerado realista. Nessa relação, o conceito de associado empurra o empregado para uma maior proximidade com a organização, o que é muito bom para ela, mas não necessariamente para o empregado.

Quanto mais as necessidades de autoestima e de autorrealização são preponderantes no comportamento dos empregados, mais produtivos e passíveis de conversão às seitas organizacionais eles se tornam.

Há muito as organizações já sabem que a satisfação das necessidades superiores da hierarquia motivacional de Maslow* é bem mais efetiva e significativamente mais barata do que a satisfação das necessidades básicas. Frederick Herzberg* identificou que o que motiva o ser humano é a busca pela satisfação das necessidades insatisfeitas. E é sempre assim: o ser humano é sempre motivado. Não há comportamento sem motivo. Pode não ser para o trabalho. Mas, e se for só para o trabalho? É o que buscam as seitas organizacionais: objetivam circunscrever a vida das pessoas à preponderância do universo laboral.

As necessidades básicas, preventivas e ambientais, melhoram as condições de trabalho, mas não evitam que os empregados fiquem desmotivados. O que motiva é um conjunto de circunstâncias diferentes daquelas que desmotivam. As que desmotivam estão relacionadas a como os indivíduos são tratados. As que motivam se relacionam ao próprio trabalho, a como o talento e a energia de quem desempenha as funções e atribuições na organização são utilizados.

A satisfação das necessidades básicas é algo externo à organização, refere-se às diferentes escolhas que o empregado faz no seu cotidiano. Já as necessidades superiores de autoestima, reconhecimento e autorrealização referem-se ao que o indivíduo faz no trabalho. São internas, endógenas, provêm de anelos interiores que o indivíduo satisfaz ao se dedicar ao trabalho na organização. As pessoas estranhas à organização não dispõem de suficiente informação para valorizar os resultados decorrentes das recompensas intrínsecas ao próprio trabalho.

Assim, além dos aspectos legais e formais da legislação trabalhista, a relação empregador-empregado nas seitas se faz através de um acordo informal tácito, não declarado ou negociado, em que o empregado se vincula emocionalmente à sua organização quase como em um ato de fé.

Quando as recompensas desse contrato se baseiam no desempenho do empregado, como, por exemplo, volume de vendas alcançado, projetos ou peças produzidas, clientes atendidos etc., não há o que contestar em relação a essa relação psicológica resultante do trabalho. Em função do melhor desempenho, maiores e melhores recompensas. No entanto, quando as recompensas advindas da organização incorporam no cotidiano da vida do empregado também elementos emocionais e de afiliação, algo semelhante a um culto de uma igreja, aquele se vê convertido à religião de autoveneração à organização.

Aspectos emocionais e de pertencimento são difíceis de quantificar. Quanto custa a alguém adquirir a condição permanente de membro de uma família? É inavaliável. O empregado pode apresentar ganhos crescentes de desempenho e mesmo assim não obter essa condição. Pertencer a uma família não é um troféu a ser conquistado. É uma dádiva que decorre do próprio nascimento. Infelizmente, para muitas famílias destroçadas pelas tragédias do cotidiano, a dádiva se transforma em um fardo existencial.

A maioria das pessoas, no entanto, é capaz de grandes atos de sacrifício em benefício de suas famílias, o que está correto, embora não deva funcionar da mesma forma em relação às organizações em que trabalham. A empresa não é a sua família. Ela não é capaz de garantir às pessoas o sentido de pertencer e de apoio emocional que somente as suas famílias lhes oferecem. No entanto, de forma manipulativa, as organizações buscam o mesmo tipo de comprometimento psicológico dos empregados para arrancar deles níveis crescentes de eficiência e de desempenho. E, em um estranho processo de sedução, o empregado tende a requerer mais recompensas, mas não necessariamente aumentos de salários ou outras formas convencionais de benefícios extrassalariais. Demandam à organização maior resposta psicológica de apoio emocional, de integração e de pertencimento. E como são respostas fáceis e baratas, a organização se excede para atendê-las. E assim obtém um nível ainda maior de envolvimento e comprometimento de seus empregados. Os resultados decorrentes desse contrato psicológico são altamente benéficos para a organização. E cada vez mais convertido, porque não dizer fanatizado, o empregado aumenta a sua carga de contribuição, aloca maior tempo e energia ao trabalho em troca de recompensas psicológicas intangíveis. E assim, pouco a pouco se afunda nos limites existenciais estreitos de uma organização transformada em seita, à qual passa a reverenciar com seus totens, ídolos e símbolos.

As organizações, por mais que desejem, não conseguem preencher, de forma plena, as multidiversificadas necessidades de seus empregados. É tola a pretensão de que a organização possa preencher o vácuo existencial do empregado e aproveitar todo o seu potencial para os interesses do trabalho. É também falso o conceito de que a pessoa possa se dedicar primeiramente ao trabalho para depois desfrutar de sua família. As pessoas precisam simultaneamente de ambos – família e trabalho. E mais: de sua comunidade.

Quando alguém privilegia por longo tempo o trabalho, os seus colegas substituem inadequadamente a sua família. Por mais estimulante e recompensador que seja o trabalho, o ser humano sempre terá necessidade de preencher a sua trajetória existencial com outras dimensões da vida. As organizações objetivam cumprir esse papel: ser a própria família do empregado.

Em uma passagem bastante ilustrativa do filme Godfather*, Don Vito Corleone diz que *"um homem que não dedica o seu tempo à família não pode ser considerado um verdadeiro homem".* Ele evidentemente se referia à sua família em um sentido bem amplo, pois, para ele, a sua família abarcava a sua organização criminosa.

VI. Por Que As Pessoas Ficam nas Organizações?

Evidentemente, porque nelas preenchem os seus vazios existenciais, satisfazem à hierarquia de suas necessidades de que falava Abraham Maslow*. A organização desempenha, de fato, as funções e os papéis da família, dos amigos e colegas, oferece status e prestígio, garante o reconhecimento. Em outras situações, as pessoas ficam pela força da inércia, porque se acostumaram e assimilaram a cultura daquele lugar, muito também pelo conformismo ou pela resistência que todos têm em encarar o novo e o desconhecido. Costuma-se dizer, afinal: a realidade das seitas nos incomoda, mas não a ponto de nos tornar tão insatisfeitos para deixá-las de vez, especialmente em uma época tão difícil em que não há emprego.

A conversão à seita se faz lentamente, sem que se perceba que, pouco a pouco, se está absorvendo e repetindo as suas práticas. Uma rã pularia imediatamente de dentro de uma panela de água quente. Como a temperatura da água fria aumenta lentamente, ela acaba sendo cozida até a morte. Assim também ocorre com a maioria dos convertidos à religiosidade do trabalho nas seitas organizacionais. Vão morrendo durante muito tempo, sem que haja morte clínica. As pessoas ficam até a perda de suas identidades e à morte psicológica, simplesmente adstritas ao universo estreito de suas relações de trabalho. Muitas generalizações e racionalizações inadequadas ainda sustentam a noção de que todas as organizações são semelhantes, que é muito melhor aturar o desconforto conhecido, que já se sabe administrar, do que mergulhar na aventura do desconhecido, em que, como se diz, "vai-se mudar de empresa, mas não de problemas". "É melhor aturar o diabo do chefe cujas manhas já conhecemos do que ter que aturar outro, que vamos demorar a conhecer". E, assim, a lei do menor esforço sustenta o conformismo e a alienação.

Quando negociam com os valores prevalecentes nas organizações, os empregados podem ser levados a fazer tantas concessões que talvez cheguem a sacrificar suas identidades. Ocorre então a deterioração ética, advém o cinismo.

Sem dúvida, todos nós – membros de alguma organização – estamos cotidianamente vulneráveis ao cinismo, submetidos à tentação do comportamento e das atitudes antiéticas. A sociedade que gravita em torno do mercado só cobra de seus integrantes uma coisa: que levem vantagem. É sempre a "lei de Gérson"*.

É muito difícil reverter histórias de conversão ocorridas em longo prazo. Somente crises muito sérias na trajetória existencial dessas pessoas são capazes de fazê-las despertar da letargia a que foram tangidas por uma cultura organizacional alienante. Os casos mais comuns de sucesso ou de libertação, melhor dizendo, decorrem de crises externas a que o convertido não pode resistir – redução de quadros, *downsizing*, fusões empresariais, falências, demissões. Raramente decorrem da tomada da autoconsciência pessoal e da vontade individual de mudar as circunstâncias de alienação a que se submetem.

VII. As Organizações como Famílias Desestruturadas

Os empregados normalmente aprendem em casa, desde os mais primórdios momentos de socialização, a como se comportar no trabalho, ou melhor, em todos os demais ambientes em que convivem. Os convertidos à organização fazem exatamente o contrário.

Levam para os ambientes familiares e sociais as mesmas práticas e conceitos que aprendem no trabalho. Não compreendem que o desempenho de papéis tão distintos requer atitudes e comportamentos substantivamente diferentes. A principal habilidade pertencente ao núcleo familiar requerida pelas organizações é aquela que se refere ao relacionamento e à interação afetiva. É evidente que um grupo familiar não é uma equipe de trabalho. A confusão faz com que as pessoas, inconscientemente, coloquem isso em prática, o que não é compatível no núcleo familiar. Ao longo do tempo, sentem-se mais seguros, tranquilos, confortáveis e à vontade no trabalho do que em casa. O ambiente de trabalho passa a ser o espaço em que os relacionamentos se estabelecem, os amigos se encontram, as vitórias e as datas significativas são comemoradas. Uma mãe ou um pai frustrado pelos conflitos familiares com o cônjuge, com os filhos ou com os sogros, escora-se na ideia do trabalho em equipe para administrar alguma divergência doméstica. E assim aprofunda a crise ao introduzir racionalidades estranhas às relações fundadas centralmente no amor, na afetividade e nas emoções. Não é improvável que, numa dessas discussões em família, algum filho pergunte ao pai quando irá merecer a mesma atenção e apreço dedicados aos clientes e aos colegas de trabalho.

As organizações transformadas em seitas funcionam como famílias desestruturadas em que não se preserva a identidade do indivíduo como pessoa e não se estabelecem os limites entre a individualidade de cada um e os interesses coletivos da família. Confundem-se família e pessoas que a integram. O interesse de cada um é o interesse de todos, numa invasão imprópria de privacidade e de individualidade, em que limites naturais de identidade não são preservados.

As pessoas devem ser valorizadas por serem quem são e não por seguirem regras que lhes são, consciente ou inconscientemente, impostas. Grupos ou famílias saudáveis são aqueles que valorizam e possibilitam a livre expressão da individualidade de seus membros. Os grupos que impõem a conformidade acabam por se transformar em seitas.

A prática da ética de resultados é a que traz o sucesso ou, pelo menos, garante a sobrevivência no emprego. Como pode alguém evitar que as relações familiares não sucumbam ao peso da inautenticidade, da fragilidade e da fluidez dos laços de lealdade e de confiança, de reciprocidade e de solidariedade existentes nas organizações? Como pode alguém conviver rigidamente com opostos tão contraditórios: no trabalho, a prevalência do curto prazo; na família, a busca pela construção de laços de longo prazo e definitivos?

A organização moderna corrói a identidade e o caráter de seus membros, em especial no que se refere a uma interação humana descontaminada da prevalência do *aqui e agora* para projetar laços definitivos e sustentáveis de longo prazo.

Será que eu gostaria de ter como pai da minha filha ou do meu filho alguém como o gerente que eu sou na organização em que trabalho? A fratura de identidade se dá quando o gerente que trabalha em uma seita organizacional não consegue, ou até mesmo não pode mais oferecer aos filhos a essência de sua vida no trabalho como paradigma ou exemplo de como eles devam se comportar eticamente em suas próprias vidas. As qualidades do bom caráter nem sempre são as mesmas que levam ao bom trabalho. Como conviver com o paradoxo entre a ética de convicções, que pauta o comportamento digno, e a ética de resultados, que assegura o sucesso nos negócios através do maquiavelismo do comportamento pessoal? O tédio mais deletério não é o de não fazer nada. É o de fazer o que não se quer. Esse é o paradoxo que dá concretude à dramaticidade da crise dos tempos presentes nas relações sociais em família. O predomínio das circunstâncias, afinal, sempre está acima dos nossos desejos, conforme já nos falava Alex Kundera* na *Insustentável Leveza do Ser*.

A incorporação do conceito de família pelos empregados na organização é um passo importante na sua transformação em seita. Esse conceito é sequestrado pelo cultismo organizacional. O empregado faz da empresa em que trabalha a sua família, dedica àquela a prevalência de suas emoções, sentimentos e satisfação de necessidades, reduzindo a plenitude de sua expressão como pessoa humana nos diferentes círculos de suas relações na família, na comunidade e no próprio trabalho.

Capítulo 7

I. A Organização Paranoica

II. Trabalho em Equipe: Mito ou Falácia?

III. O Empregado Descartável

IV. Relações Humanas Fugazes

I. A Organização Paranoica

Todo conjunto humano em interação produz uma cultura. A identificação com essa cultura penetra na consciência e no inconsciente de todos que dela participam. Freud*, em *Totem e Tabu*, descreve o totem como uma referência de adoração, glorificado e corporificado por um clã – no caso, pelo conjunto de empregados –, como uma divindade religiosa. Na exacerbação do cultismo organizacional, a empresa se transforma no totem, que submete o indivíduo a diferentes formas de adoração, veneração e aceitação. A empresa passa a ser adorada e venerada praticamente como uma figura divina. Todos os que não se submetem a essa divindade de trabalho são naturalmente excluídos. Mitifica-se a organização. E esse mito é uma mentira cuja repetição pelo hábito torna-se verdade para aqueles que nela convivem. O comportamento das pessoas depende do que pensam e sentem, daquilo em que acreditam como verdade. O mundo das percepções é, a um só tempo, fonte e limite dos comportamentos humanos.

Uma organização é o produto da interação humana, com suas contradições, ambiguidades, perplexidades, angústias, sofrimentos, sonhos e esperanças. As organizações, como as pessoas, têm as suas fragilidades inerentes à sua condição humana. Aliás, não há organizações sem pessoas. Em verdade, sem as pessoas as organizações nada mais são do que meras ficções jurídicas.

O indivíduo não pode tornar-se humano fora do campo social. Somente o outro pode reconhecê-lo e assegurar seu lugar na simbologia social.

Face à inusitada dispersão de valores a que todos estamos submetidos nestes tempos presentes de globalização, a reflexão de

Freud* se ajusta como luva às organizações que se autocultuam. Essas se tornam ambientes sociais perfeitamente adequados ao reconhecimento recíproco e à mutualidade da interação de pessoas afins que, antes de tudo, compartilham dos mesmos interesses e necessidades, das mesmas angústias e perplexidades, das mesmas expectativas e utopias.

A crise de incertezas produzida pela competitividade mundializada, pela globalização da economia, pela sociedade do aqui e agora das comunicações online, pelas mudanças inusitadas e profundas nas relações humanas, sociais, tecnológicas e culturais, pela insegurança e pela violência do viver cotidiano, que associadas promovem a desconstrução das identidades das pessoas, é oportunisticamente capturada por essas organizações para aumentar os seus contingentes de adeptos.

Essas organizações paranoicas passam a ser o espaço de sustentação de identidades de pessoas que, desestruturadas pela perda dos valores tradicionais, não mais adequados ao mundo de hoje, encontram entre os seus iguais de uma mesma tribo, vale dizer, local de trabalho, a solução para as suas dificuldades de alienação existencial, dentre elas a própria identificação como individuo e pessoa humana.O culto à religiosidade do trabalho é um regulador social que aproxima ou atrai as pessoas para uma organização que se autocultua, na qual crenças, valores, regras e procedimentos, costumes, símbolos e ritos são compartilhados e aderidos como se todos vivessem em uma igreja à parte de todos os outros que não comungam da mesma ideologia ou adoração, que não veneram os mesmos deuses, que não adoram a mesma organização.

Toda cultura organizacional, assim descrita, é essencialmente paranoica. Ela só garante a sua identidade pela negação das outras. Essas realidades organizacionais, como ambientes de trabalho, acabam por se constituírem, obviamente, em pessoas que traduzem, no comportamento individual, comportamentos também paranoicos, vale dizer, constroem um imaginário individual e coletivo de negação da realidade dos outros. Levam os seus membros a viverem sempre em uma espécie de estado hipnótico, em que todos obedecem sem pensar e vivem sem nada questionar. É claro que tal conjunto de circunstâncias se desenvolve de forma sutil, não declarada, na dissimulação do totalitarismo benevolente e na afabilidade das relações sociais.

Essas organizações são intervencionistas, pragmáticas, estabelecem e subtraem padrões de comportamentos, valores, opções éticas, gostos e preferências, e estandardizam a visão de mundo. A identidade do empregado é desconstruída. Enreda o indivíduo a participar da construção de uma fantasia de onipotência e de perenidade da existência da organização, gerando uma autoidentificação com o processo empresarial, que confunde e seduz o empregado a também julgar-se invencível.

A perversão produzida por essas culturas organizacionais é enormemente facilitada pela crise econômica e pela reestruturação dos processos industriais, que produzem um número decrescente de postos de trabalho em todo o mundo. Assim, os trabalhadores são facilmente submetidos pelas organizações ao que se chama de "cultura da empresa". Muitas vezes, em verdade, a cultura nada mais é do que um estratagema ideológico clandestino utilizado para atrair, seduzir e persuadir o empregado a entregar-se ao trabalho como o propósito preponderante de sua existência, em detrimento das suas relações familiares e comunitárias.

A crise de identidade não atinge apenas as pessoas, mas também as organizações. Reafirmando: não há organizações sem pessoas. As primeiras só existem em decorrência das segundas, que se agregam e articulam para a realização de objetivos comuns. Cada vez mais, há um número crescente de organizações que pretendem, através do mecanismo da sublimação psicológica, minimalizar o ser humano. Pela sublimação o empregado desvia o seu foco da família e dos demais grupos sociais aos quais normalmente se integra para colocar-se à disposição da organização, a serviço de fins e de atividades que passa a considerar elevados, grandiosos e relevantes, em verdade a razão de ser de sua existência.

Quando alguém aceita uma determinada situação que lhe é imposta pelas práticas dominantes na organização a que pertence, é claro que não se pode afirmar que a tenha incorporado à sua prática social. Tal comportamento pode até expressar uma atitude de aceitabilidade, de passividade, de capitulação ou de defesa como forma de sobreviver em um ambiente de trabalho hostil. De qualquer forma, ao se defrontar com tal realidade, a subjetividade do ser humano já está afetada, desbalanceada, não é mais saudável, pois a sua identidade individual já se encontra submetida a um processo de alienação.

O quanto as pessoas conseguem manter-se infensas às influências do pensamento único professado pelos cultismos praticados crescentemente pelas organizações é determinado pelas suas características individuais de personalidade. A questão que se coloca é como resistir e sobreviver a tudo isso. Eis ai um desafio difícil de vencer.

II. Trabalho em Equipe: Mito ou Falácia?

Cada vez mais o mundo corporativo se vale de variados processos, procedimentos e mecanismos de manipulação e de poder para anular e desconstruir a subjetividade de seus membros, nas diferentes formas com que estes se apresentam na inter-relação com a organização: funcionários, terceirizados, parceiros, colaboradores, consultores, fornecedores, competidores etc. Ritos e rituais específicos, valores, credos, mitos, totens, símbolos de linguagem são estabelecidos com o propósito de fixar uma liturgia empresarial própria que subjugue a identidade de todos e de cada um de acordo com os interesses da organização.

As relações culturais, simbólicas, sociais e de trabalho, nas organizações que se autocultuam, forjam e estandardizam identidades individuais em favor do grupo como a única forma de sobrevivência na comunidade empresarial.

A tirania do trabalho em grupo se torna um hábito e a tal ponto se dilata que acaba virando doença, conforme nos lembra Dostoiévski*, em *Casa dos Mortos*.

É preciso um olhar mais crítico sobre conceitos, verdadeiros lugares-comuns, amplamente difundidos, como flexibilidade nas relações de trabalho e trabalho em equipe como verdades consagradas, mas que, o mais das vezes, não passam de estratégias sutis de manipulação que geram enormes lucros para as empresas, mesmo que façam com que os trabalhadores percam a motivação e os vínculos em relação ao que realizam.

Um sistema que aliena os seres humanos das razões mais profundas da vida certamente não manterá a legitimidade por muito tempo. É preciso que as coisas comecem a mudar. Talvez essa mudança já esteja ocorrendo, apenas ainda não esteja sendo vista.

As organizações não são mais concretas do que os indivíduos que as incorporam. Abstrações como tradições, hábitos, práticas e precedentes de que as organizações se valem tanto para afirmar sua hegemonia não são mais sábias do que as pessoas que as utilizam.

As organizações que cultuam a religiosidade do trabalho estabelecem uma cultura repressiva e totalitária que impede a manifestação da individualidade em prol da valorização do grupo, tendo em vista os interesses dos negócios da empresa. A imposição da prevalência dos desejos, aspirações, sentimentos e necessidades do grupo sequestra o eu do indivíduo para tornar todos iguais, padronizados, em uma busca permanente de concordância auferida não pela manifestação de todos de forma livre e espontânea, pela aceitação da divergência e da discordância, mas pela ditadura do consenso estabelecida por uma maioria de míopes que se recusam a enxergar a realidade livres dos condicionamentos que assimilam como verdades absolutas, fixadas pelo credo organizacional dominante.

No mundo do "eu me amo", do narcisismo desenfreado, a privatização da trajetória existencial assume proporções inusitadas de forma que o "eu" constantemente invade o já tão esvaziado espaço do "outro". Hoje em dia, ser e compreender o outro é algo árduo nessa passarela de vitrines do ego, conforme nos lembra Sennett*. Ser sincero e franco, aberto e disponível, talvez seja a única forma de convencer empregados desmotivados, descrentes e até cínicos de que somente uma relação fundada na verdade e no apreço genuíno pelos outros pode ser capaz de estabelecer uma parceria autêntica entre a organização e a sua força de trabalho, de sorte a atuar sob um legítimo processo de trabalho cooperativo, em sinergia.

No dizer de Émile Durkheim*, o ser humano é um ser social. As organizações que praticam o autocultismo assim interferem decisivamente na construção da identidade de seus membros. Cada um passa a se nortear pelo comportamento do outro, até nas maneiras de pensar e agir, vestir e viver, nos seus hábitos e atitudes, na sua visão de mundo e nos seus gostos e preferências, no desempenho no trabalho e na vida social.

É claro que não há uma individualidade pura, inteiramente descontaminada de quaisquer influências, em nenhum espaço do universo social. A nossa subjetividade é sempre alimentada pelas diferentes relações sociais em que nos envolvemos no cotidiano de nossas existências. Nem sempre somos o que queremos ser, temos que nos ajustar à sociedade em que vivemos. No entanto, um número crescente de organizações pretende estabelecer a identidade única, o indivíduo-coletivo, estandardizado e pasteurizado pela realidade do trabalho e pela ideologia dominante que pratica.

No universo corporativo busca-se a hegemonia do pensamento único, isto é, forja-se uma cultura totalitária. Algumas características da vida organizacional encontram-se de tal forma estabelecidas e estratificadas que muitos já não conseguem imaginar que possam ser diferentes.

O trabalho em equipe pressupõe a discussão franca e aberta, sem apelo à autoridade e ao uso da hierarquia. Todos são livres para expressar as suas opiniões e convicções. Tomada a decisão, todos a devem assumir como sua. A partir daí, no entanto, a divergência nessas organizações passa a ser a prima-irmã da insubordinação, quase sempre estigmatizando o dissidente como aquele que não sabe jogar no time, não veste a camisa, não tem espírito de grupo.

Aplicado à realidade da família, o conceito deformado do que seja trabalho em equipe pode ser altamente destrutivo à educação dos filhos e, portanto, à construção de realidades familiares hígidas. A fragilização da autoridade do pai e da mãe, a discussão exagerada de questões familiares cotidianas sob a pseudopretensão de desenvolvimento de relações democráticas entre pais e filhos quando, muitas vezes, na verdade, se esconde o desejo de simplesmente dizer não, acabam por gerar desorientação e falta de referências na educação dos filhos.

O problema crescentemente agravado do uso de tóxicos, da falta ao estudo, do sexo na adolescência, da gravidez prematura, da violência doméstica, provêm da perplexidade de pais que, inadvertidamente, tentam trazer para o seio familiar práticas de gestão de trabalho em equipe que incorporam da realidade do mundo corporativo, o que nada tem a ver com o cotidiano das relações familiares e comunitárias.

III. O Empregado Descartável

A presença atuante dos sindicatos lutando pela preservação e avanços nas conquistas dos trabalhadores e o estado do bem-estar social garantido por um sistema previdenciário que se pensava sólido, associado a organizações empresariais complexas de grande porte, construíram um período na história da humanidade de razoável estabilidade e de certeza de relações no trabalho. Esse período talvez tenha perpassado os três primeiros quartéis do século XX, mas já não existe. As gerações Pós-Anos Dourados ou Pós-*Baby Boomers* hoje convivem com uma realidade inteiramente diversa.

Os seres humanos exaltados, sendo o capital intelectual e o diferencial competitivo das organizações na sociedade do conhecimento, são objeto de manipulação, descartáveis e substituíveis quando não mais necessários ou por obsolescência atitudinal, tecnológica ou estrutural-funcional.

É evidente que a flexibilidade crescente imposta pelas organizações aos seus colaboradores ocasiona ansiedade, estresse e angústia. Ninguém consegue avaliar, com adequação, se os riscos que assumem serão compensados no dia seguinte, e, muito menos, se há um pensamento em relação a um futuro de prazo médio ou longínquo, nem o que vai acontecer com cada um que participa da montanha-russa – ou seria roleta-russa? – de um mercado competitivo e, muitas vezes, predador.

Afirma-se como verdade que a flexibilidade é uma forma sutil de superar a opressão do sistema organizacional, pois corroendo os pilares burocráticos e valorizando os riscos nas relações de trabalho, as pessoas passam a dispor de mais liberdade para encaminhar as suas vidas. Ao contrário disso, no entanto, as organizações impõem novos controles, bem mais sofisticados. Por exemplo, o preconceito passa a se concretizar através da seleção de quadros pelo exame de DNA, e não mais apenas pelos critérios do passado fundamentados na aparência pessoal, cor da pele, sexo, opção sexual, lugar de origem, aptidão, condições físicas etc. É claro: os novos controles utilizados são bem mais escamoteados, difíceis de entender ou comprovar, o que os torna mais cruéis e preconceituosos.

Relações de trabalho fugazes e descartáveis não conseguem construir um clima de confiança e lealdade, de compromisso mútuo, de engajamento e de solidariedade colaborativa. É no cotidiano da execução de tarefas que as relações entre pessoas solidificam os laços da confiança recíproca. O culto ao curto prazo praticado pelas organizações impede o amadurecimento de laços sociais que sustentem a construção de um ambiente de trabalho propício à efetiva participação.

A angústia e a avidez por adquirir novos conhecimentos, habilidades e competências têm levado o indivíduo, enquanto profissional, a uma verdadeira neurose obsessivo-compulsiva por participar de programas educacionais de atualização e reciclagem, desenvolvimento e treinamento, e a uma busca de informações na Internet do ***dernier-cri*** da área do saber em que atua. É a derradeira tentativa de resistência e defesa de alguém a fim de não integrar a próxima lista dos *deletáveis* da organização preparada pela área de RH, sempre que ocorra quaisquer oscilações nos balanços e resultados não desejados pelos acionistas.

As organizações costumam fazer grande estardalhaço pelo baixo *turnover* que apresentam em seus diferentes níveis hierárquicos. Para elas, esse é um indicador indubitável da excelência de suas práticas de gestão de pessoas. Sob uma visão mais crítica, isso nada tem de especial ou de surpreendente. Em verdade, o *turnover* de todas as seitas é baixo, tanto o daquelas de denominações religiosas quanto o das dedicadas aos negócios empresariais. Os poucos membros que conseguem escapar do círculo de ferro que as seitas lhes impõem precisam estar dispostos a se expor a um longo e doloroso processo de reprogramação e reciclagem existencial para se tornarem capazes de se ajustar adequadamente à complexidade e à multidiversidade de uma nova vida em sociedade. É preciso que reaprendam a conviver em um mundo em que o trabalho, a família e as entidades da comunidade caracterizem-se como elementos distintos, porém harmônicos, independentes, mas inter-relacionados, em que a plenitude do ser humano se realize através da união de vários mundos, não apenas ao do trabalho, que pretensamente objetiva cumprir, de forma simultânea, tais papéis tão diferenciados.

À semelhança do astronauta que precisa de condições especiais de retorno à atmosfera para não se desintegrar, o liberto da deificação da organização requer condições também adequadas para processar a sua reinclusão como indivíduo à diferenciação de papéis, sob o risco de se tornar mais um desajustado social.

As organizações cada vez mais se transformam em verdadeiras armadilhas contra a preservação da incolumidade do indivíduo em um mundo de negócios em que conceitos, projetos, produtos e serviços têm um período de vida tão curto. Todos são negociáveis e descartáveis, inclusive aquele cuja organização acabara de investir, seja através de um treinamento internacional, um MBA ou até mesmo numa recente promoção. A cooperação superficial, o jogo do faz-de-conta, a manipulação psicológica, a dissimulação e a hipocrisia acabam sendo as melhores blindagens para se conviver com a atual realidade. E a hipocrisia, assim, se torna o vício da moda. E o vício da moda tanto se espraia que se transforma em virtude. Em um mundo de hipócritas, afirma-se a lealdade, o compromisso e a confiança, mas se pratica exatamente o contrário. A hipocrisia passa a ser uma homenagem que o vício presta à virtude, em ambientes de trabalho artificializados em que o sorriso fabricado dissimula o ressentimento e a inveja dos incompetentes pelo talento alheio.

As organizações causam enorme impacto na construção do caráter das pessoas, isto é, no valor ético que cada um de nós atribui aos nossos próprios desejos e às nossas relações com os outros diferentes campos de ação social e no trabalho. Quais são os traços pessoais a que damos prevalência em nós mesmos, e pelos quais buscamos que aqueles que têm significância para nós nos avaliem? A ética da convicção ou a ética dos resultados, o que norteia as nossas vidas? Qual é a nossa opção existencial – a que nos traz felicidade e realiza os nossos sonhos ou aquela que nos transforma em inconscientes passageiros da agonia?

Santo Agostinho* nos diz que "mentir é ter uma coisa no coração e outra na cabeça". Exatamente assim se comportam as organizações com relação aos seus parceiros quando os manipulam, ou quando racionalizam conquistas e sucessos materiais fugazes em lugar do que, de fato, nos realiza como pessoas.

A liderança destituída de caráter é absolutamente incompreensível – ou, pelo menos, deveria ser – em um mundo estruturado pelo discurso do primado da ética empresarial, do respeito ao próximo, da empresa cidadã, da responsabilidade social e da solidariedade do trabalho voluntário.

A incompatibilidade entre os valores proclamados e os valores reais praticados pelas organizações é a marca dominante da trajetória da insensatez no mundo do trabalho.

IV. Relações Humanas Fugazes

As empresas crescentemente impõem aos seus membros custos inavaliáveis de perda da convivência em família.
Não só as viagens longas e frequentes, mas o trabalho levado para casa ou as convocações à intervenção imediata para resolver crises de última hora sequestram todo o tempo e sugam toda a energia. A ditadura da urgência está sempre presente nas mensagens dos smartphones, dos laptops ou dos telefones celulares. Toda uma parafernália de equipamentos para contato imediato, a qualquer tempo e em todo lugar, são postos à disposição dos empregados. Esses equipamentos são sempre cedidos pela área de recursos humanos sob o pretexto de concessão de benefícios extrassalariais, aqueles que justamente diferenciam a organização no mercado de salários.

Tamanha sucção de tempo e energia termina por provocar a desconstrução dos laços familiares, com o abandono da atenção ao cônjuge e aos filhos, já que as prioridades acabam por se subordinar aos imperativos da organização.

A flexibilidade e a mobilidade praticadas pelas organizações tornam fugazes e superficiais as relações entre as pessoas. Como todos estão sempre à disposição da empresa para servir em quaisquer recantos do globo por algum tempo, as amizades são feitas e desfeitas. **As pessoas não têm amigos, mas instantes de amizade.** Conectados permanentemente em rede, buscam na frieza das comunicações eletrônicas a compensação e a sublimação psicológicas para a ausência do contato pessoal amigo, da palavra fraterna e do gesto de solidariedade nos momentos de alegria e de dor, para o compartilhar das vivências a que todos os seres humanos são submetidos na trajetória de suas existências. Compartilham virtualmente experiências emocionais que somente o contato físico pode propiciar. Até relações sexuais a distância são cada vez mais comuns. A masturbação individual solitária substitui a maior expressão humana de comunicação: o contato íntimo de dois seres humanos em orgasmo num ato de amor.

Quando se transfere à vida familiar a inexistência do longo prazo nas relações de trabalho, isso significa estar sempre prestes a mudar, estabelecer laços superficiais com os vizinhos, não se comprometer e não se envolver em seus problemas. **Como falar para os filhos em compromissos mútuos, solidariedade e relações estáveis entre pessoas quando as vidas dos pais não traduzem essa realidade?**

A terceirização igualmente contribui para as relações fugazes nas organizações. Cada vez mais se descentraliza a execução de tarefas e atividades a pequenas firmas ou a contratos individuais de curto prazo para realizar temporariamente o que era antes executado de forma permanente por empregados estáveis. Não é à toa que hoje, no Brasil, para não dizer em todo mundo, o setor da força de trabalho que mais cresce é o das pessoas que trabalham para agências de mão de obra temporária.

A moderna estrutura das organizações assumiu as relações de trabalho em curto prazo, eventual ou episódico, transformando todos descartáveis. Não há mais trabalho de longo prazo. Tudo é descartável: o planejamento de carreira que pretendia o avanço profissional de alguém pouco a pouco nos diferentes espaços hierárquicos de uma ou duas organizações, a utilização de um conjunto de competências lenta e arduamente adquiridas ao longo de uma vida de dedicação a um mesmo campo de atividades. Hoje, o profissional muda inúmeras vezes de emprego, adquire e troca de aptidões outras tantas. Todo esse processo permanente de instabilidade altera profundamente o próprio sentido do trabalho, que antes pressupunha solidariedade, cooperação e confiança mútua, isto é, complexos éticos de interação humana que somente podem ser construídos em longo prazo, através da convivência estreita do cotidiano e a partir das relações permanentes estáveis.

Capítulo 8

I. Como Conviver com o Cultismo das Organizações?

II. Características Comportamentais dos Convertidos

III. Você Será Sempre Você, não Importa o que Faça

IV. A Busca da Realização da Plenitude Humana

V. A Rebelião das Novas Elites

VI. A Contracultura às Organizações

VII. As Organizações e a Expansão do Fundamentalismo Religioso

I. Como Conviver com o Cultismo das Organizações?

Os profissionais com características pessoais avessas à integração às seitas organizacionais normalmente preferem participar de projetos e atividades de grande intensidade laboral, mas que tenham início, meio e fim. Uma vez concluídos, gostam de se dedicar a novos desafios e realizações em outros ambientes funcionais. Preferem não exercer trabalhos no sentido tradicional do termo, com horários e responsabilidades cotidianas próprias de uma burocracia complexa. Reúnem-se para a realização de determinada tarefa em função do desempenho específico de cada um, e não pela contribuição de longo prazo que as suas presenças asseguram à organização.

Os avessos ao cultismo das organizações valorizam o que fazem, a sua efetiva contribuição ao trabalho, derivam satisfação psicológica daquilo que realizam. Dão pouca ou quase nenhuma importância aos símbolos de status decorrentes dos cargos ou funções que ocupam. Enfim, minimizam a dimensão das honrarias que lhe são conferidas pelo que representam na estrutura organizacional.

Há certas atividades bastante propícias, apenas como exemplos, que atraem usualmente pessoas com essas características infensas às seitas: indústria cultural em geral, como teatro e cinema, a informática, a medicina, a advocacia e a consultoria empresarial de topo. É claro que esse perfil personalógico se espraia por toda a universalidade do trabalho humano, não se restringindo, portanto, a um conjunto limitado de atividades.

No mundo competitivo globalizado em que vivemos, na prática, ao contrário do que pensam as organizações, esses profissionais representam uma mão de obra mais acessível, pois custam apenas a contrapartida remuneratória do que realizam enquanto estão em ação. A organização dispõe de profissionais altamente qualificados apenas enquanto deles têm necessidade. Não os contrata como empregados, com todos os custos inerentes a uma relação contratual pressupostamente permanente, já que apenas aluga o seu talento para a realização de um propósito específico por prazo definido. Normalmente só recebem pelo que produzem. Preservam a incolumidade e a valorização do que são na família e nas diversas entidades associativas e comunitárias a que pertencem, pois lhes conferem grande importância ao seu equilíbrio humano e realização pessoal. Não lhes passa pela cabeça compensar ou substituir a família e a comunidade pelo ambiente de trabalho, característica modal dos que se deixam atrair pelas seitas organizacionais. Marcam nitidamente os diferentes limites e as dimensões de sua vida – trabalho, família e comunidade. Sabem que são convocados ao trabalho somente pela competência técnica ou gerencial que possuem, não pelas características próprias de suas personalidades que se ajustam ou não circunstancialmente à cultura da organização. Os profissionais imunes às influências deletérias da religiosidade organizacional certamente contribuem para oxigenar o ambiente de trabalho. Preservam a sua própria identidade, singularidades e tipicidades, produzindo a sinergia do novo e do inusitado, da divergência e da busca do consenso ou do mínimo denominador comum. E assim, como um beija-flor, deixam o pólen de sua criatividade, iniciativa, autonomia, independência e liberdade quando se movem de um projeto ou de um ambiente de trabalho de um para o outro. Não são inoculados com os preceitos e fundamentos, dogmas e hábitos das organizações por não manterem com elas relações de trabalho de longo prazo ou de permanência, que os levaria inelutavelmente também à assimilação.

II. Características Comportamentais dos Convertidos

1. Costumam todos os dias levar trabalho para casa, nas férias, nos fins de semana e nos feriados.
2. São demasiadamente sérios e comprometidos com tudo o que se refira ao seu trabalho e à organização a que pertençam.

3. Normalmente não mantêm relação estreita de amizade com pessoas fora de seu ambiente de trabalho.
4. Não gostam de tirar férias, só o fazendo por imposição de suas famílias ou da própria organização.
5. Usualmente, ultrapassam as jornadas diárias de trabalho, sempre tendo atividades a serem concluídas fora do expediente.
6. Estão sempre bem, extrovertidos, fazendo questão de propalar o sentido positivo que têm em suas vidas profissionais, do orgulho que sentem em pertencer à organização em que trabalham.
7. Preenchem as suas necessidades de afiliação e sociais, de afirmação e de realização na organização através do que fazem e com quem se relacionam no cotidiano do trabalho.

Se você, caro leitor, enquadra-se em algumas dessas características acima elencadas, precavenha-se: você pode ser mais um convertido ainda não consciente da própria conversão. O hábito já o tornou uma pessoa diferente da que era antes e você, talvez, ainda não se tenha dado conta disso. Talvez já seja mais um devoto do *cult* à organização, com a exclusão ou a perda crescente de significância da família e das entidades da comunidade em sua vida. O seu mundo se circunscreve cada vez mais ao universo restrito do trabalho, com perdas substantivas das demais dimensões existenciais próprias da natureza diversificada e rica do ser humano.

É preciso que cada um de nós reflita sobre o que é de fato significativo e importante em sua vida. É necessário que ponderemos os aspectos relativos, as vantagens e desvantagens, os benefícios, as repercussões e os méritos dos diferentes caminhos que trilhamos no cotidiano de forma a darmos dimensão ao que nos separa da efetivação da melhor forma de vida que esteja ao nosso alcance. Provavelmente compreenderemos a necessidade de compatibilizar, de maneira balanceada e ponderada, os nossos níveis de compromisso e de realização simultaneamente na família, no trabalho e na comunidade, esta nas diferentes facetas em que se configura. Perceber mais acuradamente a maneira como vivemos, identificar e sopesar as escolhas que têm conduzido as nossas vidas certamente modificará o modo como temos vivido. Estudar, avaliar, criticar e reformular a forma como vivemos é uma condição necessária para quem almeja enriquecê-la.

Maurice Maeterlinck* nos ensina: "A estrada é sempre melhor que a estalagem. Essas palavras do grande escritor espanhol Miguel Cervantes significam uma maneira de viver. Em meus dias de moço, sempre achei muito difícil alcançar determinado objetivo, acabar determinado trabalho. Quando chegar lá, pensava, sentirei satisfação e recompensa. Mais tarde, porém, vim a compreender que toda realização, como toda estalagem, é somente um ponto na estrada. O valor real da vida vem com a própria jornada, com o esforço e o desejo de mantermo-nos em movimento. Agora descubro que, com meus 84 anos, posso olhar para frente com esperança e desejo. Aprendi a considerar cada estalagem ao longo da estrada não como um ponto de chegada, mas como um ponto de partida para um novo e melhor momento".

Uma pessoa de valor nunca está em perfeita sintonia com o seu tempo. Só os idiotas e os acomodados convivem sem conflito com os conceitos e preconceitos do presente, assim nos diz Nietzsche*.

Há momentos na vida das organizações em que se deve ser, antes de tudo, um radical. Ser radical é ir profundamente às raízes dos problemas, enfrentá-los e discuti-los. Aos que confundem radicalismo com obtusidade, a etimologia poderá ensinar a restaurar a palavra em seu verdadeiro sentido. Sartre* nos diz que o radicalismo é a opção sensata no mundo de hoje.

III. Você Será Sempre Você, Não Importa o Que Faça

Todas as organizações têm algum nível de sectarismo em suas práticas e procedimentos de trabalho. As organizações são feitas de pessoas. Não há organizações sem pessoas. A cultura organizacional se plasma, forma e se consolida através de cada um que cede uma parte de si ao todo organizacional. Assim, organização é um pouco de cada um em permanente interação, através de usos diferenciados da hierarquia para a realização de determinados objetivos e propósitos comuns.

A questão que se coloca é o quanto cada um cede de si para a organização. É preciso definir limites e estabelecer barreiras para preservar parcelas significativas de nossa individualidade. Só assim seremos capazes de satisfazer os demais papéis sociais que exercemos fora do trabalho, na família e na comunidade.

Costuma-se dizer que a insanidade produzida pela neurose consiste em repetir os mesmos comportamentos e ações na expectativa da obtenção de resultados diferentes. Se você integra uma organização e percebe que há uma presença dominante dos fundamentos das seitas organizacionais, não insista. A expectativa de mudança dessa realidade vai deixá-lo neurótico e alienado. Não espere algo diferente. Faça algo a mais, pois certamente o que vem tentado fazer há muito já não funciona. Busque outra organização, mude de trabalho e de emprego, rompa com a neurose comportamental que já inconscientemente pratica, sem que o perceba. Talvez seja doloroso e bastante difícil em curto prazo, mas assim o fazendo certamente vai se tornar uma pessoa mais feliz, madura e realizada em um futuro bem próximo. A tomada de decisão de rompimento é crucial, já que a implementação é sempre mais fácil e suave, pois nos libera da angústia de conviver em um espaço de trabalho que nos oprime e nos empobrece como seres humanos.

É verdade que poucas pessoas têm a capacidade de autoanálise adequada de seus comportamentos pessoais e de compreensão de suas realidades. O aconselhamento profissional é frequentemente necessário para alguém que se defronta com essa dificuldade. As inter-relações na família e na sociedade têm a mesma dinâmica das organizacionais. É espantosamente crescente a popularidade dos livros de autoajuda, a participação em cursos e seminários com o foco em relações interpessoais, a busca de apoio especializado em psicanalistas, mentores e consultores em problemas de relacionamento, mas praticamente nenhuma importância se dá aos problemas de interação indivíduo-organização. As organizações são bastante atentas a esse quadro de circunstâncias. Daí o motivo de comumente oferecerem apoio referente à assistência psicológica no próprio ambiente de trabalho através de serviços especializados postos à disposição de seus empregados. Se o aconselhamento indivíduo-organização é oferecido no próprio trabalho, o empregado não tem necessidade de buscar fora de sua organização o apoio de que necessita. Como diz Paulo Freire*, em *Pedagogia do Oprimido*, o oprimido não tem consciência de sua própria opressão. Provavelmente o apoio que busca dentro da própria organização contribua para que seja gerada mais opressão, mesmo que esse indivíduo esteja mais conformado com as suas "circunstâncias inarredáveis" de alienação.

O primeiro passo para a conquista da saúde psicológica de alguém – talvez você mesmo – que integra uma organização deformada pela autoveneração é compreender que não é dono dela. É preciso entender também que você será sempre você, não importa o que faça. A tomada de consciência de si próprio é o passo decisivo para a mudança. Se esse for o seu caso, o que espera? Faça-o já! Não se permita deixar de ser você! Não abdique de si mesmo!

IV. A Busca da Realização da Plenitude Humana

Um número crescente de profissionais questiona a obsessão pelo sucesso alcançado em decorrência do desempenho organizacional espetacular. Compreendem que podem alcançar plena realização pessoal e profissional fora dos limites estreitos e rígidos de um ambiente de trabalho. Muitos alcoólatras do trabalho compreendem que não existe apenas o trabalho, que essa dependência compulsiva é uma doença comportamental, que há muitas outras dimensões existenciais de realização humana. No entanto, como a maioria dos alcoólatras, não conseguem se libertar do vício.

A busca obsessiva do sucesso no trabalho, estimulada pelas organizações transformadas em ordens religiosas de autodevoção, retira significância da vida. Em vez de garantir realização pessoal, gera frustração e decepção, um sentimento vazio de impotência e de desvalor à plenitude de uma vida integrada por facetas diferenciadas de humanização. Os convertidos talvez tenham sucesso, mas perdem o real significado associado à plenitude de suas vidas.

O sucesso vem acompanhado da posição funcional ocupada, do status, do prestígio e poder conexos, do dinheiro ganho através da organização. Tais "valores" propiciam a garantia de bens materiais tangíveis, o que gera por sua vez, mais prestígio e reconhecimento social. Significado existencial é um conceito inteiramente distinto, que decorre do preenchimento de um conjunto de características e dimensões existenciais – frequentemente intangíveis – de natureza completamente diferenciada. Normalmente o significado existencial também vem associado às recompensas emocionais e afetivas vinculadas à família e às distintas entidades comunitárias a que o profissional se envolve como pessoa em busca de uma vida plena.

É preciso proceder à ruptura com as organizações que promovem a compulsão ao trabalho, ao vício da devoção a um equívoco de comportamento. Os convertidos às seitas têm um vazio existencial que preenchem pelo trabalho.

A busca obsessiva pela satisfação das necessidades de prestígio, sucesso, reconhecimento social e dinheiro compõem um ato contínuo que nunca termina, que nunca se satisfaz em plenitude. É preciso romper esse círculo vicioso.

A pessoa precisa de grande tenacidade para resistir à dor e para superar mágoas ao executar a mais difícil das tarefas: a mudança de atitudes. Schopenhauer* nos diz: "O sofrimento educa. A dor tem uma função pedagógica e não pode ser negada – esse é o seu heroísmo".

Vivemos num "corre-corre" sem fim, num torvelinho de agitação que não cessa no cotidiano de nossa existência. Essa rotina inebria e entorpece. De vez em quando, é verdade, desabam sobre nós acontecimentos que nos despertam para novas realidades e nos fazem compreender a necessidade de novas prioridades em nossas vidas. Novas alternativas e perspectivas se oferecem. O impacto do inesperado nos desperta da letargia a que somos tangidos pela rotina de um cotidiano que de repente se transforma: a adversidade frequentemente presente por alguma forma de perda subverte o conjunto de opções que presidem a trajetória de nossas existências. É preciso retirar desses momentos todo o potencial de desenvolvimento e de mudança que possibilitam a construção de um novo tempo para as nossas vidas. O germe da adversidade traz em si a possibilidade de construção do novo.

V. A Rebelião das Novas Elites

A rebelião das novas elites se constitui também em uma tribo, com características bem próprias, que marca o nosso tempo. Os seus componentes pensam à esquerda, mas vivem à direita. Pelo menos naquilo que equivocadamente se convencionou considerar como esquerda e direita no Brasil, com os seus estereótipos, preconceitos e deformações.

Em geral são ricos, já que regiamente mostram-se recompensados pelas inúmeras organizações em que, transitoriamente, prestam colaboração, sem desenvolver quaisquer vínculos mais profundos de compromisso e dedicação. Vestem-se sem ostentação, ora casual ora formal, ajustando-se às circunstâncias apropriadas, como se não tivessem tanto dinheiro ou se apresentando "nos trinques" quando necessário. Gostam de passar férias e feriados em lugares exóticos, principalmente em países africanos e asiáticos, nas montanhas da Nova Zelândia ou no Caribe. O máximo permitido é Cuba, a Disneylândia da esquerda brasileira. Mas não dispensam os voos de classe executiva e o *dernier cri* da última trapizonga tecnológica. Compadecem-se da miséria e da fome nos países periféricos, mas não abrem mão do vinho *grand cru* e das delícias da *nouvelle cuisine*.

As novas elites são, assim, um híbrido não muito bem definido entre hippies e yuppies: vocalizam os valores de liberdade e de afirmação dos anos 60, mas focam a ação profissional na busca da riqueza. Moralizam a transgressão e produzem um discurso de rebeldia ao *establishment*, mas contraditoriamente atuam na busca permanente por usufruir o máximo de conforto, benefícios e privilégios que sejam capazes de apropriar e acumular.

A rebelião das elites é a contracultura às organizações que se pretendem autocultuar como se fossem verdadeiras seitas do trabalho, constitui-se como um verdadeiro apartheid social no mundo empresarial globalizado.

São os anarquistas do terceiro milênio, não aceitam limites ou laços permanentes com lugares, pessoas e organizações. Em verdade, nem com cidades, regiões ou países. São os novos nômades dos tempos globalizados.

Não são os anarquistas contrários à globalização, tão comuns nas manifestações de rua nos últimos tempos. Ao contrário, centram a sua rebeldia em um anarquismo individualista, em que buscam tirar partido temporário das circunstâncias, onde quer que estejam.

Vagam, como predadores, de organização em organização, sempre em busca de sua autorrealização, prestígio e reconhecimento, a despeito das consequências que geram nos circunstantes por suas decisões sempre voltadas para os interesses dos que detêm o poder no mundo dos negócios.

São as forças mercenárias das elites globalizadas, cada vez mais requisitadas para o enfrentamento de crises específicas ou para o redirecionamento de metas, missões e visões, ou para as *joint ventures soi-disant* de incorporações e fusões.

Não vestem a camisa de ninguém: países, organizações, equipes, pessoas, parentes ou familiares. São leais somente a si próprios e ao que temporariamente realizam. São como algumas superestrelas do futebol mundial, como o Ronaldinho Gaúcho que, certa vez, declarou à imprensa que ganhar o campeonato europeu com o Barcelona era muito mais importante do que participar da Copa do Mundo jogando pelo Brasil.

São rigorosamente contrários à atual ordem econômica mundial, mas nada fazem para mudá-la, além de discursos críticos, bastante ácidos. Ao contrário, tudo fazem para tirar do sistema o que puderem de melhor para si.

VI. A Contracultura às Organizações

O mercado competitivo mundializado cria as condições objetivas necessárias à rebelião das novas elites emergentes, constituídas por executivos e profissionais altamente especializados que se recusam a aderir aos postulados das organizações.

São os anarquistas ou os novos nômades do terceiro milênio, que não aceitam limites ou laços permanentes com lugares ou organizações. Essas elites profissionais, migratórias por excelência, representam o apartheid social do mundo globalizado. São a sua contracultura. E, assim, reincidem no mesmo equívoco: transformam-se em apóstolos de uma nova religião do trabalho, ainda que da lógica e da razão.

Dado o caráter de vida que levam, afastam-se do cotidiano das pessoas, especialmente daquelas que se incorporam, por tempo indefinido, às organizações e aos lugares.

Não são os mesmos anarquistas manifestantes contra a globalização, hoje tão comum nas ruas de todo o mundo, que voltam a desfraldar bandeiras vermelhas e negras de repúdio à ordem econômica estabelecida. Ao contrário, centram a sua rebeldia em um anarquismo individualista, que se fundamenta no ideal egoísta segundo o qual a pessoa se realiza em conflito com a coletividade e com os outros indivíduos. Assim sendo, é necessário tirar partido temporário de todas as circunstâncias favoráveis, onde quer que estejam. E como predadores, verdadeiros nômades, vagam de organização em organização, nos mais distintos e remotos lugares do mundo, em busca da sua autorrealização.

Apegados aos critérios lógicos e racionais de seus computadores e de suas planilhas, essas elites abandonam os fundamentos morais, éticos e religiosos na ilusão de que somente por meio da ciência e do uso da tecnologia de ponta serão capazes de determinar os seus destinos. São as classes emergentes da economia globalizada, cada vez mais requisitadas pelas organizações competitivas mundializadas, que os requerem temporariamente como forças mercenárias de elite, para enfrentamento de crises específicas ou para o redirecionamento de conceitos e visões, metas e objetivos.

Com uma concepção estritamente pragmática e utilitarista do mundo, essas elites usam as organizações na realização de seus interesses, em vez de serem por elas usadas. Não acreditam na eficiência do Estado e de qualquer autoridade imposta por estruturas organizacionais hierárquicas. São antidogmáticas em sua essência. Opõem-se à sujeição de quaisquer esquemas únicos, próprios das organizações. Não vestem a camisa de ninguém: países, empresas, profissões, equipes, filhos, famílias, parentes, comunidades. São leais somente a si próprios e às atividades que provisoriamente realizam. Contrapõem-se à formulação de modelos aprioristicamente estabelecidos, na certeza de que representam uma ameaça à liberdade, à autonomia e à independência. A negação à adoção de ideias de quaisquer gurus políticos, religiosos, sociais ou de gestão empresarial lhes assegura ampla flexibilidade e maleabilidade de adaptação à mudança. Mas não são amorfos ou ajustáveis a quaisquer situações. Alguns conceitos lhes são vitais: a negação e o repúdio a toda forma de autoridade; a ênfase na autonomia individual; a importância da educação permanente; o desapreço ao patriotismo e à religiosidade; a insubordinação à exploração do trabalho; o desligamento ou o desapego de laços afetivos.

Por serem contrários a todo tipo de poder e dominação, fazem do exercício da própria liberdade o caminho que os conduz à realização plena de suas necessidades egoísticas. Nesse sentido, essa nova variante de anarquismo no mundo dos negócios constitui-se em uma verdadeira rebelião das elites, a crítica comportamental mais radical ao status quo praticado por um número crescente de organizações que se transformam em verdadeiras seitas do trabalho: recusam-se a aceitar não só o conteúdo, mas também a forma pela qual se organiza a ordem econômica mundial, sem deixar de tirar dela o maior partido em seu benefício das circunstâncias e das realidades estruturais estabelecidas.

São vigorosamente contrários à atual ordem econômico-social mundial e à forma como as organizações são concebidas e operadas. No entanto, nada fazem para destruir esse estado de coisas; pelo contrário, buscam individualmente usufruir dele o máximo que podem. E, através de seus esforços e contribuições, dotar o mundo corporativo, não importa a serviço de que, por que e para quem, de cada vez mais eficiência, eficácia e efetividade.

VII. As Organizações e a Expansão do Fundamentalismo Religioso

As referências atitudinais e psicológicas entre o fundamentalismo religioso de quaisquer denominações – sejam os evangélicos, católicos, islâmicos, judeus, umbandistas, candomblecistas, espíritas etc. – e o empregado convertido ao cultismo das organizações empresariais no mundo dos negócios guardam visíveis semelhanças.

Por exemplo: a vida, no seu sentido mais amplo, não é um valor por si mesmo, a não ser quando associada ao coletivo dos crentes para os religiosos e aos colegas de trabalho para o empregado da organização deificada. Só na integração e na participação com seus semelhantes – na comunidade religiosa ou na organização corporativa – o indivíduo se sente pessoa, preserva o seu próprio eu.

A forma de pensar condiciona significativamente o comportamento. Ambos – o religioso fundamentalista e o convertido à devoção empresarial do trabalho – têm percepções similares, cada um com o foco em seu objeto de interesse ou de adoração. O conjunto de concepções e de pressupostos sobre a vida tem uma importância decisiva na maneira como cada um percebe o mundo e assim se comporta. A ação do ser humano é constituída por razão e emoção em permanente processo de influência recíproca. A percepção é fonte e limite do comportamento humano. A maneira como eu percebo determina a maneira como eu me comporto.

Ao submeter-se a uma comunidade totalitária – na igreja ou na empresa – normalmente sob a benção de uma liderança carismática, sempre emergente de culturas divinizadas, tanto o crente fundamentalista quanto o convertido à religião do trabalho aceitam e se integram em plenitude à verdade do pensamento único, das doutrinas, dos dogmas e dos fetiches que amalgamam o cotidiano de suas comunidades.

O fanático fundamentalista dispõe-se ao sacrifício da própria vida para obter, no paraíso, a compensação pelo sofrimento de sua imolação. O convertido às organizações empresariais busca, pela integração irrestrita ao trabalho, uma vida de felicidade na terra; ao viver para o trabalho deixa de desfrutar de todas as demais dimensões existenciais que a vida proporciona. Aparício Torelly, o Barão de Itararé*, costumava lembrar que "a única coisa que se leva desta vida é a vida que se leva".

Assim, de modo semelhante, tanto o integrante da seita fundamentalista fanática quanto o da deificação da organização do mundo corporativo compartilham de uma cultura totalitária que, ao fim e ao cabo, os aniquila como pessoas. Um pelo martírio físico que vai até a aniquilação da própria vida. O outro pelo empobrecimento existencial do seu "eu" como ser humano, mesmo dispondo de todos os confortos e facilidades propiciados pelas empresas, que àquele primeiro – o religioso fanático – são negados em decorrência do próprio credo ou pela sua própria origem, determinante de sua opção pela busca da felicidade somente na vida celestial.

As organizações do mundo dos negócios se transformam em seitas como estratégias ardilosas para o aumento desmesurado da sua produtividade, garantindo cada vez mais ganhos aos acionistas, a nova aristocracia social da ordem econômica mundial em que vivemos.

A sutileza da relação explorador-explorado se dá sob os auspícios de uma sociedade de mercado crescentemente assumida como pensamento único por intelectuais *soi-disant tanto* de direita quanto de esquerda, sempre engajados na justificação teórica e na legitimação prática da inevitabilidade do processo de exploração.

As seitas fundamentalistas buscam os seus quadros nas enormes multidões de excluídos, de desvalidos e de desesperados, que veem arruinarem-se no cotidiano quaisquer possibilidades de reversão de suas realidades. Vivem a esquizofrenia da perda de suas referências e tradições anteriores à intensificação da globalização; não compartilham como beneficiários de suas facilidades e conveniências. São os novos *Miseráveis* de Victor Hugo*, neste finalmente *Admirável Mundo Novo*, de Aldous Huxley*.

É nesse quadro de circunstâncias que o fundamentalismo corporativo e o fundamentalismo religioso florescem, cada qual com a sua lógica própria, mas que guardam em si evidentes indícios de similitude.

A enorme dispersão de valores vivida na sociedade mundial do "aqui e agora", da impermanência, do multiculturalismo, da tribalização humana entre os afins faz com que as organizações também se tribalizarem na busca de maior competitividade contra a concorrência mundializada.

A exclusão das massas do processo mundial de produção e dos benefícios da riqueza cria condições objetivas para a articulação, agregação e organização dos excluídos e dos que perdem as suas próprias identidades. A religião fanatizada passa a ser o último refúgio coletivo de luta capaz de preservar a identidade do indivíduo e de lhe propiciar condições objetivas de enfrentamento às adversidades que julga lhe serem impostas por culpa dos ímpios e dos apóstatas.

Nas organizações empresariais que se autocultuam o indivíduo encontra, através do trabalho, a sua autoidentidade. Preenche os seus vazios existenciais na empresa, já que se ressente por não participar plenamente do seio familiar assim como das mais diferentes formas de interação comunitária, que deveriam fazer com que ele se autorrealizasse.

No fundamentalismo religioso o indivíduo também restaura a sua autoidentidade pelo compartilhamento, com os seus iguais, de valores, crenças, tradições, visões de mundo, idiossincrasias e aspirações que lhe são tão essenciais.

Ambos, tanto os convertidos à teologia do trabalho quanto os religiosos fanatizados, se autoencontram simultaneamente pelo convívio entre semelhantes e pela negação dos demais. A aproximação se faz pela negação dos outros, que não compartilham das mesmas concepções e percepções de mundo.

No mundo do trabalho, o convertido desenvolve, na prática, a maior animosidade pelas organizações concorrentes e por todos os seus colaboradores.

Na religião, o fundamentalista execra todos os que não comungam da mesma fé e, ao extremo, até mesmo os elimina fisicamente por fazerem parte das coortes dos endemoniados na luta do bem contra o mal. Acontece o mesmo no mundo dos negócios: a empresa é o bem e a concorrente é o mal a ser extirpado do mercado.

O fundamentalismo é a perversão das religiões assim como a transformação das organizações corporativas em seitas é a perversão da vida empresarial.

Todas as religiões indistintamente propõem a solidariedade e o amor ao próximo, assim como as empresas são, em teses, instituições comprometidas com o bem comum.

A realidade é que tais pressupostos não se concretizam nesses verdadeiros aleijões das religiões e das vidas das empresas.

Capítulo 9

I. O Elo Perdido das Organizações

II. Organizações: Coletividades Sociais de Trabalho?

III. É Preciso Adaptar o Homem ao Trabalho, e não o Inverso

IV. Trabalho: Pode fazer alguém feliz?

V. O Suicídio nas Organizações

VI. Eu sou Você Amanhã

VII. A Síndrome de *Burnout*

VIII. Geração Y: A Geração Perdida

IX. Líderes: uma Espécie em Extinção?

X. Afinal, as Organizações não são Morais!

I. O Elo Perdido das Organizações

O que nos demonstram os desajustamentos, depressões e até suicídios de empregados que marcam o funcionamento das grandes corporações nesta primeira década do século XXI?

O que significam, mais ainda, as explicações e justificativas para tais fatos de seus dirigentes, que oscilam entre o cinismo e a compaixão, ou seja, apresentam sentimento aparente de piedade pelos sofrimentos dos empregados, mas não mudam as práticas organizacionais?

E, pior ainda, o que quer dizer sobre a convocação urgente e atabalhoada de psicólogos e de médicos do trabalho para identificar causas e propor soluções de imediato face ao inusitado dessa situação anômica, que estraçalha os ambientes organizacionais e afeta criticamente o desempenho?

Certamente o desconhecimento, a ignorância e até mesmo a negação deliberada pelo mundo corporativo de hoje em relação aos conhecimentos e aos avanços das ciências do comportamento humano no trabalho produzidos por décadas, a partir dos anos 1920/1930, com as pesquisas pioneiras na Fábrica de Hawthorne* da Western Electric, nos EUA.

A globalização e a mundialização da economia produzidas pela sociedade de mercado, em especial a partir dos anos 1980, com a intensificação dos paradigmas dominantes dos lucros e dos resultados nos balanços, da expansão do consumismo e do crédito, jogaram às trevas tudo o que cientificamente já se conhecia do processo de condicionamento do comportamento humano no trabalho. E o mundo corporativo em vez de avançar nas práticas das melhores formas de estimular o desempenho de seus colaboradores, produziu desde então passos significativos de retrocesso.

O processo histórico não se faz apenas com progressos e avanços, mas também com retrocessos e regressões de forma que, o mais das vezes, apaga, ignora e desconhece os ganhos obtidos no passado, que subsistem apenas como elos perdidos.

A ciência do comportamento humano no trabalho é o elo perdido do mundo corporativo na sociedade neoliberal de mercado, das teorias e das práticas atuais dos consultores e dos profissionais que se dedicam à gestão das organizações, das teses de pesquisa e dos artigos ultimamente desenvolvidos pelo universo acadêmico, do cotidiano das notícias e do interesse da imprensa em geral.

Erros primários produzidos pelas trevas da ignorância e do desconhecimento sobre motivação humana no trabalho amplificam a crise nas organizações, aumentam os casos de desespero e de suicídios. Além disso, escandalizam a opinião pública, que não os compreende, e, muito menos, os aceita.

Um dos pontos fulcrais identificados pela célebre Pesquisa de Hawthorne* é a presença e a influência dos grupos espontâneos (informais) na constituição e no funcionamento da realidade organizacional.

Os grupos espontâneos ou informais não são apenas onipresentes na realidade do mundo do trabalho. Cada um deles se ordena por uma hierarquia social, por mecanismos de controle e por formas muito próprias de solidariedade e de interação.

É o sentimento de pertencer e de integrar grupos sociais que fixa em seus componentes o sentido de comprometimento, de dedicação e de empenho no trabalho, a fim de que possam integrar-se às situações, muitas vezes adversas, em que o trabalho é realizado.

A empresa não pode ser considerada como um agregado asséptico, infenso, de pessoas que se inter-relacionam: ao lado da estrutura formal subsiste fortemente uma organização informal invisível, não percebida à primeira vista, mas decisivamente influente.

Para se compreender, em toda extensão e profundidade, a atualidade das descobertas da Pesquisa de Hawthorne, basta se delinear o quadro de mudanças organizacionais ocorridas no mundo do trabalho nos últimos trinta anos. Nesse período, tais descobertas passaram a ser simplesmente ignoradas, ou simplesmente tratadas como velharias ultrapassadas.

Em nome da intensificação da concorrência e da competição, e na busca crescente do máximo de resultados e de lucros, a gerência neoliberal se dedica, cada vez mais, a construir organizações fundadas na individualização de objetivos e dos meios para alcançá-los, na atribuição também individualizada das responsabilidades e das pressões, nas avaliações de desempenho, na concessão dos prêmios e nas sanções.

Nunca se propalou tanto a importância do trabalho em equipe, mas também nunca se praticou mais ainda a individualização. Apesar do discurso contemporâneo de modernidade, o núcleo dominante de organização dos processos de trabalho não é a equipe, mas o indivíduo como pessoa e como profissional.

O mundo corporativo impõe a dedicação incondicional dos empregados à empresa. Têm-se aí como marcos expressivos o aumento crescente da sobrecarga de trabalho, a redução de tempo que cada um dispõe para a vida familiar, a submissão integral às exigências constantes de mobilidade e de uso do tempo pessoal em favor da empresa.

As consequências de todo esse quadro de circunstâncias não são difíceis de identificar: o que antes se chamava de "relações humanas" efetivamente hoje já não mais existe. tendo sido substituídas pelo culto aos resultados, às metas de desempenho a serem alcançadas, e pela indiferença generalizada às questões que configuram, em plenitude, a realização humana no trabalho.

Cada um por si na luta de todos contra todos é o que garante o capital de competência, de reputação e de prestígio profissional que permite a conquista de posições na hierarquia organizacional.

É a primeira vez, em tamanha escala, que a competição e a cooperação antagônica dentro da organização se transformam em variáveis críticas de estruturação de processos de trabalho.

À atomização social reforça-se a ameaça, sempre presente, de demissão e o temor do desemprego para favorecer ainda mais a submissão de todos aos desígnios das direções e das gerências.

As organizações informais são, assim, varridas da realidade empresarial por um sistema esdrúxulo indiscriminado de competição individual, de todos e de cada um em busca da conquista de espaço pessoal e de um "lugar ao sol".

Os argumentos econômicos não são suficientes para explicar a enorme ascendência da gerência neoliberal nas grandes corporações. Toda forma de organização do trabalho reproduz em si mesmo, ao seu tempo e por sua vez, a aplicação de uma técnica instrumental de dominação social.

O próprio ensino da administração se baseia nos pressupostos de preservação de poder de uma sociedade inteiramente centrada no mercado.

O conhecimento está a serviço do mercado, que se transformou em força modeladora da sociedade como um todo. O mercado põe e dispõe em todas as suas formas de expressão: na educação e na cultura, nos esportes e no lazer, na pesquisa e nas suas utilizações práticas, na política e na defesa do meio ambiente, e, muito mais, na vida empresarial.

A teoria das organizações se constitui, assim, em uma ideologia que legitima, em nível empresarial, a sociedade de mercado, vale dizer, também suas iniquidades e disfunções.

Dessa forma, não se constitui em qualquer surpresa a desconsideração factual das estruturas sociais espontâneas, as chamadas organizações informais, quer sejam internas, vinculadas diretamente ao próprio mundo corporativo, quer sejam externas, vinculadas à vida do empregado na família e na comunidade.

Não havia qualquer necessidade de desconsiderar a influência da organização informal para a realização dos paradigmas neoliberais prevalecentes no mundo corporativo dos tempos presentes.

É evidente que a violência social sempre existiu no mundo das organizações e no universo da sociedade.

O novo é a deliberada e intencional ação empresarial no sentido de destruir a organização informal no ambiente organizacional sob o pressuposto de sua disfuncionalidade.

A estrutura social nos integra em relações humanas *soi-disant* de "normalidade", ao passo que a sua ausência nos faz mergulhar no caos da contradição e da anomia.

O que a realidade do mundo corporativo repleto de sofrimento nos mostra hoje é que a desconsideração da influência da organização informal conduz a muita insatisfação no trabalho, ao desajustamento e à depressão. E até aos suicídios!

Precisamos tratar das almas e dos corpos das organizações, de suas estruturas e de seu funcionamento, de suas organizações formais e informais.

Deixemos de procurar as causas da insatisfação individual e coletiva onde elas não estão por insistirmos em desconhecer a sua fonte: as relações sociais de trabalho.

Deixemos de considerar como normal, habitual, como parte das regras do jogo e como via necessária, a destruição da estrutura social que preside a existência humana no trabalho.

O homem, como um animal social, é quase uma lei pétrea da natureza humana. A relação social faz parte de seu DNA, integra o seu código genético.

II. Organizações: Coletividades Sociais de Trabalho?

Downsizings e reengenharias, busca permanente do número mínimo necessário à realização do trabalho, contenção de despesas, pressão crescente na redução de quadros, empurrando os empregados à demissão, individualização das remunerações mesmo para cargos idênticos, papel cada vez mais pífio da representação sindical, avaliações subjetivas de desempenho, intensificação da carga de trabalho, multiplicação de constrangimentos à execução das tarefas e atividades, supressão dos ditos tempos improdutivos por aumento de responsabilidades e ampliação do conteúdo ocupacional, utilização do *just in time* como critério de execução do trabalho, aliado à prescrição detalhada dos modos operacionais estandardizados em que deva ser realizado, todos esses fatores e restrições são disseminados e plenamente aceitos como legítimos no mundo corporativo da sociedade de mercado em que vivemos.

São circunstâncias que contribuem para isolar os empregados entre si, privando-os do necessário apoio coletivo dos colegas, condição indispensável ao homem como animal social, ser gregário e partícipe por natureza.

As condições objetivas de trabalho das organizações no mundo de hoje violam, em sua essência, a natureza do homem como um ser social, tangendo-o a um individualismo real que não lhe é inerente.

Essa é, de fato, a fonte e a origem da trajetória infeliz do homem moderno no mundo das organizações em geral.

Estar submetido ao estresse permanente, sentir-se impotente para realizar um trabalho significativo e de qualidade, em que efetivamente contribua e participe, impossibilitado de poder dialogar livremente, de forma aberta, franca e leal, com seus colegas, eles mesmos estressados e com o "pé-atrás", em constante competição de uns com os outros, são todas circunstâncias de uma realidade objetiva que restringe o empregado à insulação, ao isolamento e à solidão.

O homem organizacional passa a ser o Robinson Crusoé* moderno, só que solitário, sozinho, abandonado não em uma ilha deserta, mas no meio de uma multidão de colegas sem rosto e sem alma, já que todos trabalham juntos, compartilham da mesma cantina e das mesmas festas corporativas, dos mesmos programas de voluntariado empresarial, e, no entanto, mal se conhecem e se relacionam fora da realidade de trabalho. Não estabelecem laços de afetividade e de companheirismo, de fraternidade e de amizade, de solidariedade, mas, pelo contrário, de muita competição, o mais das vezes, dissimulada pela cultura do sorriso fabricado e pela cordialidade de fachada.

Frequentemente, as preocupações dos dirigentes excessivamente focadas na rentabilidade econômica e nos resultados financeiros de curto prazo estão em dissonância com a experiência concreta de trabalho vivenciada pelos empregados. A contribuição do empregado, nesse sentido, é sufocada.

A pressão pela redução de custos torna impossível a realização de um bom trabalho, conforme as competências individuais e coletivas certamente possibilitariam.

São raras as oportunidades em que os empregados podem compartilhar com os seus colegas a adequação intrínseca do que fazem, participar e contribuir em prol de uma construção efetivamente coletiva.

Em geral, cada um deve se virar sozinho e em função de seus próprios critérios.

Um contexto assim deságua inexoravelmente em conflitos de trabalho muitas vezes confundidos como conflitos pessoais.

A cultura da impossibilidade efetiva de diálogo e de troca autêntica de experiências que conformam a qualidade de um trabalho resulta em um elevado custo de saúde psicológica dos membros de uma pretensa equipe.

Os conflitos psíquicos resultam da internalização dos diálogos e das trocas sociais que não ocorrem no cotidiano de trabalho, já que são práticas desestimuladas por culturas organizacionais infensas à compreensão do homem como um ser social.

O risco da incidência dos desajustes emocionais aumenta já que não se consegue superar a solidão individual dos empregados que, pressupostamente, trabalham em equipe.

Nunca se propalou tanto as "vantagens competitivas" da cooperação, do trabalho em equipe, da sinergia, da confiança e da solidariedade, do espírito de grupo. Por outro lado, nunca tanto se praticou exatamente o contrário.

Os laços circunstanciais e impermanentes, fugazes e de curto prazo das realidades organizacionais aconselham a todos o distanciamento e a cooperação superficial, estimulam o sorriso fabricado e artificial, fomentam as relações humanas inautênticas como a melhor armadura psicológica de defesa para tratar com a realidade mutante das organizações.

É preciso desvendar esses mecanismos de manipulação e de repressão adotados, que anulam e desconstroem a subjetividade dos empregados, modernamente chamados de colaboradores, parceiros ou líderes empreendedores.

A grande dificuldade consiste em como superar a solidão individual dos empregados, que mesmo atuando em grupo, realizando trabalhos em equipes, têm o seu "eu" sequestrado por culturas organizacionais que os impelem a relacionamentos distantes e artificiais com seus colegas.

O indivíduo não pode tornar-se humano fora do campo das relações sociais. Somente o outro pode reconhecê-lo e assegurar o seu lugar, o espaço próprio de cada um, na teia das interações humanas.

A realidade antinatural imposta pelas culturas organizacionais tem como resposta os desajustamentos crescentes do homem no trabalho.

O empregado aceita a situação imposta, mas não a incorpora à sua prática social. O seu comportamento pode até denotar certa aquiescência e passividade como práticas de sobrevivência no mundo do trabalho, mas sua subjetividade se lesiona, sua psique adoece, a sua resposta prática a um contexto que lhe parece imutável aliena a sua identidade como pessoa.

O homem é um ser social. As representações coletivas interferem decisivamente na sua identidade. O "eu" de cada um é referenciado, regulado pelo "eu" do outro. A individualidade, a subjetividade de cada um, é alimentada, fecundada, estruturada pelas suas relações sociais.

Nós somos a resultante das relações sociais que mantemos uns com os outros.

Não temos um "eu" puro, asséptico. O homem como ser eminentemente social não pode escapar à identidade-coletiva que se forja na trajetória de seu cotidiano no desempenho de intensa troca de papéis sociais.

Ao violar essa realidade, as organizações impulsionam os seus empregados ao desajustamento psíquico, à depressão, à frustração, aos vícios e até ao suicídio, como já se verifica em números assustadores em macrocorporações empresariais, cujos casos mais críticos são amplamente relatados pela grande imprensa, constituindo-se também como objeto de ações judiciais complexas em diferentes partes do mundo.

A exacerbação dos postulados da sociedade de mercado e do dito neoliberalismo, a partir dos anos 1980, relegaram às trevas os grandes avanços produzidos pela ciência do comportamento humano nas organizações, desenvolvidos por décadas desde as primeiras experiências científicas de Hawthorne*, da General Electric, nos idos de 1920/1930.

Um formidável cabedal de conhecimentos, cientificamente acumulados, foi simplesmente abandonado por inadaptação aos novos paradigmas de mercado e devido às exigências da aristocracia financeira, detentora dominante da propriedade das ações das empresas.

Vivemos hoje um retrocesso de conhecimentos e de práticas no mundo corporativo, em que teorias surgem e desaparecem, são ditas, contraditas e desditas durante todo o tempo, em geral sem quaisquer validações ou bases científicas, mas sempre fundadas no modismo próprio da sociedade do espetáculo, de quem deu a última "sacação genial" em palestra-show ou em um livro best-seller, que logo será esquecido.

Em plena idade média do humanismo corporativo julgamos, de forma equivocada, que estamos na plenitude dos tempos áureos empresariais. Isso porque defendemos o desenvolvimento sustentável, a responsabilidade social, a ética empresarial e a empresa cidadã.

Mais do que nunca é preciso resgatar para o cotidiano da vida empresarial os conhecimentos da ciência referentes ao comportamento humano nas organizações, contextualizá-los aos novos tempos, rejeitando muitas das práticas atuais que desajustam o ser humano porque violam a sua natureza.

III. É Preciso Adaptar o Trabalho ao Homem, e Não o Inverso

Não se equacionará efetivamente os problemas de inadaptação psicossociológica do homem moderno ao trabalho, com todas as suas sequelas, que vão dos desajustamentos, depressões e até suicídios, com a realização de esforços corporativos empreendidos na formação da gestão do estresse, da gestão de relações humanas e interpessoais, e, menos ainda, com a realização *post-mortem* das autopsias psíquicas dos empregados suicidas.

Na melhor das hipóteses, esses esforços não têm qualquer efeito sobre as reais causas dos problemas detectados. E, na pior, apenas culpam os empregados que se utilizam desses esforços, mas não têm força de retirá-los do círculo de ferro da deterioração psicológica em que as organizações os colocam.

É também inapropriado confiar nas gerências e nos supervisores, inclusive nos próprios colegas de trabalho, igualmente submetidos às mesmas circunstâncias, a identificação prévia de quais sejam os empregados fragilizados, cuja vulnerabilidade psicológica já se encontre em tal estágio que não mais lhes permita suportar higidamente as condições de trabalho existentes.

As organizações jogam sobre as costas de suas gerências e supervisores uma demanda contraditória insuportável: de um lado, a busca de realização de objetivos de trabalho cada vez mais inalcançáveis que devem ser impostos crescentemente às equipes, e, de outro, a identificação dos estragos psíquicos que contribuíram para disseminar entre os seus colaboradores ao exigirem níveis de desempenho cada vez mais altos no exercício de suas funções laborais.

É o trabalho, em si, que deve ser tratado e curado de imediato. E de forma prioritária. É ele que está doente!

Não é o homem que deve se adaptar ao trabalho, como equivocadamente as organizações insistem. É preciso praticar justamente o inverso, ajustando as condições de trabalho aos que o vão realizar.

Se um trabalho é insípido, sem sentido, insignificante para aquele que o realiza, deverá ser reconceitualizado, substituído ou automatizado. Caso contrário, sempre subsistirá um problema de moral, de desmotivação, de desinteresse, e, portanto, de desajustamento ou de inadaptação.

Não adianta querer tratar o homem quando é o trabalho doentio que o adoece. É o trabalho que motiva, e não a forma como tratamos quem o executa.

Ao tratarmos bem os empregados, isso não significa que eles ficarão motivados, mas o contrário não acontecerá.

A forma adequada como a organização trata os seus colaboradores leva-os apenas a não ficarem desmotivados, mas não os motiva.

É aquilo que fazem, isto é, o próprio trabalho que efetivamente os motiva, que lhes dá sentido de autorrealizarão e de autorreconhecimento, de afirmação e de contribuição.

É no próprio trabalho que estão as melhores e maiores margens de mudanças e de transformação.

São nos processos e nos procedimentos, nas normas e sistemas de organização e de gestão que se produziram as maiores iniquidades no próprio trabalho, em si mesmo, e nas relações sociais prevalecentes no mundo corporativo. Tudo sempre em nome da necessidade de incorporação dos novos paradigmas da sociedade de mercado e da globalização.

É claro: nunca se proferiu tanto o discurso da modernidade, da valorização do homem, mas contraditoriamente as práticas e os processos de trabalho nada têm a ver com os discursos oficialistas das organizações, que ainda sequer chegaram à Idade Média do humanismo corporativo em suas práticas gerenciais.

IV. TRABALHO: Pode Fazer Alguém Feliz?

Estresse, insatisfação, depressões, inseguranças, desajustamentos, vícios e até suicídios: o trabalho é uma fonte de infelicidade ou existem pessoas felizes com o que fazem nas organizações a que pertencem?

Divino castigo ou fonte de plenitude da realização humana?

Todo trabalho comporta em si mesmo uma dimensão de insatisfação.

A realidade normalmente resiste à ação daquele que trabalha.

A questão é como superar essa insatisfação, compreendê-la como intrínseca ao que fazemos, ou, pelo menos, contê-la em níveis aceitáveis.

A norma de conduta em nossa sociedade é a de se declarar satisfeito no trabalho, mesmo que isso não seja uma verdade.

Mesmo aqueles que se dizem entusiasmados com o que fazem, costumam rejeitar a ideia de que seus filhos se engajem nas mesmas atividades. Dizem: "é muito bom para mim, mas não quero isso para o meu filho".

A satisfação no trabalho decorre essencialmente daquilo que se faz, de algo que tenha sentido e significado para nós, que nos possibilite reconhecimento e valor. É também decorrente da valorização do capital econômico do empreendedor ou do capital intelectual do profissional.

O exercício de responsabilidades hierárquicas que permitam a valorização, graças à participação e à contribuição dos subordinados, dos rendimentos do capital humano pessoal, também se constitui relevante fonte de satisfação.

É evidente que, quando o trabalho é desqualificado, rotineiro e sem sentido, as chances de realização e de satisfação são muito frágeis.

A reorganização da economia e das empresas, a partir dos paradigmas da sociedade de mercado e da globalização ocorridas a partir dos anos 1980, aprofundou as causas de insatisfação no trabalho.

Aumentos crescentes de exigências por resultados, mudanças incessantes e contraditórias no mundo corporativo, desestabilização de carreiras e de perspectivas profissionais, critérios subjetivos de avaliação de desempenho, perda de referências, incerteza de relações e da continuidade no emprego, o que leva à insatisfação mais profunda, ainda são situações vividas com frequência como resultantes de fragilidades individuais: o trabalhador se julga responsável, e, portanto, culpado, de sua própria situação infeliz.

No entanto, mesmo que novas formas de gestão sejam aplicadas criteriosamente de acordo com cada realidade organizacional, o resultado será o mesmo, pois são exatamente elas as responsáveis pelas disfunções cada vez mais presentes no mundo corporativo.

Para que a satisfação no trabalho volte a se tornar um pouco menos raro na realidade empresarial, é preciso restaurar culturas organizacionais que foquem os liames sociais coletivos, que unam os trabalhadores em torno de coletividades profissionais, associativas, sindicais e políticas como a estratégia dominante de elaboração dos modelos alternativos de desenvolvimento das organizações.

Não se trata de voltar ao passado em um saudosismo estéril e desprovido de sentido, mas retirar dos avanços alcançados pelas ciências do comportamento humano nas organizações os repositórios de contribuições tão válidos à humanização do trabalho.

V. O Suicídio nas Organizações

Vivemos o apogeu do empreendedorismo, exaltam todos!

O colaborador se transformou em uma espécie de empregador de si mesmo. Ele é o novo empreendedor, mesmo quando claramente mantenha vínculos empregatícios, subordinação definida, jornada de trabalho com horários estabelecidos, e, mais do que tudo, dependência econômica.

A sua opção existencial não é pela assunção do risco da atividade empresarial autóctone, mas o contexto do empreendedorismo corporativo o impulsiona ao desempenho dos mesmos papéis e funções, vivendo em plenitude as circunstâncias de um empresário propriamente dito.

Pior ainda: não briga pelo seu negócio, mas pelo negócio dos outros, e realiza as suas atividades como se estivesse tratando de algo que é seu.

Quando fracassa, o empresário costuma ir à falência como pessoa jurídica, mas nem sempre como pessoa física. Em algumas situações, pelo contrário, fica até mais rico.

Já o empreendedor-empregado inelutavelmente passa a integrar a lista dos desempregados de um *headhunter*, em uma busca ansiosa por recolocação pelo menos próxima ou similar a que tinha antes, o que nem sempre acontece. O mais das vezes, tem de engolir um decesso profissional, com as repercussões evidentes em sua vida.

Os dramas existenciais, que vão desde depressões, frustrações e crises até suicídios, como a imprensa internacional tem veiculado em números alarmantes, por exemplo, nas macrocorporações francesas, são certamente as consequências das novas formas de organização do trabalho praticadas nestes primeiros anos do século XXI.

As relações de trabalho já não mais se orientam pela antiga lógica que impelia os sindicatos à luta pela redução da jornada de trabalho, pelo aumento de salários e dos ganhos de produtividade e, somente subsidiariamente, pela melhoria das condições de trabalho.

Foram essas as condições predominantes que ensejaram o desenvolvimento da economia de mercado, o crescimento econômico-social e a sociedade de consumo.

Antes, a realização humana não se restringia ao trabalho em si, mas se expandia preponderantemente na família e nas distintas formas de relações comunitárias (clubes, associações, sindicatos, igrejas, vizinhanças, moradores, parentes), tudo assegurado e propiciado pelo acesso financeiro regular a que os assalariados dispunham através de vínculos empregatícios estáveis, quase permanentes.

As novas formas de organização do trabalho são agora inteiramente diferentes, nada têm mais a ver com esse passado ainda recente.

Os problemas pessoais dos empregados, quando não tratados, não representam aquilo que os leva a atos de desespero e à depressão nos ambientes de trabalho, pelo contrário. Tais atos representam a resposta dilacerante de empregados, ditos colaboradores e empreendedores, que sucumbem no cotidiano de uma realidade de trabalho que lhes é totalmente adversa. São as consequências da organização e da implementação de processos de trabalho que violam a natureza humana. São a expressão de revolta e de impotência ante uma situação inflexível e intransponível, em que não se vislumbram condições objetivas de escapar ou de, pelo menos, atenuar.

Aquele colaborador que se suicida nos convoca para enxergar o que é visível, apesar de isso não acontecer no mundo das organizações.

Estamos crescentemente produzindo sobreviventes, mortos-vivos ou zumbis no cotidiano de nossas organizações, e nem nos damos conta disso. É claro, os reiterados casos de suicídio nos escandalizam!

Nunca se exaltou tanto "o trabalho em equipe", "o vestir a camisa", "o ter o espírito de grupo", mas as avaliações individualizadas de desempenho e de cumprimento de metas e resultados produzem o dilaceramento psicológico e moral do empregado-empreendedor como pessoa.

O empregado transforma-se na prática no empregador de si mesmo. Os trabalhadores já não têm razões para se contraporem ao capital. Se o assalariado é transformado em seu próprio empregador, não há o que ser dito em relação à luta de classes, à contradição entre salário e lucro, em mais valia, ou nos interesses antagônicos dos patrões e dos empregados.

A luta de classe se transfere para o interior do indivíduo, invade a individualidade do colaborador, absorve a sua psique. Dilacera o indivíduo como pessoa.

É claro, o capital e o trabalho continuam plenamente presentes, mas o conflito entre ambos se transfere artificialmente para o interior do indivíduo.

Antes o conflito social era regulado pelas negociações e acordos coletivos produzidos entre as representações patronais e os sindicatos dos trabalhadores, pelo respeito à legislação trabalhista e previdenciária e pela intermediação direta do Estado através da Justiça do trabalho.

Hoje a responsabilidade pela administração desse conflito irreconciliável se dá dentro de cada indivíduo, empregado e simultaneamente empreendedor, colaborador e subordinado, cada vez mais submetido às cobranças de desempenho e à execução de metas e de resultados.

O suicídio é o ato derradeiro de libertação de muitos que, ao fracassarem, não suportam mais a submissão às estratégias sutis de exploração humana praticadas hoje no mundo do trabalho sob a fachada *soi-disant* do empreendedorismo corporativo, a nova resposta capitalista ao problema da luta de classes, o *dernier-cri* da ideologia instrumental a serviço da aristocracia financeira detentora massiva do capital majoritário das organizações.

VI. Eu sou Você Amanhã

É claro que eu sabia que a perda de emprego também poderia acontecer comigo, mas daí a pensar que um dia esse pesadelo me atingiria, há uma enorme distância.

Como poderia ter acontecido logo comigo, com todos os meus diplomas e credenciais, currículo profissional, experiência e resultados sempre reconhecidos, com tantos títulos conquistados ao longo de minha carreira?

Logo eu que sempre excedi os limites de missão, que dei tudo de mim, que "vesti a camisa", constantemente convocado para resolver as mais difíceis crises, "pau para toda obra", aquele para quem "não tinha tempo ruim".

No entanto, aconteceu de repente em um dia qualquer, justo no momento em que eu comemorava os meus 50 anos.

Naquele dia, a minha empresa fez comigo o que já havia feito com alguns outros colegas: de uma hora para outra me colocou no "olho da rua", pela porta a fora. Desde então, descubro horrorizado o que significa ser um desempregado em nosso País aos 50 anos.

Inicialmente, você nega para si mesmo a nova condição em que se encontra. Não acredita nela e a contesta: a minha empresa não podia fazer isso comigo! Logo eu que fiz tudo por ela, muitas vezes sacrificando a minha família e a minha saúde! O seu mundo desaba: vai à *knockout*, mas fica de pé, acordado vive o pesadelo de não ter para onde ir ao se levantar todos os dias de manhã.

Você não compreende nem aceita a decisão de sua gerência, mas sobretudo se torna incompreensível a violência com que se dá a sua saída da empresa, anunciada aos outros bem antes do que a você. O discurso da franqueza e da autenticidade, do respeito e da privacidade, em que você sempre acreditou como um valor ético da organização, agora se desmoraliza: todos já sabiam da sua demissão muito antes de você, rigorosamente tratado como "o marido enganado – o último a saber". Um cheque nominativo como bilhete azul do acerto de contas e nada mais!

"Por favor, nada de fazer onda", é o que lhe diz o gerente de recursos humanos, que sempre gostou de ser chamado de "gerente de pessoas", sob a justificativa de que ser humano não é recurso. E aí você, incrédulo, lhe responde: "tudo bem, isso é assim mesmo, nada de grave nem de pessoal. Eu logo estarei recolocado". Doce ilusão!

Afinal, você sabe que tem currículo e uma excelente rede de relacionamentos. "É verdade, não há razão para se preocupar", despede-se o gerente de recursos humanos com a sempre falsa cordialidade dessas horas.

E você diz para si mesmo: "é isso ai – é preciso virar a página!"

Então, cheio de dinamismo e de pensamento positivo, como sempre lhe ensinaram nos treinamentos gerenciais de fins de semana oferecidos pela empresa, você parte em busca dos *headhunters* e das agências de colocação. Janta com os colegas de faculdade, almoça com todos aqueles com os quais se relacionou nos últimos anos. Responde aos anúncios de jornal, cadastra-se nos sites especializados de emprego, procura o banco de colocação do seu sindicato e os programas de empregabilidade existentes no mercado. E nada de conseguir uma colocação!

Você logo percebe que as respostas são evasivas, as oportunidades vagas, os almoços e jantares cada vez menos frequentes. De repente, depara-se com a realidade. Um dos seus interlocutores secamente lhe diz a cruel verdade, que tanto você se recusava a enxergar: "o problema é a sua idade! Como você vai querer se recolocar se já atingiu a idade fatídica? Você agora é como um carro batido, ninguém se disporá a lhe contratar. O jeito é virar consultor", sentencia. Mas esse caminho, você bem o sabe, é o eufemismo codificado da linguagem profissional para dissimular o desemprego definitivo.

Justamente quando atinge o seu nível de maior maturidade profissional, em que está efetivamente pronto para oferecer o que tem de melhor de competência acumulada, você passa a integrar o grupo etário daqueles difíceis de contratar, ora porque ameaçam os contratantes muitas vezes menos qualificados de funções gerenciais, ora porque são pretensamente mais caros e exigentes, e ainda são acusados de baixa mobilidade e de refratários à mudança.

O mundo das organizações no Brasil, com essa prática de "gestão de pessoas", joga os mais de 50 anos em uma nova categoria de profissionais: agora você não é mais um colaborador, muito menos um recurso ou um ativo organizacional. Passa a ser um encargo. Para muitas, pior ainda: apenas um peso morto a ser extirpado da folha de pagamentos.

Como resistir a essas circunstâncias é o desafio que se coloca para cada um daqueles que vivem esse momento. Como sobreviver na longa trajetória que ainda têm de cumprir até chegarem à idade legal da efetiva aposentadoria?

Que cada um reencontre o seu caminho. Em verdade, um novo caminho bem acidentado, que se recusa a se deixar caminhar, repleto de obstáculos e de preconceitos.

E você, jovem profissional, que ainda vai viver mais duas ou três décadas para passar dos 50 anos, não duvide da inevitabilidade do *Efeito Orloff* – "eu sou você amanhã". Comece a desconstruir agora as circunstâncias que engendram a realidade que eu e muitos outros vivemos no cotidiano das organizações. Só assim, amanhã você não vai aumentar as estatísticas do que eu hoje sou – um desempregado sem lenço e sem documento, largado na beira do caminho.

VII. A Síndrome de *Burnout*

Todos nós que exercemos funções de liderança no mundo das organizações tendemos, inadvertidamente, a julgar-nos fora de série, pessoas diferenciadas capazes de absorver quaisquer entrechoques da ambiguidade e do conflito, superar as adversidades e manter o foco nos resultados que nos levam ao sucesso.

Sentimo-nos efetivamente imunes às fragilidades dos circunstantes e das situações, sempre prontos a surfar com competência nos tsunamis do cotidiano organizacional. E também nas suas marolinhas.

Eu também me senti assim, sempre. E assim sempre me comportei no exercício das mais distintas funções executivas. E mais: sempre me julguei impermeável às circunstâncias que levaram muitos colegas a desistir no meio do caminho, a recolher-se à aposentadoria precoce, a retirar-se de cena no teatro da guerra empresarial, a capitular por incapacidade de readaptação aos tempos de turbulência e de incerteza. Mais ainda: não conseguia compreender como podiam desistir exatamente no enfrentamento da crise, logo ela que fecunda a motivação e estimula a capacidade de luta. E dizia: "eu sempre cresço na adversidade".

Confesso, mesmo, que mais de uma vez não consegui conter o menosprezo por aqueles que capitulavam, os que desistiam do que eu sempre julguei ser combater o bom combate: vencer as crises, superar as adversidades, fazer calar as contrariedades dos momentos difíceis, ressuscitar organizações, fazer renascer atividades e produzir o novo.

Recentemente, vivenciei uma experiência inusitada: a síndrome de *burnout* atingiu devastadoramente alguém muito próximo que, por mais de duas décadas, compartilhou comigo uma díade, ou seja, uma equipe de dois na direção de algumas organizações. Perplexo, não conseguia acreditar que esse companheiro, executivo modelar, com quem sempre tanto aprendi, pudesse ser mais uma vítima do *burnout*. Irritado por não aceitar ser incapaz, e muito menos ser impotente, querendo fazê-lo compreender e ajudá-lo a sair das circunstâncias que forjavam outra pessoa, como indivíduo, profissional e executivo. Parecia alguém absolutamente distinto daquela pessoa com quem por tanto tempo compartilhei as delícias de cavalgar nas crises e de derivar satisfação psicológica na superação dos mais difíceis e intrincados desafios organizacionais vividos.

Bem, pensei, se não posso mudar a situação é preciso aceitá-la com serenidade e resignação. E continuei a vida, pensando dispor da mesma determinação e vontade de sempre. Ledo engano! O mais doloroso e sentido dos desenganos é o autoengano.

De repente, à custa de sofridas experiências, consegui perceber que também estava vitimado pelo esgotamento físico e psicológico, pelo *burnout*, pela aversão e pelo desprazer de realizar o que sempre fiz com tanto gosto. Eu, logo eu, era a nova vítima.

A síndrome de esgotamento profissional conhecida como *burnout* atinge dolorosamente a todos os que se submetem nas organizações à tirania da urgência, aos contextos organizacionais cada vez mais estressantes.

O *burnout* se torna, crescentemente, uma verdadeira epidemia nos mundo das organizações e no seio da sociedade em geral. A síndrome de pânico, tão comum nos centros urbanos violentos, é apenas uma de suas variantes globalizadas mais conhecidas.

Nunca se propalou tanto a essencialidade do homem no trabalho, a nova concepção de gestão de pessoas, os empregados como colaboradores, quando, na realidade, as pessoas não estão mais tanto em consideração, o mundo e a natureza do trabalho se transformam e se desumanizam sob a égide da "profissionalização" e da necessidade obsessiva do "cumprimento de metas".

É o *neo-taylorismo* organizacional que agora dá todas as cartas. Jornadas de trabalho cada vez mais sobrecarregadas, em que o empobrecimento das funções decorre de definições cada vez mais estreitas de como executá-las. A falta de autorrealização na execução de tarefas, cujos desempenhos são cada vez mais regulados pelos procedimentos e processos de trabalho; o individualismo exacerbado; a ausência de suporte ou de apoio social entre colegas, com a desconstrução deliberada e intencional dos grupos informais como elementos essenciais da vida nas relações de trabalho; a inexistência de coesão do trabalho em equipe pela exacerbação do individualismo de resultados; o sentimento de injustiça e de equitatividade entre os distintos níveis de remuneração; a falta de recursos com a imposição insana da redução de custos e, por que não dizer, até mesmo a não valorizada formação profissional e pessoal de muitos em detrimento à sobrecarga de trabalho para os demais, são alguns – apenas alguns – agravantes para o florescimento e a generalização da síndrome de *burnout*.

Todas as pessoas são susceptíveis de sofrer de esgotamento físico e psicológico. É evidente que algumas têm mais facilidade do que outras. No entanto, são os executivos ou líderes os que geralmente mais se recusam a admitir que eles também têm limites, e que, o mais das vezes, ao resistirem, são os que mais aprofundam as sequelas e a gravidade dessa nova doença que devasta e transforma os seres humanos modernos. E aí, todos sofrem: a família, os amigos, os colegas, igualmente vítimas da contaminação pelo *burnout*.

As mais propensas ao contágio são as pessoas que fazem do trabalho o elemento determinante de suas identidades.

Quando as suas aspirações repetidamente se frustram ou suas autoavaliações não se compatibilizam com a realidade, comumente se desencapsulam, de forma repentina, atitudes de crítica a tudo e a todos, de pouca paciência e serenidade diante dos problemas ou do contraditório, de baixa aceitação às opiniões contrárias, de convicções arraigadas e opiniáticas. Sentem-se permanentemente enganados pelos outros, mesmo por velhos colegas e amigos, desenvolvendo uma atitude de irritação contra as estruturas hierárquicas, contra conhecidos e as normas da sociedade, contra clientes e concorrentes, contra fornecedores, e, a seguir, contra elas mesmas.

Essas pessoas tendem a ter uma necessidade aguda de afirmação diante de si mesmas, uma carência incessante de aprovação, um medo quase pânico de não estar à altura do que gostariam de ser e de fazer, o que lhes empurra a fazer cada vez mais, até a exaustão. Soma-se a isso uma incapacidade absoluta de conviver com o fracasso e o insucesso. A disseminação em todo o mundo do suicídio no trabalho é a consequência mais brutal da generalização do *burnout* no cotidiano da vida empresarial moderna.

As vítimas ficam entediadas com o que fazem, em especial com o que sempre realizaram com tanto gosto. Há o fastio e o desgaste com seus cônjuges, e até com seus amantes, quando e se os tiverem, pois estes não as suportam por muito tempo. Mudam de residência, pois não mais aguentam os vizinhos e livram-se de tudo o que tinham em seus armários e arquivos, agora quinquilharias consideradas velharias desnecessárias. E quando chegam às novas residências não só reclamam das adaptações a fazer e das chatices da mudança, como também das concessões que têm de ceder aos familiares na arrumação e na decoração, sempre despesas vistas como bobagens e futilidades sem qualquer valor prático.

Buscam novas formas de entretenimento e lazer que, consequentemente, as levam ao fanatismo de uma participação obsessiva, o que, mais uma vez, as estressam e esgotam. Tentam diversos caminhos de fuga: largar tudo, mesmo aquilo que mais gostam; envolvem-se no solidarismo social ou nas torcidas clubísticas organizadas; abandonam sem razões objetivas, para o espanto de todos, empregos, atividades e funções; mudam de países, regiões, empresas e livram-se de tudo o que passa a lhes importunar, como as velhas casas de veraneio. Pensam em abrir negócios próprios, sonho sempre adiado e frustrado ao longo da vida; envolvem-se em relações promíscuas com pessoas inteiramente distintas das que sempre conviveram; vão para as aulas de dança e de culinária, ou tornam-se os "chatos especialistas" de cursos que se sucedem nos grupos dos adoradores de vinho ou de uísque; tornam-se alcoólatras e passam a se drogar; tornam-se os "tios ou as tias suquitas" na paquera das menininhas ou dos menininhos.

Na verdade, fazem tudo isso e um pouco mais. E, por algum tempo, parece que funciona. Tornam-se pessoas diferentes, inclusive, chegam a pensar em como aguentaram, por tanto tempo, tudo aquilo e todas aquelas pessoas que agora rejeitam.

Até o dia em que, de repente, acordam com o mesmo sentimento de exaustão em relação à luz de um novo dia em que terão de suportar por ainda viverem.

VIII. Geração Y: a Geração Perdida

A crise econômica mundial de 2008 coloca, de forma dramática, a questão do emprego para os jovens que ascendem ao mercado de trabalho.

Essa dificuldade que antes já se percebia sem muita nitidez, agora se dá explicitamente, à vista de todos.

O presente e o futuro são sombrios, a ponto de já se falar em geração perdida. É claro: os jovens melhor qualificados têm muito menos dificuldade de obtenção do tão almejado emprego, o que não funciona para todos. O fenômeno do *overqualified* tem sido um sério entrave para muitos, por mais incrível que pareça.

O questionamento que se coloca é o quanto a explosão de desemprego dos jovens fragiliza a sociedade mundial contemporânea. A crise produz, de fato, a geração perdida? A precariedade no emprego aprofunda o radicalismo dos jovens na contestação às instituições?

É indiscutível que, nas economias desenvolvidas e mesmo nos países emergentes, o desemprego massivo e a precarização do trabalho atingem contundentemente a juventude com menos de 25 anos, exatamente aquela que constitui o que muitos preferem chamar de Geração Y.

Ao contrário do maravilhoso porvir tão propalado por muitos analistas em todo o mundo, e equivocadamente ainda reiterado por aqueles que se recusam a ver a realidade, o futuro dessa Geração Y não será um mar de rosas, mas certamente estará marcado pela exclusão do mercado de trabalho.

O sentimento de rejeição impregnado em uma idade em que se está em plena construção de si mesmo, quando são dados os primeiros passos no delineamento do futuro, pode arrastar em muitos jovens uma forte sensação de desestímulo, a perda de confiança nas instituições e o desenvolvimento de atitudes radicalizadas de contestação e de extravasamento das frustrações acumuladas.

O desemprego massivo em parcela tão grande dessa população de jovens nada mais é, no entanto, do que uma parte do iceberg fora d'água. Trata-se apenas da parte que aparece. Abaixo da linha d'água, nas profundezas sócio-políticas e econômicas, os jovens são também as vítimas mais sofridas da pobreza e da precariedade do trabalho existente em todo o mundo.

Em países emergentes como o Brasil, o desemprego da população jovem não é normalmente um bom parâmetro para se examinar as condições objetivas da realidade.

A ausência de estatísticas confiáveis e, sobretudo, porque muitos jovens participam da economia informal em atividades lícitas e ilícitas, falseia-se a adequada compreensão do quadro de circunstâncias em que vive a maior parcela dos integrantes da chamada Geração Y.

Em verdade, em países como o nosso, muitos jovens permitem-se não trabalhar por serem sustentados por seus pais ou por avós, aposentados ou pensionistas. Se você não tem um caso desses em sua própria família, certamente convive com situações próximas em seus círculos de relações.

Quando se analisa um conjunto expressivo de países, os dados da OIT/Organização Internacional do Trabalho são alarmantes: os jovens pobres que ainda conseguem trabalhar tendem a ocupar empregos precários, com longas jornadas de trabalho e baixa produtividade, salários ínfimos e frágil proteção social – quando isso existe.

O que está em debate, portanto, não é somente a oferta de emprego, mas igualmente a sua qualidade.

O malogro do acesso ao mercado de trabalho é difícil de superar e pode expor os jovens sem emprego à estigmatização permanente.

A geração atual, a tão propalada Geração Y, sofre as consequências de uma má largada na trajetória da vida, bem ao contrário dos "sonhos de uma noite de verão", prenhe de privilégios e facilidades previstos pelos profetas acadêmicos e jornalistas em diferentes mídias e compêndios.

É bem possível até que muitos venham a desistir, entregar-se a um mau futuro tornando-se, assim, invisíveis e anônimos, fora dos registros e das estatísticas oficiais de emprego e de colocação profissional.

Para o restante, é claro, a crise tende a reduzir salários e a precarizar ainda mais as condições de trabalho.

Possivelmente, os jovens vitimados pela atual crise global sofrerão, também, na retomada da plenitude da atividade econômica e na consequente criação de empregos. As empresas serão muito reticentes em lhes empregar, optando pelos novos quadros diplomados no pós-crise, a já conhecida Geração Z. A busca da produtividade máxima levará tais empresas à contratação das competências mais imediatas oferecidas pelos recém-saídos dos bancos escolares, pressupostamente com melhor formação contextualizada aos requisitos dos novos tempos.

A massa de deserdados, a geração perdida, poderá assim representar um grave risco político para a preservação das instituições democráticas em todo o mundo.

Esses jovens sentem-se vítimas dos distintos sistemas da sociedade de mercado. Extravasam a sua frustração e angústias sobre aqueles que lhes parecem ser os primeiros responsáveis: a globalização, os políticos, as elites da sociedade, a corrupção dos governos, os seus próprios pais e, principalmente, um grupo étnico específico.

Tornam-se assim sensíveis ao discurso religioso revolucionário, sucedâneo moderno das ideologias políticas radicalizadas que permearam todo o Século XX. Só aí localizam a possibilidade de excitação a uma nova esperança – certamente falsa – de construção de um futuro distinto do presente que têm tido.

Longe de pretender estigmatizar toda uma geração, a sociedade mundial contemporânea defronta-se com um fantástico desafio: como dar acesso ao emprego e à empregabilidade aos jovens?

O custo da ociosidade e da exclusão ocupacional de tão grande parcela de uma geração será considerável.

A equação é simples: os Estados ressentem-se cada vez mais de contribuição aos regimes de seguridade social.

A solidariedade entre gerações é imprescindível para o equilíbrio dos sistemas de pesos e contrapesos de sustentação da proteção social.

A ausência de contribuição de tanta gente agravará ainda mais o desequilíbrio no futuro e estimulará, assim, a aceleração da desconstrução dos dispositivos universais de proteção sociais ainda existentes.

IX. Líderes: uma Espécie em Extinção?

Os escândalos de todos os dias, amplamente trombeteados pela imprensa em todo o mundo, têm gravitado em torno de duas questões centrais, vitais para o nosso cotidiano: a corrupção generalizada – governamental e empresarial, nacional e internacional – e a escassez de lideranças.

Vivemos uma crise total dos valores morais no mundo das organizações em geral e uma lacuna crescente de referências e de modelos a serem seguidos nas suas direções.

Essa falência moral e ética exige um gigantesco esforço de regeneração que somente será viável se as instituições públicas e empresariais contarem não apenas com bons gerentes e executivos, mas com líderes dispostos a assumirem os destinos da sociedade.

Essas duas questões, ou seja, a degradação das organizações públicas e particulares e a escassez de lideranças são confluentes, sinérgicas, fecundam-se reciprocamente, uma alimenta a outra. A degenerescência de costumes de indivíduos e de instituições cada vez mais se cristaliza. Se houvesse uma lei de determinismo na história, talvez a única a subsistir fosse a decadência e a degeneração.

É preciso que trincheiras concretas sejam levantadas em defesa da regeneração das atitudes, dos comportamentos e das ações de governos e de empresas, de ONGs e de OSCIPs, de instituições pias, de benemerência e religiosas, enfim, de todas as organizações, e, simultaneamente, é necessário que seja destacadas e exaltadas as referências de lideranças autênticas e genuínas de forma que saiamos da senda da desgraça a que hoje nos submetemos.

Os especialistas em desenvolvimento de pessoas têm-se preocupado tanto em capacitar gerentes e executivos eficazes que negligenciam ou até mesmo esquecem-se da formação de lideranças.

Nunca se falou tanto em líderes, no papel do líder, na importância da liderança. Há uma pletórica profusão de livros sobre liderança, com adjetivação de distintos tipos de líderes. Ao mesmo tempo, nunca também se formou tantos gerentes e executivos para a conformação e a rotina, para fazer o que já está no gibi, nos manuais de processos de trabalho, para a repetição monocórdia do que já existe e do como é feito.

Nunca se falou tanto em empreendedorismo e em atitude empreendedora, mas cada vez mais os ambientes organizacionais são infensos à voz e à vez, à participação e à contribuição, ao pensamento autônomo, à liberdade de inovar e de ousar.

Os programas de desenvolvimento gerencial raramente produzem profissionais que aprendem a mudar a direção, a natureza, o caráter ou a cultura, a missão das organizações. Os nossos gerentes são incapazes de perceber além do trivial e do imediato, do dia a dia, do "feijão com arroz". Algumas vezes eles podem até mudar, mas não inovar. Aprendem a aperfeiçoar o passado, mas não a modelar o futuro. Aprendem, o mais das vezes, a dar sangue a algo que simplesmente deveria morrer, a institucionalizar o erro, a dar ainda maior eficiência e competência ao que não mais deveria existir, sendo isso algo obsoleto e anacrônico.

Os verdadeiros líderes raramente sobrevivem nas organizações castradoras da atual sociedade de mercado. Por isso, nossas organizações são repletas de gerentes e de executivos, mas vazias de líderes, sucumbindo dóceis ao despotismo de qualquer Zé da Silva ousado e audaz que, circunstancialmente, empolgue o poder no mundo das organizações e no universo da sociedade. Vivemos ao sabor de lideranças postiças do tipo "Sassá Mutema" ou do "Caçador de Marajás".

O verdadeiro líder sente-se, a um só tempo, insatisfeito e decidido, insuficiente e confiante, aprendiz e mestre, professor e aluno, interdependente e autônomo, aberto e convicto, neto e avô, pai e filho.

É essa dualidade, aparentemente contraditória, que faz dele uma pessoa "igual", mas "diferente"; sólida, mas sensível; solitária, mas solidária. É a simultaneidade dessa dualidade que o torna um visionário realista, alguém que busca ansiosamente aprender com os outros e ensinar também aos outros. Em verdade, é isso que o leva a aprender enquanto ensina e a ensinar enquanto aprende. É por isso que o verdadeiro líder se sente mais forte e confortável em um contexto de líderes autênticos e não em uma corriola de abúlicos, envolto por um bando de carneiros de balido sonoro e de pelo sedoso.

Qual o paradeiro dos verdadeiros líderes nos dias atuais? Onde estão? Por que sumiram do cotidiano de nossas organizações?

Em verdade, eles estão por perto, à nossa volta, próximos de nós, mas não os identificamos facilmente. São visíveis, iguais a nós, mas perdemos a capacidade de percebê-los. Olhamos, mas não os vemos. Somos piores do que um cego porque não os queremos ver. Muito menos resgatá-los para o exercício das verdadeiras missões para as quais se deveriam destinar.

Torna-se difícil identificá-los na medida em que sua autoridade e autonomia se acham cada vez mais corroídas por forças organizacionais, políticas e sociais, culturais e institucionais sobre as quais eles exercem pouco ou nenhum domínio.

Eis aí a constatação cética ou mesmo pessimista de um problema que se dissemina incontrolavelmente nos ambientes organizacionais da gestão pública ou privada, que ameaça transformar-se em epidemia a minar todo o universo das relações humanas dedicadas à realização do trabalho.

Vazia de lideranças, mas repleta de gerentes e de executivos, é como se a humanidade estivesse pouco a pouco perdendo o controle de seu próprio destino. Temos que sonhar com o renascimento urgente e impostergável de um novo Homero ou de um Heródoto que venham, um dia, a serem capazes de mostrar-nos novamente as características e desígnios, as coerências e circunvoluções dessa humanidade sem direção e sem sentido, porque despojada de um efetivo processo de liderança que compatibilize simultaneamente as características e peculiaridades do líder, dos liderados e da situação vivida.

O processo de liderança é, a um só tempo, função do líder, dos liderados e da situação. O estilo de liderança tem absoluta relevância sobre os resultados da ação organizacional, do trabalho em equipe, da motivação humana, do trabalho decente, dos níveis de compromisso e autenticidade das relações sociais existentes no cotidiano.

Hoje o que ouvimos e distinguimos não é a voz uníssona ou o sinal nítido da liderança, mas uma balbúrdia de sons que se contradizem: um violino aqui, um quinteto de metais acolá, o grito da *gang* enfurecida nas galerias, a voz rouca das ruas cansada de tanto pleitear.

O que certamente sabemos é que não podemos esperar o florescimento de uma nova geração para verificarmos o que nos acontece. Temos que tentar interpretar e agir em função do burburinho das vozes que se contrapõem, ousar e reger o coro desarticulado pela anomia, e, portanto, inteiramente desarmônico.

Foi-se o tempo em que o líder podia liderar. E decidir. Hoje, seus sucessores, ainda equivocadamente chamados de líderes, acham-se acorrentados ou manietados por inúmeras limitações: por exigências governamentais crescentemente burocráticas; por órgãos de controle que se superpõem, repetem-se desnecessariamente, tornando-se muitas vezes o custo do controle superior ao risco; por ações de movimentos sociais que se autorreferenciam como paladinos da moralidade; por grupos organizados de consumidores, ambientalistas, protetores dos animais, sindicalistas, feministas, de minorias raciais, sexuais e religiosas e assim por diante que se pretendem donatários da verdade e da redenção dos costumes da sociedade. E lutam por impor as suas questões particularistas ao universo da sociedade e ao mundo das organizações.

As forças externas que invadem e dominam o âmbito de nossas instituições, concomitantemente com o cipoal de exigências burocráticas, o mais das vezes contraditórias, são as causas originárias da perda de autodeterminação de nossas organizações e de suas reais lideranças.

Assim, as organizações são obrigadas a hipertrofiar a sua dependência às estruturas externas de apoio e de prestígio para poderem navegar em mares tão turbulentos. As concessões reiteradas em busca da sobrevivência tolhem, debilitam e desgastam as verdadeiras lideranças.

Esses grupos de pressão são intencionalmente fragmentados. Mantêm-se isolados e frequentemente conflitantes entre si. Não querem ser parte da sociedade, integrar-se à comunidade. Querem apenas ser "eles mesmos", e somente eles, isolados, tribalizados, parte independente e autônoma do conjunto social ao qual se recusam pertencer. Ao não se assimilarem efetivamente, querem impor os seus valores e opções de minoria à maioria. Veem-se como a totalidade, quando são apenas partes, e assim se comportam. E os líderes que se subordinem ao voluntarismo de seus desejos. É o que fazem amiúde!

Relações institucionais tão fragmentárias, constituídas por grupos e facções, e de múltiplas reivindicações, sempre nos informando sobre a impossibilidade de assimilação das multidões diversificadas e segmentadas que constituem a sociedade moderna.

Claro, esses grupos agregam indivíduos que estão fartos de serem ignorados, rejeitados, excluídos, subordinados. No entanto, eles não mais protestam simplesmente em passeatas e atos públicos, realizam intermediações e negociações por canais de articulações e de agregações de interesses. Bem mais do que isso: agora abrem processos na Justiça, valem-se de uma politização crescente do Judiciário, que parece pretender substituir as instâncias do Legislativo e do Executivo na cena nacional.

E assim nos tornamos uma sociedade judicializada, litigiosa, na qual indivíduos e grupos sociais organizados recorrem à Justiça para solucionar questões, algumas vezes comezinhas, que antes teriam sido facilmente equacionadas em processos particulares de solução de conflitos.

Sem pretender considerar o mérito de quaisquer dessas causas, o fato dominante é irrefutável: as mãos do administrador estão cada vez mais presas por questões jurídicas reais ou potenciais. Agora é preciso primeiro consultar o advogado antes de tomar decisões, ainda que rotineiras. Hoje não há gestor público que fique imune sem ser formalmente processado em instâncias administrativas e judiciais. Dentro em pouco, não mais haverá também gestores privados que não passarão por tais vicissitudes, como já acontece crescentemente em organizações empresariais particulares de prestação de serviços em geral e de saúde, em particular.

Os Tribunais de Justiça e as instâncias administrativas de controle são, evidentemente, necessários ao estado democrático de direito, à proteção dos direitos individuais e à preservação dos interesses públicos em casos, por exemplo, de negligência, fraude ou quebras de contrato.

No entanto, a confusão, a ambiguidade e a complexidade das leis, agravadas pela lentidão processual e por interpretações conflitantes por partes das esferas julgadoras, conduzem à paralisia institucional. Quando não, o mais das vezes, essas instâncias, como usualmente fazem os representantes do Ministério Público, pretendem substituir através das TACs – tais bizarros termos de ajuste de conduta – a direção, o conhecimento e as capacidades das próprias organizações sobre as quais tentam determinar os destinos e impor a sua vontade à luz de seus critérios jurisdicistas claramente equivocados, inexperientes e leigos.

Muitas de nossas organizações estão claramente fazendo água em decorrência dessa invasão de forças externas alienígenas.

Sabemos muito bem o que a dependência externa causa nas pessoas: incapacidade para controlar o próprio destino.

Cada vez se tornam maiores as necessidades de acenos externos, de sugestões, de recompensas e de punições. As gerências evitam qualquer comportamento e ação para os quais não concorram apoios externos. As birutas passam a ser orientar apenas pelos ventos externos que sopram do lado de fora dos muros das organizações. Não havendo sinais externos de aprovação elas vegetam, tornam-se catatônicas, imobilizadas pela paúra paralisante "do medo do que vão pensar e dizer" os nossos parceiros e *stakeholders*.

O mesmo ocorre com as organizações e suas lideranças: sob a submissão de normas coercitivas de caráter legal, burocrático, administrativo e político, mais ainda pela busca desmesurada de obediência ao que seja considerado politicamente correto pela sociedade, elas sofrem dos mesmos efeitos de paralisia catatônica. Tanto faz ser a organização pública ou privada, sejam os controles legítimos ou não, sejam as restrições adequadas ou não, subsiste apenas uma conclusão inescapável: esse cipoal de controles e de constrangimentos, mesmo quando bem intencionado, leva inelutavelmente à construção de organizações lobotomizadas.

O que a sociedade, seus legisladores, políticos, juristas e jornalistas, e principalmente a dita opinião pública não parecem compreender é que todas essas restrições tratam apenas dos efeitos e não das causas dos pecados praticados e dos cometimentos de ilícitos e de irregularidades. Não tratam dos pecados da omissão. Esses, por certo, são bem mais difíceis de tratar. E, certamente, são eles os dutos principais pelos quais as organizações se esvaem sistematicamente.

É extremamente complexo, na prática, distinguir o erro honesto do intencional ou deliberado. Correr um risco legítimo pode levar um executivo à cadeia. Por outro lado, "jogando no seguro", só fazendo "o politicamente correto", não correndo qualquer risco, muito menos ousando, ficando sempre na onda, como uma "Maria vai com as outras", uma instituição, um líder, um profissional podem evitar o erro e a crítica, e, se continuarem assim, na conformidade, serão provavelmente promovidos por nunca se exporem, se bem que à custa de renunciar a viver. Exaltamos a ode à omissão, à autoproteção, à exacerbação do líder factoide, que teatraliza uma competência gerencial que efetivamente não mais possui.

Na proporção em que os sistemas político e legal, as instâncias formais de controle e de auditoria tornam-se mais focados nos desvios de cometimento, a ponto de já se perceber uma dramática mudança de precaução do consumidor em relação ao vendedor para exacerbar-se a precaução do vendedor em relação ao consumidor, no dilúvio de uma legislação de proteção ao consumidor cada vez mais exigente, em ações por mau serviço, no movimento de preservação ambiental, nas decisões judiciais de indenização dos prejuízos causados por produtos e serviços inadequados, os fornecedores se desestabilizam diante dos custos da incerteza e dos erros genuínos já em si mesmos muito altos para suportar.

Uma sociedade que exacerba o litígio não só reduz a contribuição e a força das organizações, como talvez lhes acarrete sequelas irrecuperáveis e de difícil superação.

Procuramos nos acomodar à constatação equivocada de que todos os nossos problemas vividos em uma sociedade de mercado globalizada, nossas falhas, perdas, inseguranças, becos sem saída, oportunidades perdidas, iniquidades, disfunções e desequilíbrios, nossas incapacidades e incompetências possam ser sempre atribuídos a um "outro alguém", possam ser imputados ao imponderável, invulnerável, acachapante e invisível "sistema", que em linguagem de lugar comum, chamamos de neoliberalismo. Tão cômodo e apassivante para as nossas próprias consciências! E tão simplista, para não dizer simplório.

Líderes, uma espécie em extinção, estão espalhados em distintas atividades de consultoria e de *mentoring*, de *coaching* e de *counseling*, de mediação e de arbitragem. Contemporizam, pleiteiam, vão aqui e ali, apartam dissensões, estimulam encontros em meio a tantos desencontros.

Antes de tudo, porém, induzem pessoas por meio do medo ou da venda de ilusões. Acompanham tendências e fazem da inautenticidade a prática do cotidiano. Tornam-se especialistas em dissimular o que pensam, jamais expressam com genuinidade as suas opiniões e convicções. Estão sempre com o radar ligado para agradar aos seus *stakeholders*. Na arte da guerra, em vez de se dedicarem à estratégia do ataque e do avanço, da luta de conquista, preferem posições conservadoras das trincheiras de autodefesa. Não estão mais à altura do tamanho das crises que vivemos. Focados no maquiavelismo do sucesso pessoal não titubeiam diante das repercussões inadequadas que suas ações possam ocasionar aos circunstantes, principalmente às organizações a que prestam serviços. E, assim, já não temos mais líderes para empolgarem instituições que efetivamente se defrontem com as crises do nosso tempo

X. Afinal, as Organizações não são Morais!

As relações entre moral e o mundo das organizações suscitam um sem número de questões as mais controversas. Não tratam apenas de verdades técnicas produzidas pelos ditos teóricos da gestão que pretendem produzir "caminhos certos" para a trajetória do sucesso empresarial. O mais das vezes tais teóricos têm mais a ver com os livros de autoajuda do que propriamente com a seriedade de que se deve revestir a ação organizacional. Outras vezes, cuidam apenas de encontrar caminhos "politicamente corretos" para questões organizacionais mais agudas nos tempos presentes.

Buscam-se respostas e caminhos para questões de como legitimar as desigualdades sociais, que se agravam com a mundialização da economia e a globalização.

Como se conciliam o impulso consumista e a ética no trabalho, o devaneio do "aqui e agora" e a construção de relações fundadas nos direitos humanos e na equitatividade?

A complexidade da pergunta proposta no titulo deste livro – "As Organizações são Morais?" – e, em especial, deste capítulo de conclusão, paradoxalmente nos permite a ousadia de uma resposta bem simples, sem ser simplista ou simplória, mesmo que ela talvez, caro leitor, possa não o agradar inteiramente: **não, definitivamente, as organizações não são morais. A moral habita um reino, as organizações habitam outro bem distinto, o econômico.**

O sistema econômico empresarial é feito para criar riqueza. O equívoco fundamental é crer que basta a riqueza para construir um processo civilizatório ou mesmo uma sociedade movida por padrões dignos de humanização. Para isso, precisamos das instituições e do direito para conter a voracidade organizacional pela busca de resultados.

Não adianta culpar o leão por ser carnívoro, isso faz parte da sua natureza. A busca do lucro faz parte da natureza da organização. Ela não é nem moral nem imoral, ela é amoral. Não se pode e muito menos se deve avaliar a organização com os instrumentos da moral. E nem vice-versa.

Se a ética fosse fonte de lucro, estaríamos vivendo no paraíso, e não mais na Terra, este vale de lágrimas. Bastariam os bons sentimentos das pessoas e o primado da ética na interação entre elas.

Se a organização fosse moral, estaríamos mais do que nunca no paraíso: não haveria necessidade nem do Estado, nem da virtude – bastaria o mercado, e, portanto, a organização como seu braço operacional.

É justamente porque nem a economia, nem a organização e, portanto, muito menos o mercado que as condiciona não são morais que precisamos da distinção das diferentes ordens, ou seja, a ordem econômica ou tecnocientífica, a ordem institucional-legal ou político-jurídica, a ordem moral, a ordem ética e a ordem espiritual. E, mais ainda, precisamos de todas essas ordens em permanente interação. Nenhuma delas é, por si só, suficiente. Uma não funciona sem a outra, todas interagem e se interinfluenciam reciprocamente. No entanto, cada uma delas preserva a sua própria lógica.

A Ordem Econômica ou Tecnocientífica é estruturada pela oposição entre o possível e o impossível. Tecnicamente, há o que se pode fazer (possível) e o que não se pode fazer (impossível). Cientificamente, há o que se pode pensar realizar (o possivelmente verdadeiro) e o que não se pode pensar realizar (o possivelmente falso). Pense na bomba atômica: antes era impossível realizá-la e até pensar na sua realização. Hoje, trata-se de algo perfeitamente possível de se pensar e fazer.

A Ordem Jurídico-Política ou Institucional-Legal é estruturada pela oposição entre o legal e o ilegal. Juridicamente, há o que a lei autoriza (o legal) e o que a lei veda (o ilegal).

Não se vota o verdadeiro ou o falso, nem o bem e o mal. É por isso que a democracia não substitui nem a consciência nem a competência. E vice-versa: consciência moral, presente na Ordem Moral, e a competência, na Ordem Econômica ou Tecnocientífica, não poderiam substituir a democracia concretizada na Ordem Institucional-Legal.

A verdade não manda nem obedece. E a consciência? Ela só obedece a si e só manda em si. É a sua maneira de ser livre.

A moral, do ponto de vista dos indivíduos, se soma à lei: é como um limite positivo - a consciência de um homem de bem é mais exigente do que a lei produzida pelo legislador.

O indivíduo tem mais deveres do que o cidadão. Há o que a lei autoriza, mas que, por outro lado, devemos vedar. Da mesma forma, há outros limites que a lei não impõe, mas que, no entanto, devemos nos impor.

A Ordem Moral é estruturada pela oposição entre o bem e o mal, entre o dever e o proibido.

Moral é o conjunto dos nossos deveres, das obrigações e das proibições que impomos a nós mesmos. É o que se impõe incondicionalmente à nossa consciência.

Já a Ordem Ética é tudo que se faz por amor: amor à verdade, amor à liberdade, amor à humanidade, amor ao próximo, enquanto a Ordem Moral é tudo o que se faz por dever, por obrigação de foro íntimo.

O amor intervém, portanto, em todas as ordens, mas sem as abolir. Funciona muito mais como motivação para o sujeito do que como regulação para o sistema.

A economia, aliás, bastaria para prová-lo: o amor ao dinheiro ou ao bem-estar tem seu papel, é claro, mas não basta para proporcionar nem um nem outro. Do mesmo modo, o amor à verdade pode ser uma motivação na Ordem Tecnocientífica, especialmente para os cientistas e os pesquisadores, mas não substitui a demonstração, e muito menos a dispensa. Tampouco o amor à liberdade presente na Ordem Institucional-Legal basta à democracia em sua plenitude.

A empresa não age de acordo com um dever moral, mas por interesse. Por mais síncrona que seja à moral, a sua ação não tem nenhum valor moral, já que é realizada com base, primordialmente, em seus interesses. **Marx quis moralizar a economia, submetê-la à ordem moral. É o que as empresas hoje querem fazer por intermédio da responsabilidade social, da empresa cidadã, da ética empresarial, do desenvolvimento sustentável e do voluntariado**

solidário. Pretendem-se assim serem os agentes da transformação social, os aristocratas da virtude do mundo contemporâneo.

É claro, a palavra moral anda *démodé*, vista como antiga, ultrapassada, velha. Rebatizada, agora se prefere falar em sistemas organizacionais mais amplos como direitos humanos, humanitarismo, solidariedade, igualdade de direitos.

Ouço e leio por todo o lado declarações do tipo: a) a ética empresarial melhora o clima interno da organização, logo, a produtividade; b) a ética melhora a imagem da empresa, logo as vendas; c) a ética melhora a qualidade da produção ou dos serviços, logo, de novo, os resultados organizacionais.

A ética é eficaz, efetiva e eficiente! A ética compensa! "*Ethics pays!*", como gostam de afirmar em pletora os compêndios especializados no tema.

Exalta-se o mais novo neologismo do mundo empresarial: "markética", o filho bizarro dos estranhos amores da ética e do marketing. A gestão ética dos negócios transforma a ética no propulsor "politicamente correto" da fonte de lucro das organizações.

Vê-se agora o que nunca se viu: a virtude por si só fazer alguém ganhar dinheiro, o que é bem diferente de se ganhá-lo honestamente, como sempre se propugnou nos tempos passados.

Embora não se conteste que a moral e a economia, o dever e o interesse, às vezes e muitas vezes, possam seguir na mesma direção, em quaisquer das situações em que tal aconteça, não há por definição nenhum problema – em especial nenhum problema moral.

Imagine se você estiver diante de duas opções, A e B. Se optar por A, ganha muito dinheiro e é visto por todos como um cara formidável. Se optar por B, perde dinheiro e é visto como um mau-caráter. É óbvio que você vai optar por A. Sem dúvida, a moral e a economia o levam a essa opção, pois é esse simultaneamente o seu dever e o seu interesse. Nesse caso, não há nenhum problema, em especial nenhum problema moral.

O que se costuma chamar de ética empresarial em colóquios acadêmicos e empresariais, em compêndios e na ampla literatura do gênero, nada mais é do que tentar resolver esse tipo de problema, quero dizer, os problemas que de fato não são problemas.

Optamos por A, é claro, já que essa opção nos leva à moral e à economia, ao dever e ao interesse, por motivos morais ou por motivos econômicos – ou por ambos.

Como os dois motivos, nessa hipótese, caminham na mesma direção, como saber qual deles foi o determinante?

Um pouco de humildade e de autopercepção objetiva talvez nos levem a pensar que agimos por interesse, por mais que racionalizemos ter sido por motivação moral. E, mais ainda: por mais de acordo que tenha sido a nossa ação à moral, apenas por ela ter sido fundamentalmente consubstanciada pelo interesse, é contrária ao próprio valor moral de uma ação que deve ser presidida eticamente pelo desinteresse.

A ética é universal e desinteressada, jamais legítima quando particular e interessada. Repise-se: **a empresa não age por dever moral, mas na busca de seus interesses. Por mais conforme que esteja à moral, a sua ação não tem qualquer valor moral, já que é realizada por interesse. O valor moral de uma ação é a universalidade e o desinteresse, repise-se.**

Uma empresa não tem moral: ela tem centros de custos e de lucros, tem clientes. Não tem deveres éticos: tem interesses e obrigações junto aos seus *stakeholders*, ou seja, às suas partes relacionadas. Não tem sentimentos, não tem ética, não tem amor ao próximo: só tem objetivos a alcançar e um balanço em azul a apresentar. É óbvio: não há moral empresarial, nem ética empresarial, e, muito menos, empresa cidadã.

E justamente porque não existe **moral da empresa** é que deve haver **moral na empresa,** construída permanentemente pela intermediação das pessoas que nela trabalham e que a dirigem. E assim também para a ética: pelo fato de a empresa não ter ética, é decisivo que aqueles que nela trabalham e a dirijam tenham uma. Não podemos querer para as organizações, apenas e simplesmente ficções jurídicas, responsabilidades que são inerentes às pessoas. Não contemos com a empresa para ser moral e ética em nosso lugar.

É um evidente absurdo querer resolver quaisquer questões, inclusive as individuais ou existenciais, com a política. Igualmente, absurdo será querer resolver as questões sociais e políticas com a moral e o humanismo capitaneados pelas organizações.

Da mesma forma, também absurdo é julgar que todas as questões morais e econômicas possam se dar através das invocações à vida espiritual. Estas, o mais das vezes, afirmam que "não se pode transformar a sociedade sem antes não nos transformarmos a nós mesmos". Eis ai um lugar comum, repetido às escâncaras como um mantra: afirmam que a transformação da sociedade humana só se dará através da transformação prévia dos indivíduos enquanto pessoas. Eis ai mais uma investida equivocada, "politicamente correta" por certo, que parece eivada de bom senso e de boas intenções, mas fadada a uma perspectiva *naive* da ação transformadora da sociedade.

Se os indivíduos esperarem ser justos para lutar pela justiça, nunca haverá justiça. Se esperarem ser pacíficos para lutar pela paz, nunca haverá paz. Se esperarem ser livres para lutar pela liberdade, nunca haverá liberdade. Se esperarem alcançar o paraíso para combater os males deste mundo, nunca haverá o predomínio da virtude nas relações entre os homens.

Toda a história humana prova, ao contrário, que a transformação da sociedade é uma tarefa muito distante e independente da espiritualidade. Em sentido contrário, também é verdade que transformar a sociedade nunca foi suficiente para transformar o homem em si mesmo. Que o digam as grandes revoluções políticas e sociais vivenciadas pela humanidade ao longo de sua trajetória na face da terra.

Assim, como a política não substitui a virtude, também a virtude não substitui a política. O mesmo se dá em relação às empresas, incapazes de substituir a moral e a ética, por melhores e mais bem intencionados sejam os seus programas de voluntariado solidário, ética empresarial, empresa cidadã e responsabilidade social.

A aristocracia da virtude da sociedade nas mãos das organizações empresariais é uma moda absolutamente ridícula. Transforma-se em um vício de hipocrisia e de farisaísmo. E todo vício na moda, transforma-se em virtude. Essa monotemática é perigosa e restritiva. As organizações ora vivem em um monotema ora passam para outro. Esse não é um fenômeno social, político e cultural sem significação e prenhe de variadas repercussões.

A empresa agora, com seus programas pretensamente moralistas e pseudoéticos, pretendem praticar e impor o totalitarismo de suas vontades, um quase monopólio ideológico na sociedade globalizada em que vivemos nos tempos presentes.

NOTAS BIBLIOGRÁFICAS E REFERÊNCIAS

1. Kant, Immanuel, 1724/1804, intelectual alemão de influência eterna, é considerado como o pai da filosofia crítica. Dentre muitas obras, todas de magna repercussão na formação do pensamento da humanidade, escreveu *Crítica da Razão Pura*, *Fundamentação Metafísica dos Costumes*, e *Crítica da Faculdade de Julgar*.
2. Nelson Rodrigues, 1912/1980, jornalista e escritor, certamente o mais influente dramaturgo do Brasil. Autor teatral, escreveu 17 peças entre míticas, psicológicas e tragédias cariocas. Romancista e contista consagrado, cronista do cotidiano da Cidade do Rio de Janeiro, destacou-se também como comentarista esportivo apaixonado por futebol. Teve um sem-número de suas obras e textos transformados em filmes e telenovelas, o que ainda ocorre tantos anos após sua morte.
3. Millôr Fernandes, desenhista, caricaturista, humorista, dramaturgo, escritor, tradutor e jornalista, falecido em 2012, costumava valer-se da ironia, da sátira e do sarcasmo para criticar o poder e as forças dominantes da sociedade.
4. Comte-Sponville, André, *O Capitalismo é Moral? sobre algumas coisas ridículas e as tiranias de nosso tempo*, Editora Martins Pena, tradução de Eduardo Brandão, São Paulo, 2005.
5. Stevenson, Robert Louis, *O Médico e o Monstro*, nas figuras de Dr. Jekyll e Mr.Hyde, uma das obras imorredouras da dramaturgia mundial, trata da fratura existencial da essência humana, tradução José Paulo Golob, L&PM Editores, São Paulo.
6. Freud, Sigmund, *O Futuro de uma Ilusão*, organizador Renato Zwick, L&PM Editores, São Paulo, 2003.

7. Apóstolo Paulo, também conhecido como Paulo de Tarso, é um dos personagens bíblicos de maior contribuição à propagação da fé e do credo cristão.
8. Santo Agostinho foi um importante bispo cristão e teólogo. Nasceu no norte da África em 354 e morreu também na África em 430. Autor de diversos importantes sermões, em *A Cidade de Deus* combate as heresias e o paganismo. Em *Confissões* faz uma descrição de sua vida de orgias antes da conversão ao cristianismo. Teve influência decisiva no pensamento da Igreja na Idade Média. Defendia também a predestinação, conceito teológico que afirma que as vidas das pessoas são traçadas anteriormente por Deus. É considerado por muitos como a origem intelectual dos conceitos de Martinho Lutero 1000 anos após a edificação da Reforma Protestante.
9. Gandhi, Mahatma, líder da independência da Índia, considerado por muitos o mais importante ideólogo e praticante do pacifismo como estratégia de luta política e de conquistas sociais.
10. Martin Luther King, pastor protestante e ativista político, tornou-se um dos mais importantes líderes do movimento dos direitos civis dos negros nos Estados Unidos e no mundo, com campanhas de não violência e de amor ao próximo.
11. Darwin, Charles, *The Autobiography of Charles Darwin*, eBook, Editora The Horsham House PR, Amazon/Kindle.
12. Schumpeter, Joseph, *His Life and Work*, um dos mais prestigiados autores de economia e de sociologia do século XX, eBook, Amazon/Kindle.
13. Milton Friedman, *Episódios da História Monetária*, Editora Record, Rio de Janeiro, 2000.
14. Marx, Karl&Engels, Friedrich, *O Manifesto Comunista de 1848*, L&M Pocket, tradução Sueli Tomazini Barros Cassal, Porto Alegre, 2009.
15. Siqueira, Wagner, *Educação: uma questão de gerência*, Editora CRA-RJ, Rio de Janeiro, 2013
16. Guerreiro Ramos, Alberto, *A Nova Ciência das Organizações*, Editora FGV, Rio de Janeiro, 1981.
17. Kepler, Johannes, astrônomo, astrofísico e matemático do Renascimento Científico nos séculos XVI e XVII. Um dos mais importantes cientistas da humanidade, mesmo tendo vivido no auge

de uma época de enorme intolerância religiosa. Dentre outras descobertas, Kepler provou os movimentos elípticos da Terra em torno do Sol.
18. Brecht, Bertolt, Teatro, *A Vida de Galileu*, tradução Roberto Schwarz, Editora Civilização Brasileira, Rio de Janeiro, 1978.
19. Ortega Y Gasset, José, *A Rebelião das Massas*, Editora Livro Ibero--Americano, tradução Herrera Filho, prefácio Pedro Calmon, Rio de Janeiro, 1971.
Ensaios de Estética, Cortez Editora, tradução Ricardo Araújo, São Paulo, 2011.
20. Gramsci, Antonio, *Americanismo e Fordismo*, tradução Gabriel Bogossian, Editora Hedra, é a ótica marxista dos fundamentos dos modelos Frederick Taylor e de Henry Ford utilizados no Século XX, São Paulo, 2008.
21. Domenico de Masi, *O Futuro do Trabalho – fadiga e ócio na sociedade pós-industrial*, Jose Olympio Editora/UNB, 1999, Distrito Federal/Brasília.
Desenvolvimento Sem Trabalho, Editora Esfera, tradução Eugênia Deheinzelin, São Paulo, 1999.
22. White, William F., *O Homem Organizacional*
23. Lênin, Vladimir, revolucionário e publicista comunista, líder da revolução russa de 1917.
24. Herzberg, Frederick, *The Motivation to Work*, JohnWiley&Sons, Inc, USA, 1959
25. Princípio de Peter: *Todo mundo é incompetente, inclusive você*. Todos tendem a subir na escala hierárquica até atingir o seu nível máximo de incompetência. Colorários: a) depois de certo tempo, todos os cargos de direção das organizações tendem a ser ocupados por indivíduos incompetentes, por já terem atingido os seus níveis de incompetência. b) O trabalho útil é realizado por aqueles que ainda não alcançaram os seus níveis de incompetência, mas que, em breve, também chegarão lá. Laurence J. Peter e Raymond Hull, tradução de Heitor Ferreira, Livraria José Olympio Editora, 1969.
26. Maslow, Abraham, *Motivation and Personality*, Harper&Row Publishers, New York, 1970.
27. Kundera, Milan, *A Insustentável Leveza do Ser*, tradução Tereza Bulhões de Carvalho, Editora Companhia de Bolso, São Paulo, 1998.

28. Dostoievski, Fedor, *Recordações da Casa dos Mortos*, coleção Editora Abril, obra imortal da literatura mundial, narrada em forma de romance, trata de problemas relacionados à culpa e à punição pelo crime, a própria realidade do mal em si e os limites da ação humana dentro da ordem social, São Paulo, 1999.
29. Sennett, Richard, *A Corrosão do Caráter*, Editora Record, 5ª edição, Rio de Janeiro, 2001.

A Cultura do Novo Capitalismo, Editora Record, Rio de Janeiro, 2006.

O Declínio do Homem Público, tradução Lygia Araujo Watanabe, Companhia das Letras, São Paulo, 2001.

A Corrosão do Caráter, consequências pessoais do trabalho no novo capitalismo, tradução Marcos Santarrita, Editora Record, Rio de Janeiro, 2001.

30. Durkheim, Émile, *O Suicídio*, analisa as influências extrassociais que geram o suicídio e a natureza das causas sociais, seus efeitos e suas relações com as situações individuais, Editora Martins Fontes, São Paulo, 2002.
31. Freire, Paulo, *A Pedagogia do Oprimido*, Editora Paz e Terra, Rio de Janeiro, 1987.
32. Schopenhauer, Arthur, *Como Vencer um Debate sem Precisar ter Razão*, tradução, notas e comentários Olavo de Carvalho, Topbooks, Rio de Janeiro, 1997.
33. Torelly, Aparício, *Barão de Itararé*, autor Benedito, Mouzar, editora Expressão Popular, apresenta a figura carismática que ajudou a desmistificar a ideologia dominante através do humor e da sátira. Personagem vivo e atuante da cena carioca, foi no Século XX uma espécie de Dom Quixote nacional, malandro, generoso e gozador.
34. Hugo, Victor, *Os Miseráveis*, tradução Frederico Ozanam Pessoa de Barros, Dois volumes, Editora Cosac Naify.
35. Huxley, Aldous, *Admirável Mundo Novo*, tradução Lino Vallandro e Vidal Serrano, Editora Globo.
36. Pesquisa de Hawthorne, realizada entre os anos de 1927 e 1932, liderada por Elton Mayo em uma fábrica da Western Electric Company, em Chicago/Hawthorne, tinha por objetivo inicial identificar a influência sobre a produtividade de fatores físicos como a luminosidade no ambiente de trabalho. É um marco fundamental na compreensão científica dos fatores laborais

e das ciências do comportamento humano nas organizações por intermédio do estudo das variáveis psicossociais que influenciam o trabalho.

37. Daniel Defoe, *Robinson Crusoe*, publicado originalmente em 1719, na Inglaterra, clássico imortal da literatura mundial, é uma autobiografia fictícia do personagem-náufrago que passou 28 anos em uma remota ilha tropical encontrando canibais, cativos e revoltosos antes de ser resgatado.
38. McGregor, Douglas, *Aspectos Humanos da Empresa*, Editora Clássica, Lisboa, 1971.

The Professional Manager, McGraw-Hill, USA, 1967.
39. Blake, Robert & Mouton, Jane, *O Grid Gerencial*, Livraria Pioneira Editora, tradução Lélio de Barros, São Paulo, 1977.

Corporate Darwinism, Gulf Publishing Company, Houston/Texas, 1966.
40. Likert, Rensis, *A Organização Humana*, Editora Atlas, tradução Marcio Cotrim, São Paulo, 1973.

Novos Padrões de Administração, Livraria Pioneira Editora, tradução Albertino Pinheiro Júnior, São Paulo, 1971.

Administração de Conflitos, Editora McGraw-Hill do Brasil, São Paulo, 1979.
41. Argyris, Chris, *Personalidade e Organização*, Editora Renes, Rio de Janeiro, 1969.42. Rousseau, Jean-Jacques, *De l'Inégalité Parmi les Hommes*, Éditions Librio, Paris, 2008.

Do Contrato Social, tradução Pietro Nassetti, Editora Martin Claret, São Paulo, 2000.
43. Godfather, Dom Vitor Corleone, clássico eterno do cinema, baseado na obra de Mario Puzo, trata de um episódio épico da máfia ítalo-americana em que famílias vivem e morrem em um mundo próprio de lealdades e de honra, de regras e leis, de códigos próprios de conduta e de gestão de negócios.
44. Nietzsche, Friedrich, *Assim Falava Zaratustra*, tradução Antonio Carlos Braga, Editora Escala, São Paulo, 2008.

Genealogia da Moral, Companhia das Letras, tradução Paulo César de Souza, São Paulo, 1998.
45. Bauman, Zygmunt, *Capitalismo Parasitário*, Editora Zahar, tradução de Eliana Aguiar, 2010, Rio de Janeiro.

A Ética É Possível num Mundo de Consumidores?, Editora Zahar, tradução Alexandre Werneck, Rio de Janeiro, 2011.

A Vida para Consumo, a transformação das pessoas em mercadoria, Editora Zahar, tradução Carlos Alberto Medeiros, Rio de Janeiro, 2007.
46. Dejours, Christophe&Bègue, Florence, *Suicídio e Trabalho*, tradução de Franck Soudant, Editora Paralelo 15, Distrito Federal/Brasília, 2010.
A Loucura do Trabalho, tradução de Ana Isabel Paraguay e Lúcia Leal Ferreira, Cortez Editora, São Paulo, 1992.
A Banalização da Injustiça Social, tradução Luiz Alberto Monjardim, Fundação Getúlio Vargas Editora, Rio de Janeiro, 2007.
47. Siqueira, Wagner, *As Seitas Organizacionais, o fundamentalismo religioso no trabalho*, Editora Fundo de Cultura, Rio de Janeiro, 2005.
48. Siqueira, Wagner, *Gerentes que Duram*, Editora E-Papers, Rio de Janeiro, 2010.
49. Brighelli, Jean-Paul, *La Fabrique du Crétin*, Jean-Claude Gawsewitch, Paris, 2005
50. Laval, Christian, "L'École N'est Pas Une Entreprise", Éditions La Découverte, Paris, 2003.
51. Lasch, Christopher, *A Rebelião das Elites e a Traição da Democracia*, Ediouro, tradução Talita Rodrigues, Rio de Janeiro, 1995.
52. Ivan Du Roy, *Orage Stressé, Le management par le stress à France Télécom*, Éditions La Découverte, Paris, 2009.
53. Baudelot, Christian&Gollac, *Michel,Travailler Pour Être Heureux?*, Éditions Fayard, Paris, 2000.
54. Polanyi, Karl, *La Grande Transformation*, Éditions Gallimard, Paris, 1983.
55. Arendt, Hannah, *As Origens do Totalitarismo*, Companhia das Letras, tradução Roberto Raposo, São Paulo, 1989.
56. Arnott, Dave, *Corporate Cults, The Insidious Lure of the all-consuming Organization*, AMACOM American Management Association, New York, 2000.
57. Kelly, Marjorie, *The Divine Right of Capital, dethroning the corporate aristocracy*, Berrett-Koehler Publishers, Inc, São Francisco, 2001.
58. Rawls, John, *Uma Teoria da Justiça*, tradução Jussara Simões, Editora Marins Fontes, São Paulo, 2008.
59. Bourdon, William, *Face aux Crimes Du Marché, quelles armes juridiques pour les citoyens?*, Éditions La Découverte, Paris, 2010.

60. Mannheim, Karl, *Ideologia e Utopia*, Zahar Editores, tradução Sérgio Magalhães Santeiro, Rio de Janeiro, 1982.
61. Tarde, Gabriel, *A Opinião e as Massas*, tradução Luiz Eduardo de Lima Brandão, Editora Forense, São Paulo, 1992.
62. Matthewman, Jim, *Os Novos Nômades Globais – como será a gestão dessa nova geração de profissionais que desconhece fronteiras e exige cada vez mais das empresas?*, tradução Henrique Amaral Rêgo Monteiro, Clio Editora, São Paulo, 2012.
63. Castells, Manuel, *Redes de Indignação e Esperança – movimentos sociais na era da internet*, tradução Carlos Alberto Medeiros, Editora Zahar, Rio de Janeiro, 2013.
64. Lipovetsky, Gilles, *Os Tempos Hipermodernos*, tradução Mário Vilela, Editora Barcarolla, São Paulo, 2004.